초보를 위한 친절한 안내서 / 기초편

스마트폰과 함께하는 일상 디지털여행

기초편

오정화 박수영 이중호 강재순

Bookinstory

스마트폰과
함께하는
일상 디지털여행
기초편

초판 발행 | 2026년 1월 9일

지은이 | 오정화, 박수영, 이중호, 강재순
펴낸곳 | 북인스토리
디자인 | 오정화, 박수영, 이중호, 강재순
출판등록번호 | 제2024-001101호
주 소 | 서울시 송파구 충민로66, F9088(가든파이브 라이프)
이메일 | bookinstory01@gmail.com

ISBN | 979-11-24221-02-0
판매가 | 18,000원

출발합니다—손가락 준비 완료

우리는 지금, 스마트폰이 일상의 거의 모든 순간에 함께하는 시대를 살고 있습니다. 길을 찾고, 사진을 남기고, 소식을 주고받고, 병원 예약과 은행 업무까지… 작은 화면 하나가 우리의 생활을 편리하게 연결해 줍니다. 그러나 동시에 많은 사람에게 스마트폰은 여전히 낯설고, 때로는 두려움까지 느끼게 하는 도구이기도 합니다.

이 책은 그 두려움을 "여행의 설렘"으로 바꾸기 위한 안내서입니다.
기술을 잘 아는 소수만을 위한 책이 아니라, "천천히, 그러나 제대로" 배우고 싶은 분들을 위한 책입니다. 버튼 하나, 설정 하나가 왜 필요한지 이해하면서, 실제 생활에서 바로 써먹을 수 있도록 구성했습니다.

여행에는 길잡이가 필요합니다. 스마트폰도 마찬가지입니다. 혼자서 헤매면 어렵지만, 누군가 옆에서 함께 걸어 주면 풍경은 전혀 다르게 보입니다. 이 책은 복잡한 설명 대신, 일상 속 상황을 중심으로 차근차근 안내합니다. 사진 찍기, 저장하기, 메시지 보내기, 필요한 앱 설치하기, 안전하게 사용하기까지—각 장마다 "오늘 바로 해볼 수 있는 실습"을 담았습니다.

특히 이번 개정판에서는

- 일상생활에 꼭 필요한 핵심 기능만 선별해 정리하고,
- 보안과 개인정보 보호, 사기 예방 팁을 강화했으며,
- AI와 같은 새로운 디지털 도구들을 쉽고 친근하게 소개했습니다.

목표는 단순합니다. 스마트폰을 '어렵고 복잡한 기계'가 아니라 '내 삶을 돕는 든든한 동반자'로 만드는 것.디지털 세상은 나이를 묻지 않습니다. 배움 역시 언제나 현재형입니다.
이 책을 덮는 순간, 여러분은 더 이상 '초보자'가 아니라, 스스로 길을 찾고 필요한 것을 선택할 줄 아는 디지털 여행자가 될 것입니다.

이제, 스마트폰을 손에 들고 천천히 첫 페이지를 넘겨 보십시오.
이번 여행은 서두를 필요가 없습니다. 한 걸음 한 걸음, 함께 걸어가면 됩니다.

차례

1장
스마트폰 기본 사용법

스마트폰 사용하기 - 손동작

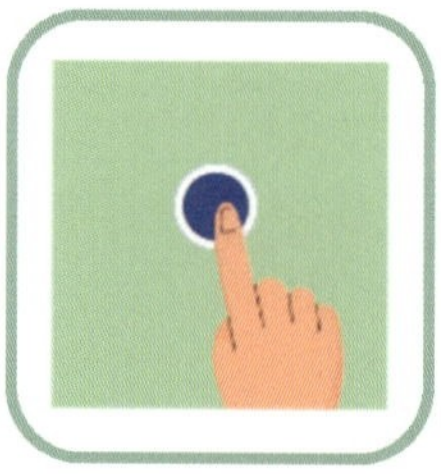

누르기

화면을 가볍게 누르세요.
앱을 열거나 문자입력을 할때 사용해요.

꾸~욱 누르기

화면을 2초 이상 길게 누르세요.
앱의 이동, 삭제, 추가적인 기능을 실행할 때 사용해요.

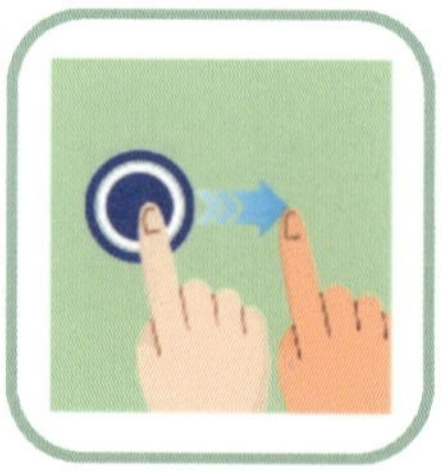

드래그하기

이동할 앱을 꾸~욱 누른채 원하는 위치로 끌어다 놓으면 앱의 위치가 옮겨져요.

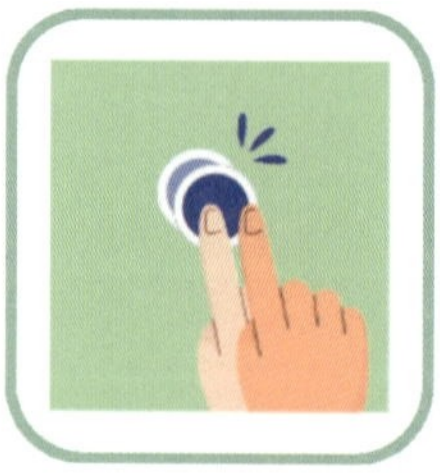

두번 누르기

화면을 빠르게 두번 누르세요.
화면 또는 사진을 확대합니다.

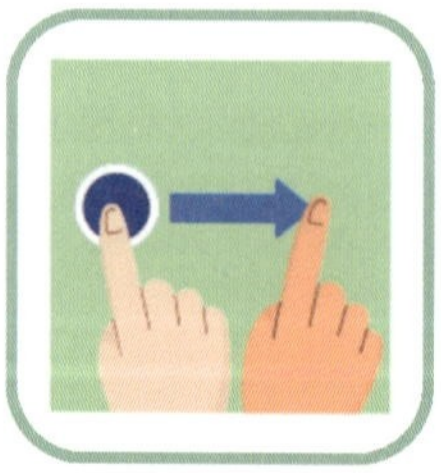

스크롤하기

화면을 상하(위아래로) 좌우(옆으로) 미세요.
페이지 이동, 홈 화면에서 앱 화면으로 이동할 때,
알림창과 빠른 실행창을 내릴 때 사용합니다.

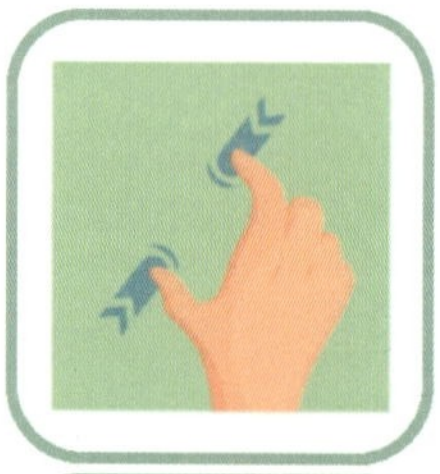

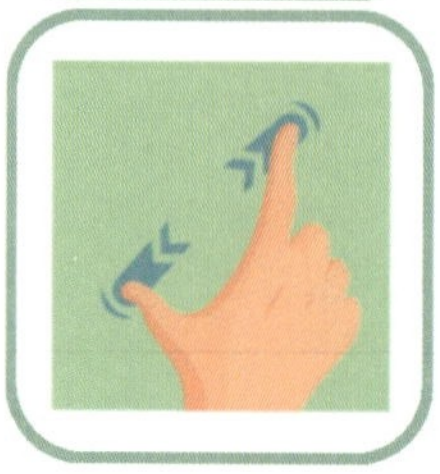

오므리고 펼치기

화면을 두 손가락으로 누르고 그림과 같이 오므리거나 펴세요.

손가락을 오므리면 화면과 사진을 작게 볼 수 있어요.

손가락을 펼치면 화면, 사진 등을 크게 볼 수 있어요.

스마트폰의 각 부분 이름 알아보기

스피커
통화음과 음악 등의 소리가 들려요.

마이크
전화, 음성 녹음할 때 말하면 됩니다.

전면(앞쪽)카메라
셀프사진 촬영할 때 사용해요.

음량버튼
소리를 키우거나 줄일수 있어요.

터치화면
화면을 손가락으로 사용해요.

전원버튼
꾸욱 누르면 화면을 끄거나 켤 수 있어요.

지문인식 센서

엣지 스크린

스피커

마이크

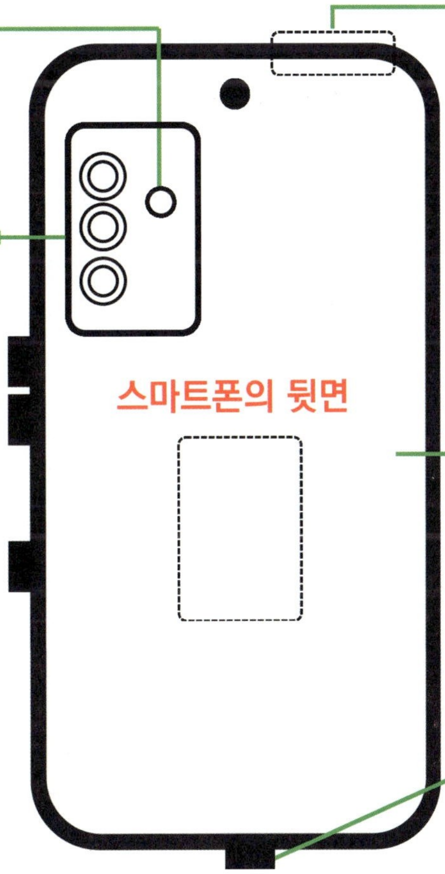

플래시
어두운 곳을 비추는 조명역할을 해요.

GPS 안테나
GPS (위치)정보를 수신(교통앱)

후면(뒤쪽)카메라
사진을 찍을때 사용해요.

NFC 안테나
근거리 무선통신 교통카드, 쇼핑결제 사용

이어폰
외부 연결잭(USB)
(Type-C)

전원을 끄고 켜는 방법 2가지

방법 1 – 측면버튼을 길게 누르세요.

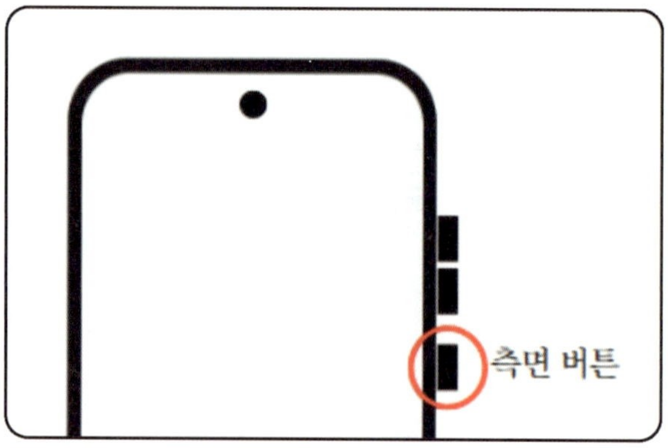

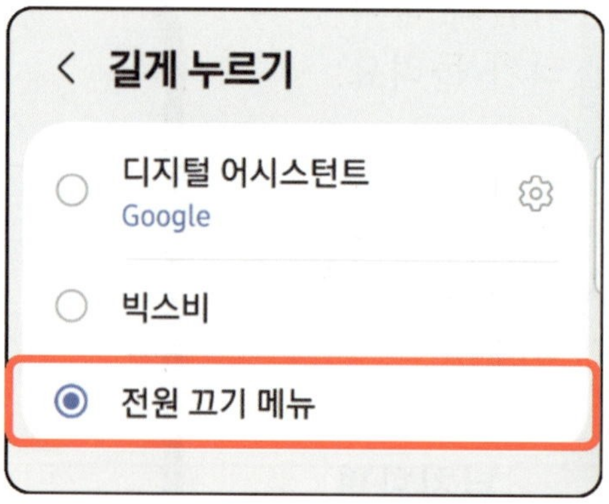

측면 버튼을 길게 누르세요. 전원 끄기 화면이 나옵니다. 이 기능을 위해서는 (설정 → 유용한 기능 → 측면버튼 → 길게 누르기 → 전원 끄기 메뉴 선택)해 두어야 합니다.

강제 재부팅

만약 스마트폰이 전원을 눌러도 작동하지 않는다면, **음량(하)버튼과 측면 버튼**을 길게(10초 이상) 누르면 강제로 재부팅할 수 있습니다.

방법 2 – 빠른 설정창 사용

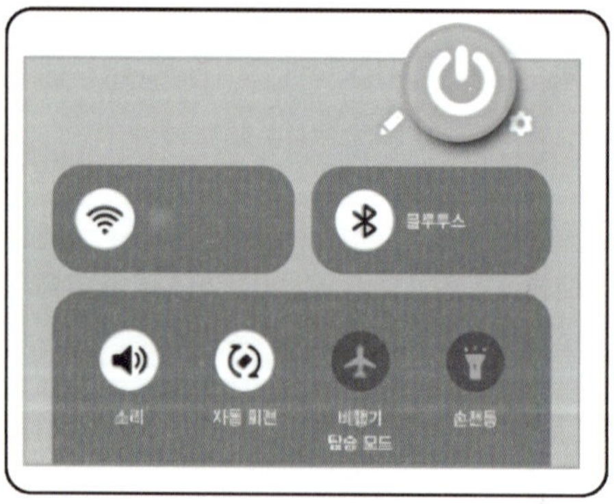

스마트폰 오른쪽 맨 위를 두 손가락으로 위에서 아래로 드래그 해요. 빠른 설정창이 열려요. 을 누르세요.

빠른 설정창 설정에서 함께 보기로 변경

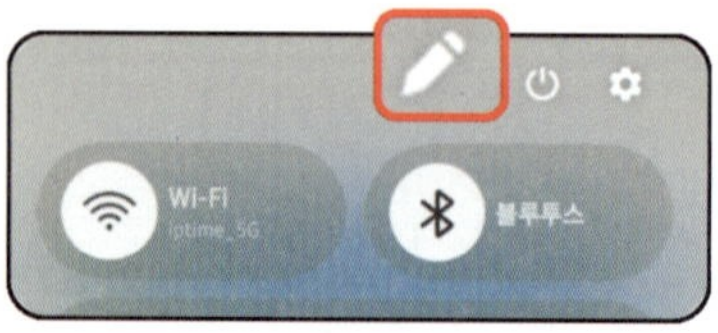

다시 시작을 누르세요

휴대전화를 다시 시작하려면 한 번 더 누르세요.

화면 구성 - 잠금화면, 홈화면, 앱스화면 구분하기

잠금화면

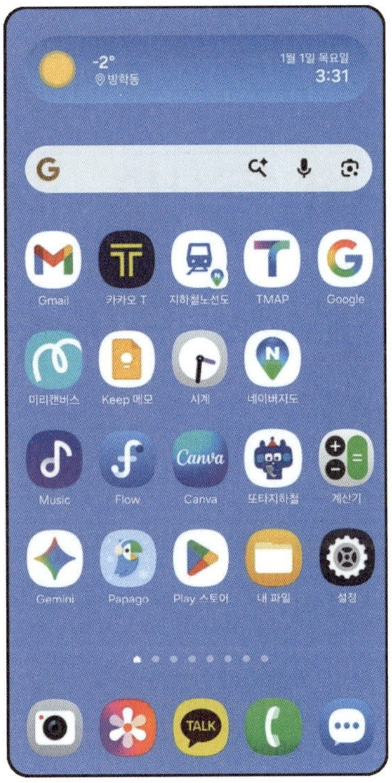

홈화면

앱스화면

〈잠금화면〉을 풀면 〈홈화면〉이 나옵니다.
손가락으로 위로 드래그하면 〈앱스화면〉을 볼 수 있어요.

잠금화면 - 스마트폰의 화면을 켜서 나오는 첫화면 입니다.

- 개인정보 보호를 위해 비밀번호, 패턴 등으로 잠궈두고 사용할 수 있어요.

홈 화면 - 잠금화면을 열면 나오는 시작화면 입니다.

- 자주 사용하는 앱을 홈화면에 추가하여 빠르게 실행할 수 있습니다.
- 위젯(날씨나 뉴스 등의 정보)을 추가하여 정보를 실시간으로 확인할 수 있습니다.
- **아래에 전화, 문자메시지 앱이 있으면 홈화면입니다.**

앱스화면 - 스마트폰에 설치된 모든 앱을 볼 수 있는 화면입니다.

- 스마트폰에서 설치한 앱들은 앱스화면에 저장되어 있으며,
  사용자가 원하는 앱을 선택하여 실행할 수 있습니다.
- **아래에 검색창이 있으면 앱스화면 입니다.**

스마트폰 - 상단(위) 상태표시줄

화면 맨 위에는 상태표시줄이 있습니다.
일부 앱 실행 중에는 화면 상단(위)에 상태표시줄이 나타나지 않을 수 있습니다.

- 신호 없음
- 서비스 지역의 신호세기 표시
- 5G 네트워크를 포함한 모바일 네트워크에 연결됨
- Wi_Fi에 연결됨
- 블루투스 기능 켜짐
- 부재중 전화
- 무음 모드
- 진동 모드
- 비행기 탑승 모드 실행 중
- 배터리 충전 중
- 오류 발생 및 재난문자
- 위치 서비스 사용 중

스마트폰 - 하단 네비게이션바

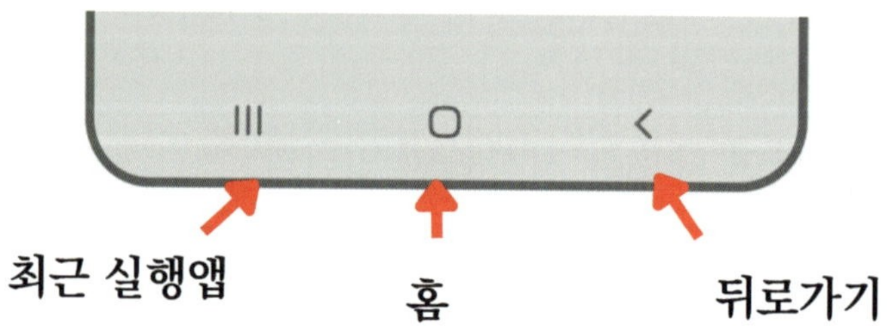

최근 실행앱 : 최근에 실행(사용)한 앱 목록이 나타납니다.

홈 : 짧게 누르면 홈 화면으로 돌아갑니다.
길게 누르면 Google 어시스턴트 앱이 실행됩니다.

뒤로가기 : 이전 화면으로 돌아갑니다. (취소 기능도 있어요.)

스마트폰의 아이콘 이해하기

설정

휴대폰의 소리, 밝기, 인터넷 연결 등을 쉽게 조정할 수 있는 곳입니다. 글자 크기를 키우거나, 와이파이를 연결하고, 벨소리를 변경할 수 있습니다.

메뉴 더보기

화면에 있는 세 줄 (≡) 또는 세 점 (⁝) 모양입니다. 이 아이콘을 누르면 더 많은 옵션과 설정을 볼 수 있습니다. 즉, 숨겨진 메뉴를 열어주는 버튼입니다.

검색

궁금한 것을 찾아주는 도구입니다. 화면 위에 돋보기 모양을 눌러 원하는 단어나 질문을 입력하면 인터넷, 연락처, 앱 등을 쉽게 찾을 수 있습니다.

공유

사진, 문서, 웹사이트 등을 다른 사람에게 보내는 방법입니다. 문자 메시지, 카카오톡 등을 통해 쉽게 보낼 수 있습니다.

즐겨찾기

자주 사용하는 웹사이트나 앱을 쉽게 찾기 위해 저장해 두는 기능입니다. 별이나 하트 모양 아이콘을 눌러 즐겨찾기에 추가하면, 나중에 빠르게 찾을 수 있습니다.

저장

사진, 문서, 앱 등을 휴대폰에 보관하는 것입니다. 저장 아이콘(보통 디스크 모양)을 눌러 정보를 안전하게 보관하고 필요할 때 다시 꺼내 사용할 수 있습니다.

편집

사진, 문서 등을 수정하거나 변경하는 방법입니다.
편집 아이콘(보통 연필 모양)을 눌러 글자를 고치거나, 사진을 자르고 꾸밀 수 있습니다.

알림

새로운 소식이나 메시지를 알려주는 기능입니다. 화면 위에 작은 아이콘이나 메시지가 나타나며, 이를 눌러 중요한 정보를 확인할 수 있습니다.

마이

내 정보와 설정을 관리하는 곳입니다. 여기에서 내 계정, 연락처, 사진, 앱 등을 확인하고 변경할 수 있습니다.
쉽게 말해, 내 휴대폰의 개인 공간입니다.

설정앱을 찾는 방법 2가지

방법 1 – 빠른 설정창에서 찾기

홈화면에서 손가락으로 **위에서 아래로 끌어내려 (드래그)** 주세요. 빠른 설정창이 나타납니다.

톱니바퀴 모양의 설정앱을 찾을 수 있습니다.

방법 2 – 앱스화면에서 설정앱을 찾기

홈화면에서 손가락으로 **아래에서 위로 끌어올려 (드래그)** 주세요. 앱스화면으로 전환됩니다.

톱니바퀴 모양의 설정앱을 찾을 수 있습니다.

내 스마트폰 정보 확인하기

스마트폰의 휴대전화 정보를 통해 모델명, 시리얼 번호, IMEI등을 확인할 수 있습니다. 사용자 이름도 바꿀 수 있습니다.

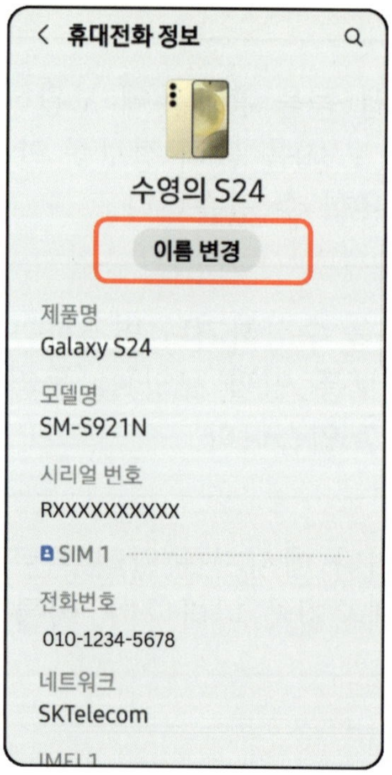

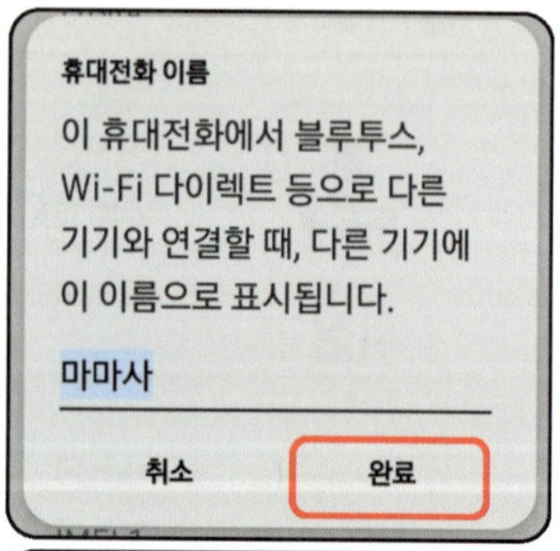

1 설정앱 눌러 열어요. 휴대전화 정보를 눌러요.

2 이름변경을 누르면 사용자 이름 변경할 수 있어요.

3 이름 입력하고 완료를 누르면 변경되어요.

4 < 뒤로가기를 눌러서 설정 화면으로 돌아갑니다.

소리, 진동, 무음을 설정해 봐요

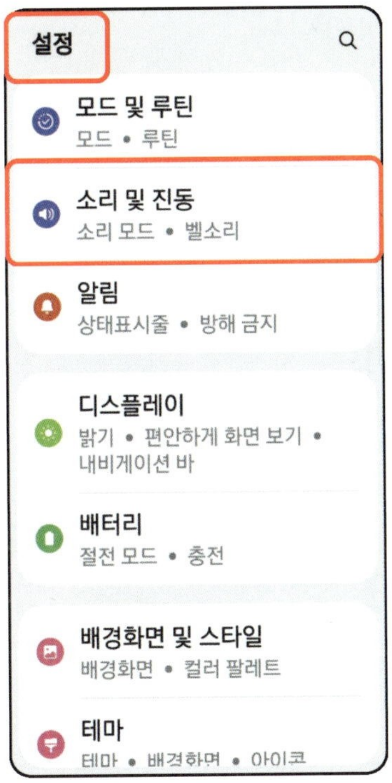

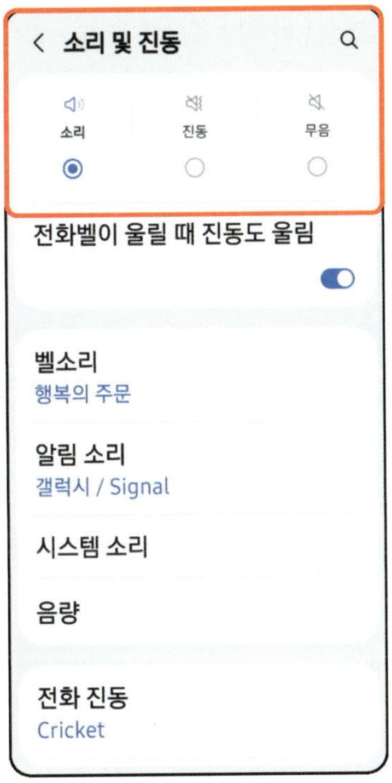

1 설정 → 소리 및 진동을 누릅니다.

2 소리, 진동, 무음을 주변 상황에 맞게 설정해요.

음량 조절

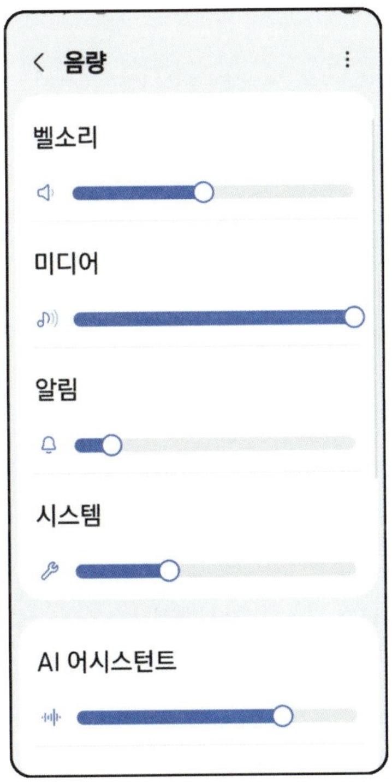

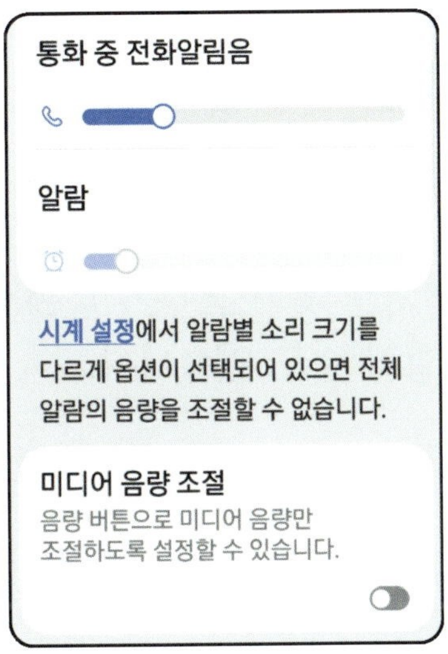

1 설정 → 소리 및 진동 → 음량을 누릅니다.

2 모든 소리들을 좌우로 옮기면서 작게 혹은 크게 설정할 수 있습니다.

미디어 : 음악, 유튜브 등 영상을 볼 때 들리는 소리
알 림 : 앱 알림에서 들리는 소리 입니다.
시스템 : 스마트폰 터치음, 충전 케이블이 연결될 때, 충전 완료시에도 소리가 납니다.

스마트폰 상태표시줄 – 배터리 남은 양 표시

휴대폰 배터리가 얼마나 남았는지(잔량) 알려주는 표시를 설정합니다.

1 배터리를 눌러요.

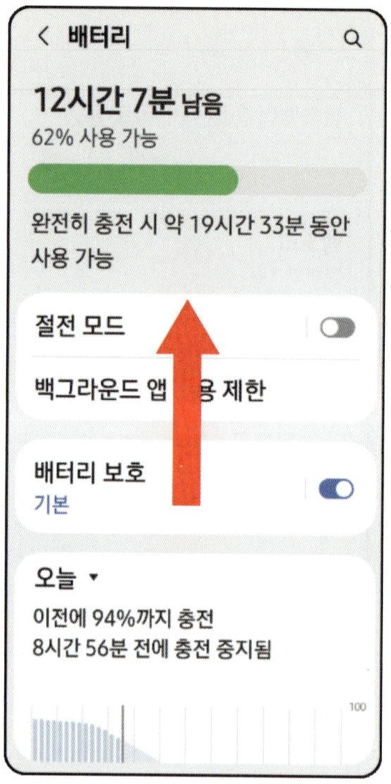

2 화면을 위로 올려요.

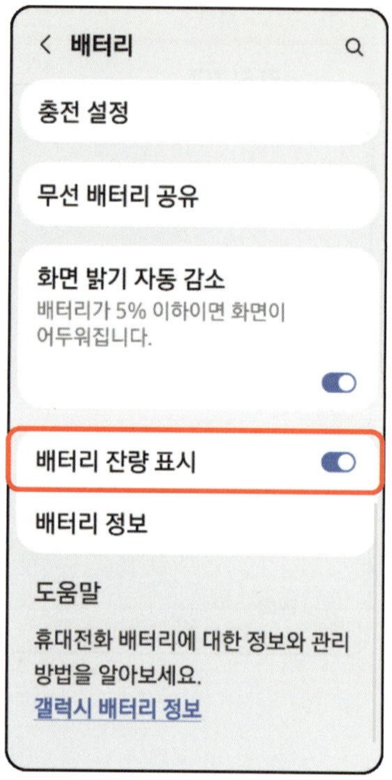

3 배터리 잔량표시를 눌러요.

스마트폰 배터리를 안전하고 효율적으로 충전하는 방법은 다음과 같습니다.

- 정품 충전기나 인증 받은 제품을 사용하는 것이 좋습니다.
- 온도가 높거나 낮은 환경에서는 충전 속도가 느려지거나 중단될 수 있으며, 배터리 손상을 유발할 수도 있습니다.
- 완전충전(100%) 되기 전 충전기를 분리하는 것이 좋습니다.
- 오랜 충전은 배터리 수명을 단축시키는 원인이 될 수 있습니다.
- 불필요한 앱을 종료하고, 화면 밝기를 적절하게 조절하여 사용한다면 배터리 수명을 늘릴 수 있습니다.
- 일정 기간 이상 사용한 배터리는 성능이 저하되므로, 정기적(2~3년)으로 배터리를 교체해 주는 것이 좋습니다.

디스플레이 – 다크모드

다크 모드는 전체적인 분위기를 어둡게 하고, 화면 밝기는 개별적으로 조정하여 필요한 경우 더 밝게 볼 수 있게 해주는 옵션입니다.

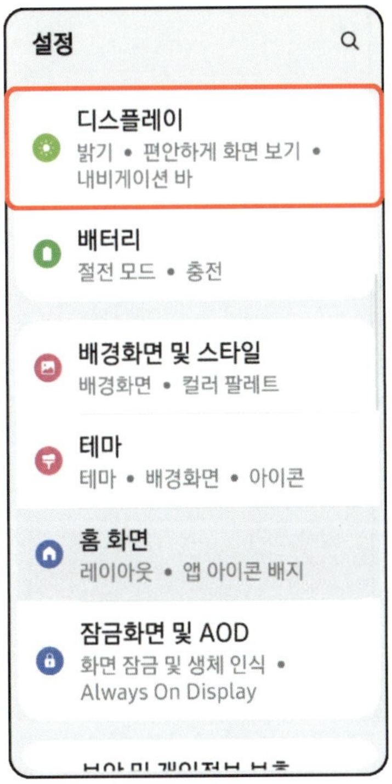

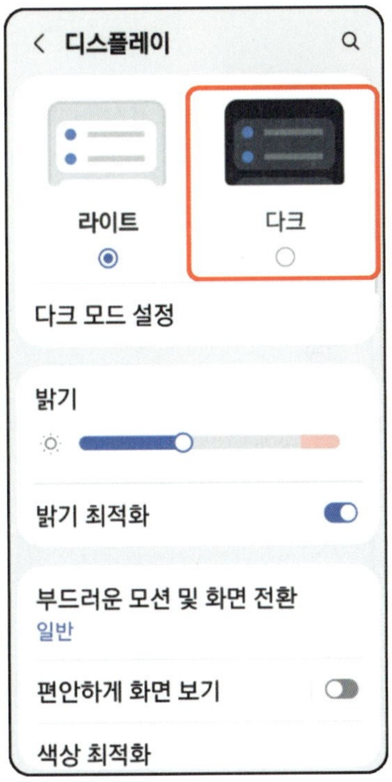

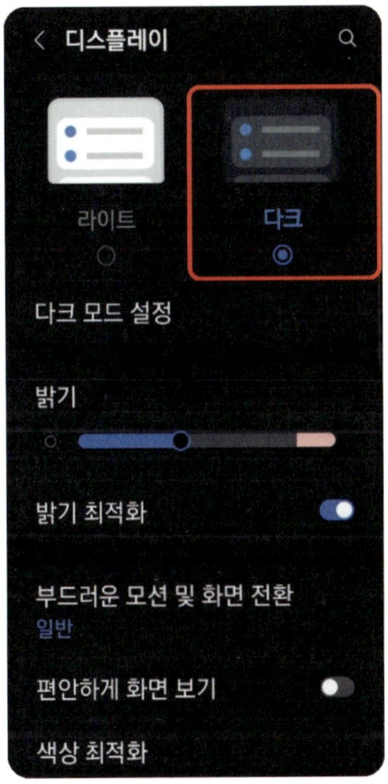

1 디스플레이를 눌러요.

2 다크모드는 눈의 피로를 줄이기 위해 사용되며 배터리 소모도 줄일 수 있는 장점이 있습니다.

디스플레이 – 화면 밝기

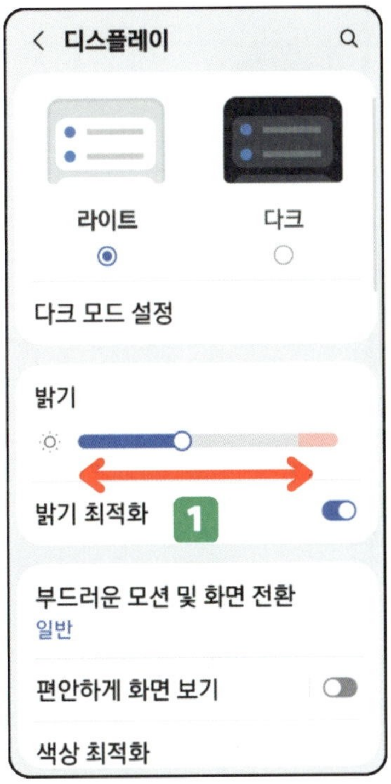

1 좌우로 드래그하여 밝기를 조절할 수 있어요.

2 주변 환경의 밝기에 따라 스마트폰의 '화면 밝기'를 자동으로 조정하는 기능 눈의 피로를 줄일 수 있어요.

3 화면의 블루라이트를 줄여서 눈의 피로를 덜어줄 수 있어요.

디스플레이 - 글자크기와 글자 굵게

1 디스플레이 누르고 글자 크기와 스타일을 눌러요.

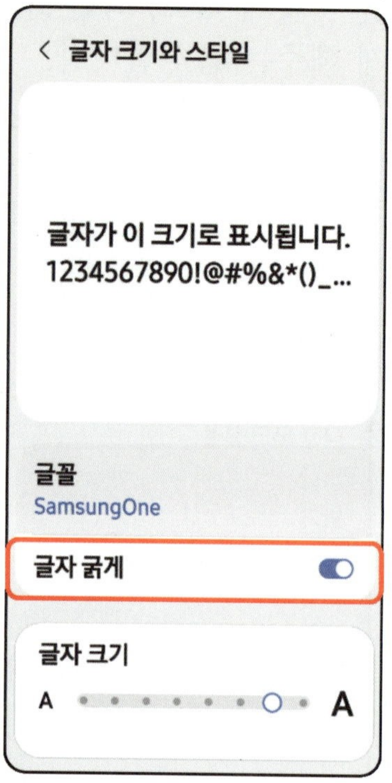

2 글자 굵게를 누르면 글자가 굵어져요.

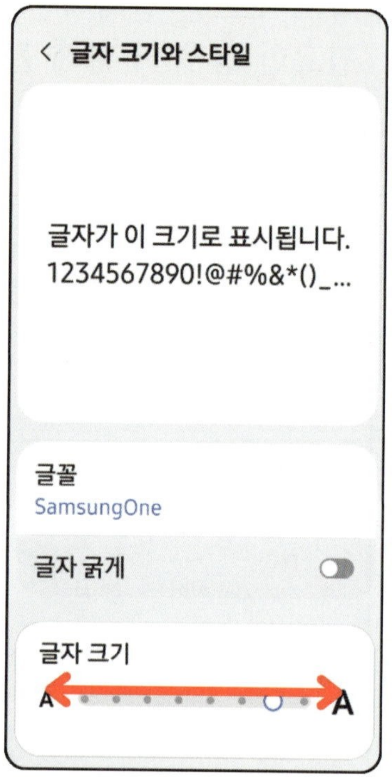

3 좌우로 드래그하여 글자 크기를 조절해요.

디스플레이 - 화면 자동 꺼짐 시간

1 디스플레이를 눌러요.

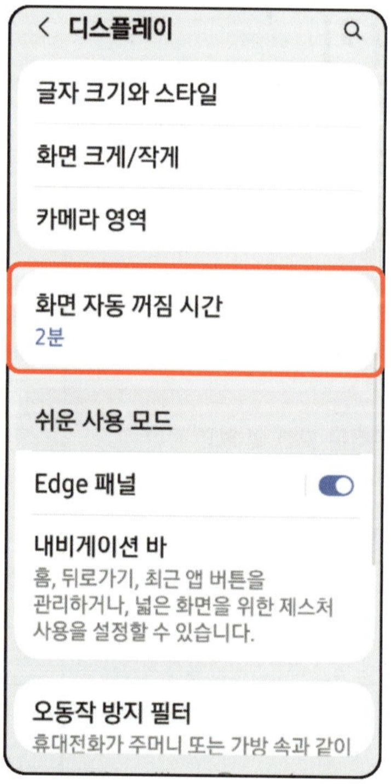

2 화면 자동 꺼짐 시간을 눌러요.

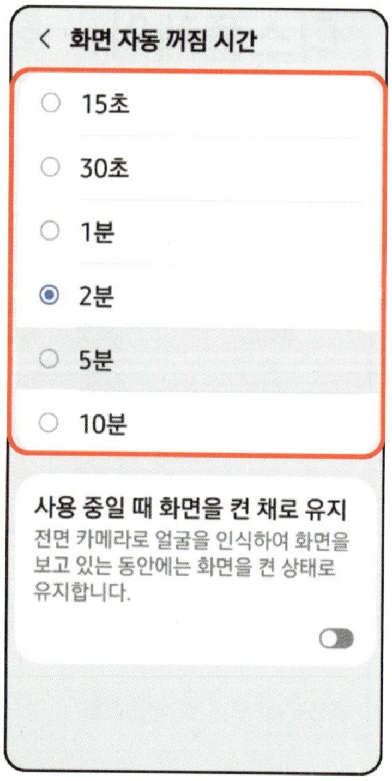

3 화면이 꺼지는 시간(원하는)을 선택하세요.

잠금화면 및 AOD

스마트폰 잠금화면에서 보안 설정은 반드시 필요하며, 자신만의 안전한 보안 설정 방법을 선택하여 사용합니다.

직접 설정한 패턴이나 비밀번호 등을 잊어버린 경우, 서비스센터에서는 데이터 초기화를 통해 해결할 수 있습니다. 패턴이나 비밀번호는 별도로 메모해 두는 것이 좋습니다.

데이터 초기화 시에는 저장된 사진, 동영상, 연락처, 문자 메시지의 데이터가 삭제되므로 중요한 자료는 미리 백업해 두는 것이 좋습니다.

AOD (Always On Display) 는
화면을 켜지 않아도 잠금 화면에 시간·날짜·알림을 계속 표시해 주는 기능입니다.

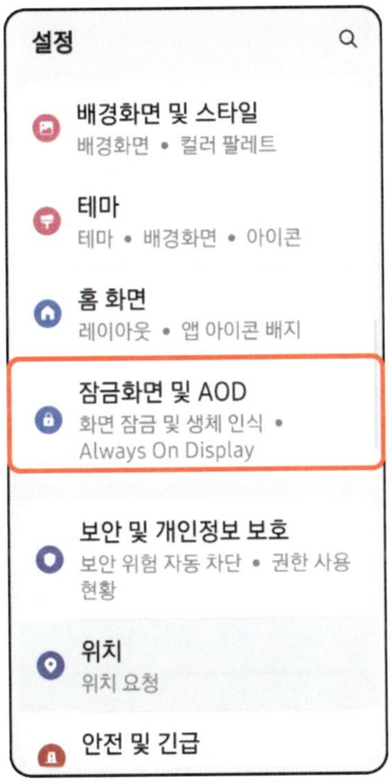

1 잠금화면을 눌러요.

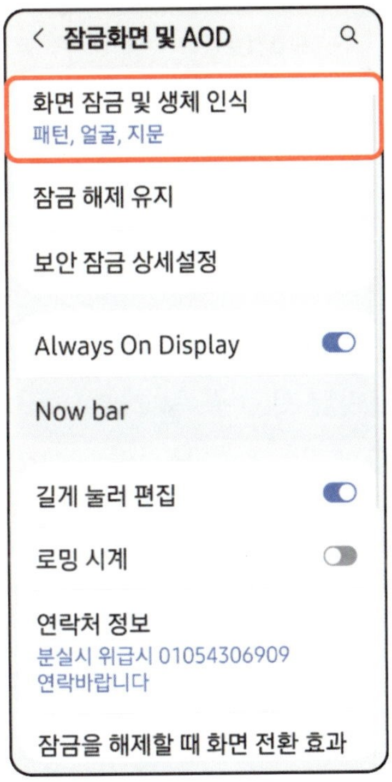

2 현재 사용하는 잠금 방식이 나타납니다.

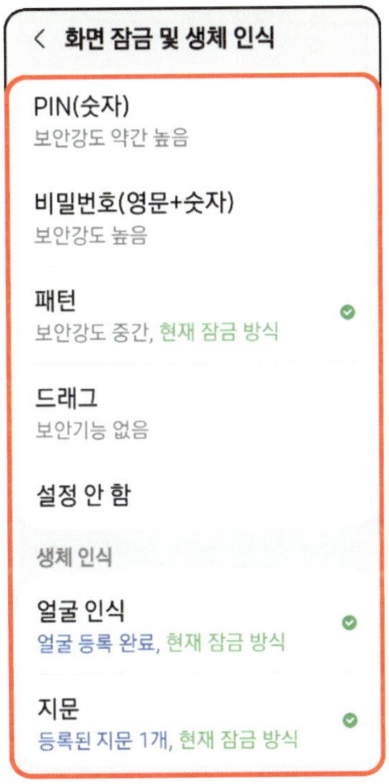

3 숫자,비밀번호, 패턴, 얼굴인식, 지문 중 선택합니다.

지문인식

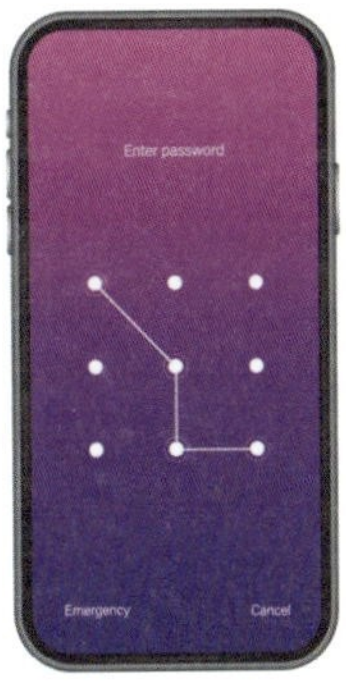

패턴

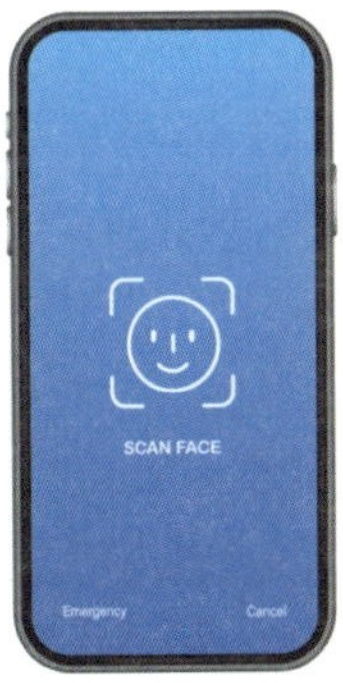

얼굴인식

안전 및 긴급 - 의료정보 긴급 연락처 등록하기

의식을 잃는 등 위급한 상황이 발생될 경우 스마트폰의 잠금을 풀지 않고도 가족 및 의료진이 환자의 건강 정보를 확인할 수 있는 기능입니다.

1 안전 및 긴급을 눌러요.

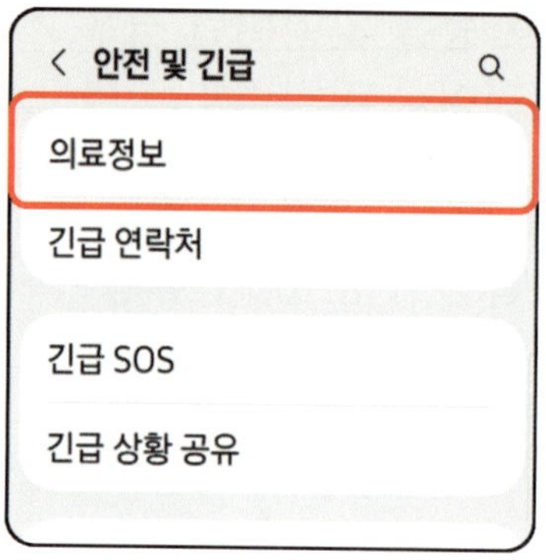

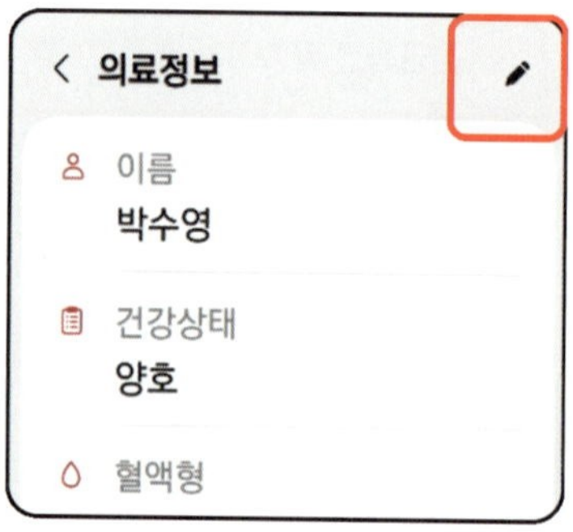

2 의료정보를 눌러요.

3 를 눌러요.

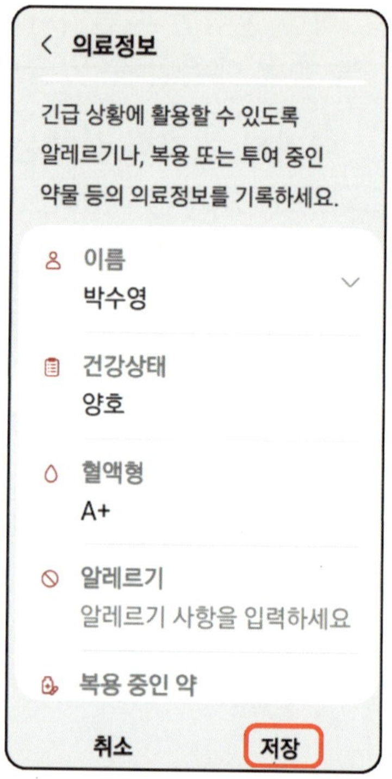

4 건강 상태, 질병력 등을 입력하고 저장 눌러요.

위급 상황 시 스마트폰의 잠금을 풀지 않고도 잠금 화면에서 설정해 놓은 긴급 연락처로 전화할 수 있는 기능입니다.

1 긴급 연락처를 눌러요.

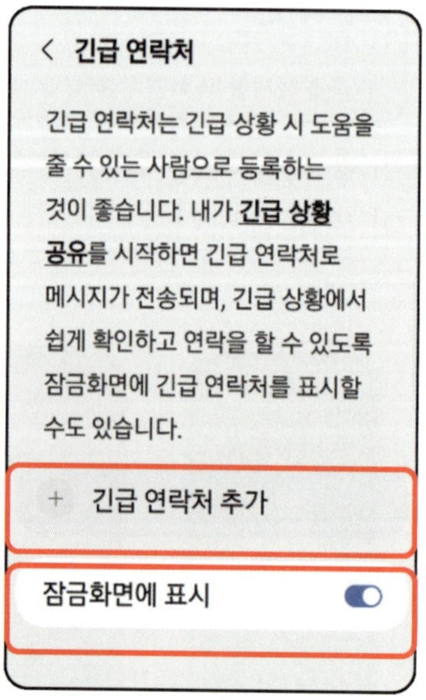

2 긴급 연락처 추가를 눌러요.

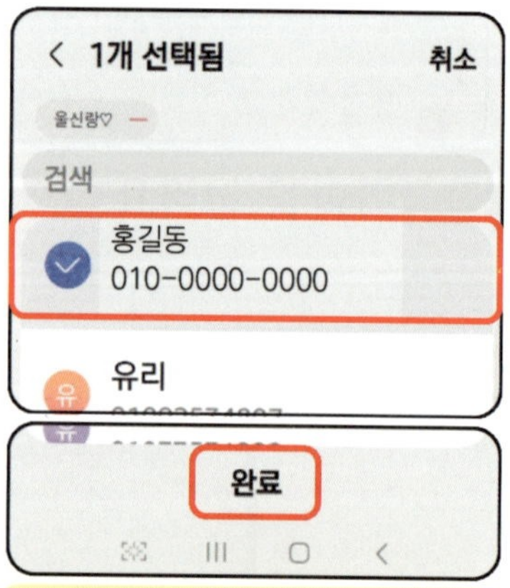

잠금화면에 표시를 켜야만 긴급연락처를 볼 수 있어요.

3 추가 할 연락처를 선택 후 완료를 눌러요.

스마트폰 업데이트

원활한 스마트폰 사용과 보안 강화를 위해서는 제조사에서 제공하는 업데이트를 꾸준히 진행하는 것이 좋습니다.

1 소프트웨어 업데이트를 눌러요.

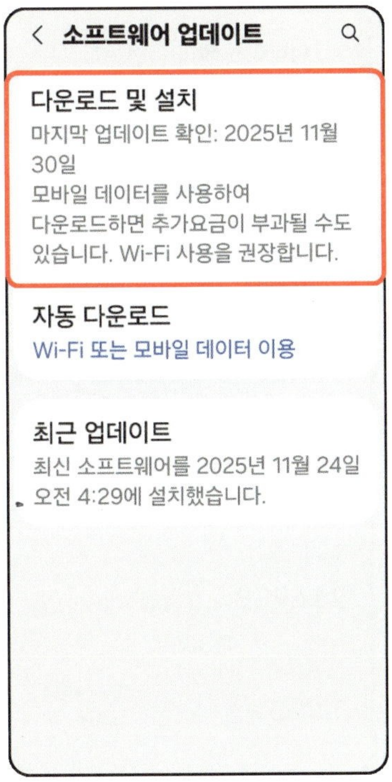

2 다운로드 및 설치를 눌러요.

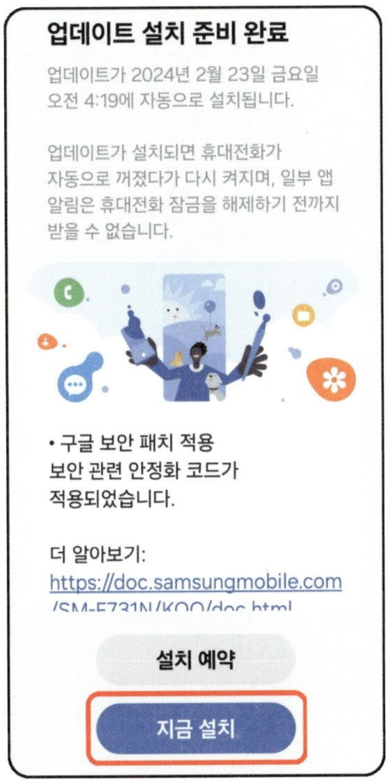

3 지금 설치를 누르면 업데이트가 시작됩니다.

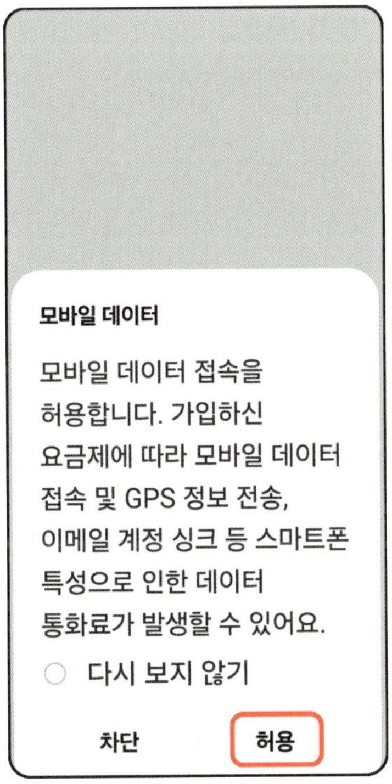

4 허용을 눌러요.

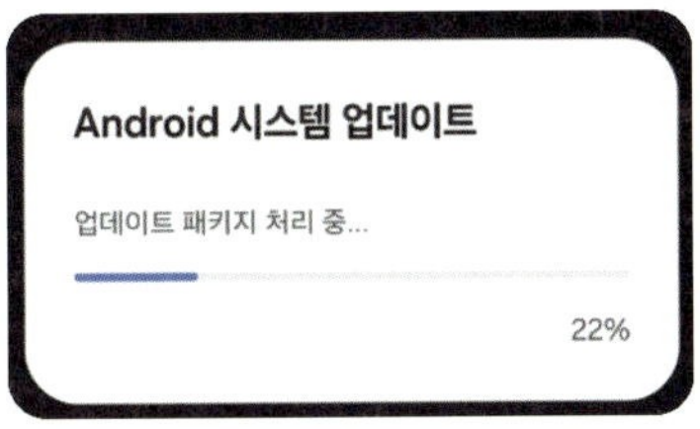

5 업데이트 진행 중

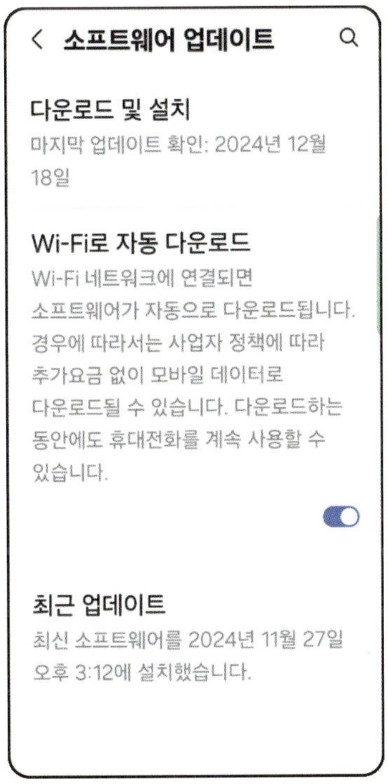

6 최근 업데이트 결과를 확인해 봅니다.

디바이스케어 - 저장공간

스마트폰에서 배터리, 저장공간, 메모리, 보안을 한 번에 관리할 수 있습니다.
스마트폰 상태를 자동으로 최적화해서 안정적인 사용 환경을 유지할 수 있습니다.

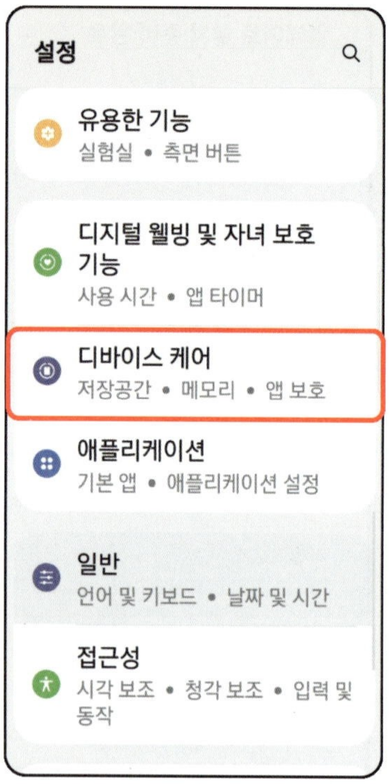

1 설정 앱에서 디바이스케어 눌러요.

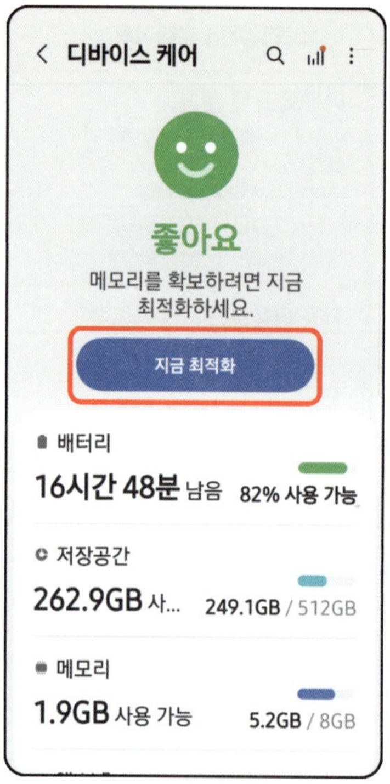

2 지금 최적화 눌러요.

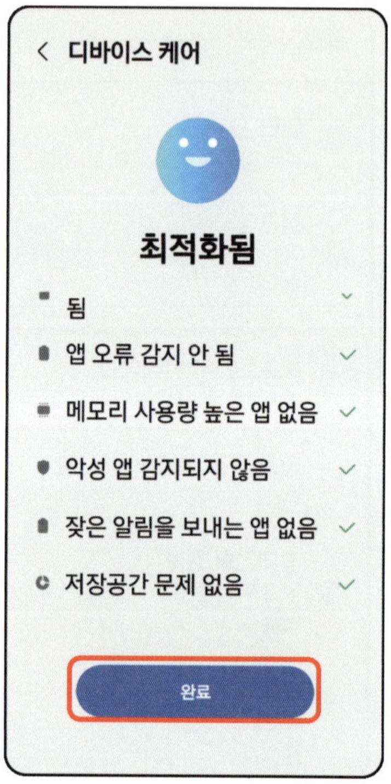

3 문제되는 앱이 있으면 알려줍니다. 완료 눌러요.

4 내 스마트폰 전체 공간과 남은 공간을 알 수 있어요.

5 더보기 눌러요.

저장공간

어떤 항목(이미지, 동영상, 앱 등)이 가장 많은 용량을 차지하는지 한눈에 볼 수 있어요.

저장 용량 단위

8 Bit = 1Byte	Bit 비트
1024 Byte =1KB	Byte 바이트
1024 KB =1MB	KB 킬로바이트
1024 MB =1GB	MB 메가바이트
1024 GB = 1TB	GB 기가바이트
	TB 테라바이트

디바이스케어 – 메모리

1 메모리를 눌러요.

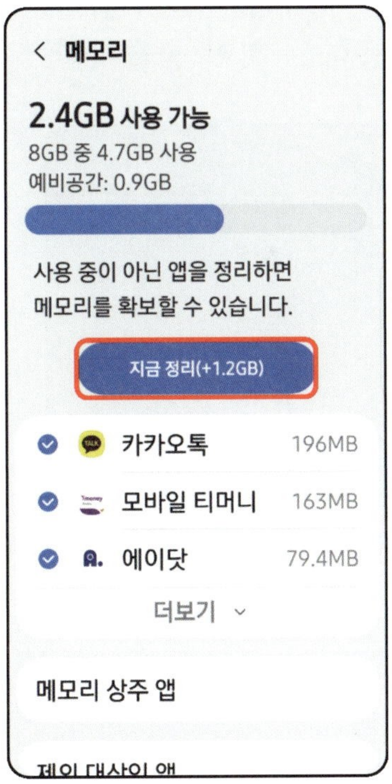

2 지금 정리를 눌러요.

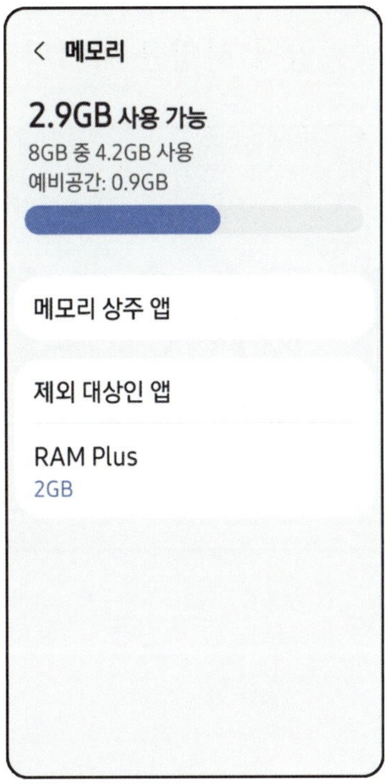

3 정리 되었습니다.

디바이스 케어 – 자동 최적화

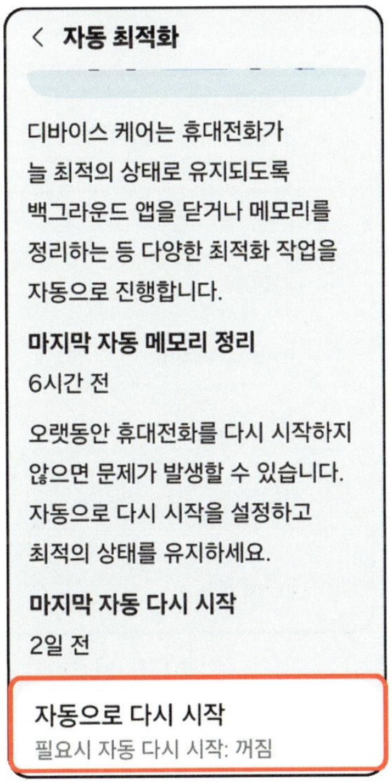

1 디바이스케어- 자동최적화 - 자동으로 다시 시작을 눌러요.

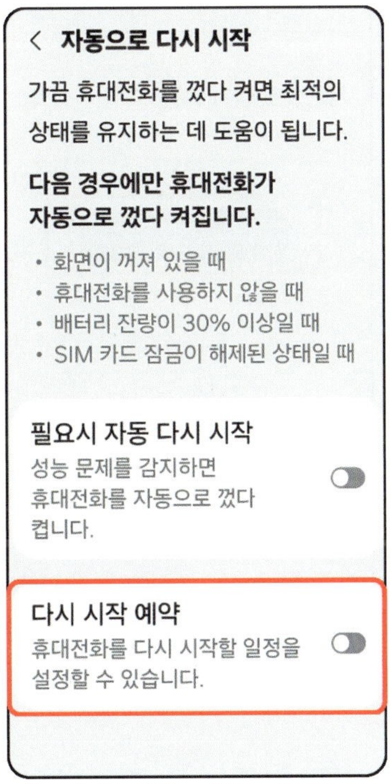

2 다시 시작 예약 눌러요.

3 예약 시간과 요일을 선택해요.

와이파이(Wi-Fi) 연결하기

와이파이는 무료로 사용가능한 네트워크 입니다.
동영상 시청은 와이파이를 사용하는 것이 좋습니다. 와이파이 연결을 해볼까요?

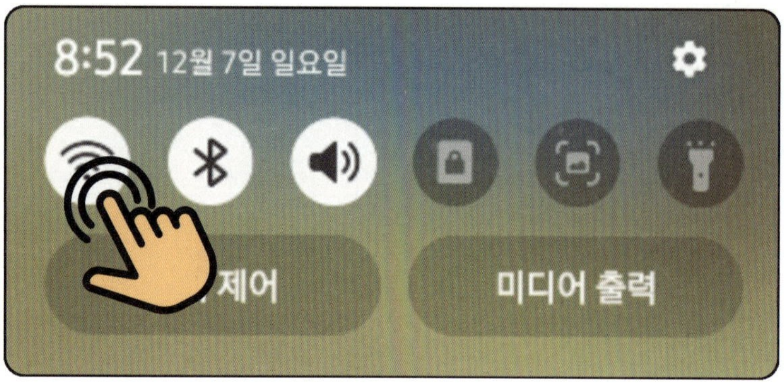

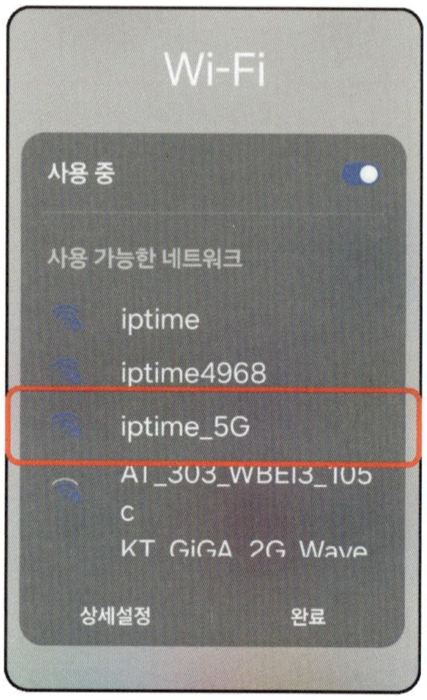

1 빠른 설정창에서 를 꾸~욱 눌러요.

2 목록 중 연결할 와이파이를 눌러요.

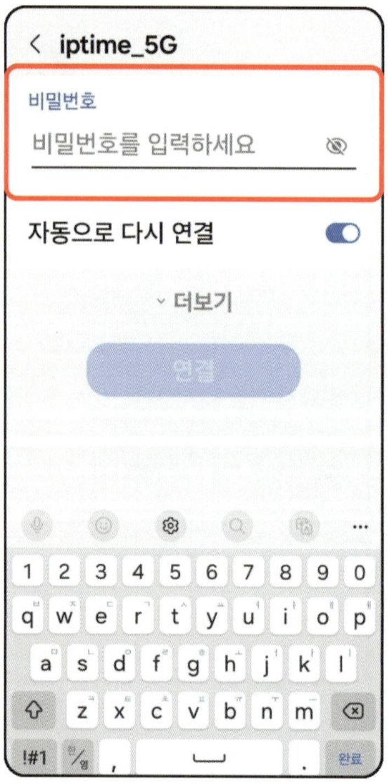

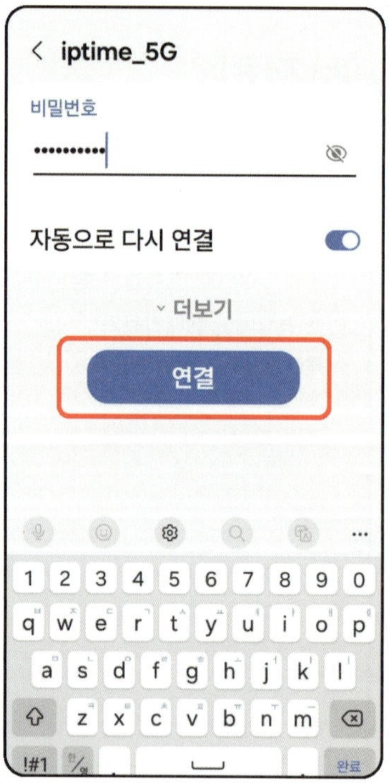

3 비밀번호를 입력해요.

4 연결을 눌러요.

5 연결됨 - 와이파이가 연결되었어요.

와이파이를 사용할 수 있는 장소의
와이파이 이름과 비밀번호를 미리 확인해 두어야 합니다.

모바일 데이터 연결하기

휴대전화나 태블릿 등 이동통신 기기를 통해 인터넷에 접속하는 것으로, 가입한 통신사의 요금제에 따라 정해진 데이터를 사용합니다.

1 홈 화면을 두 번 쓸어 내려요.

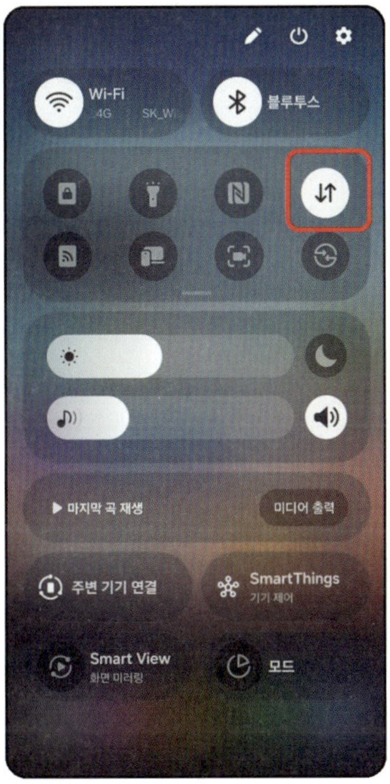

2 모바일 데이터를 꾸~욱 눌러요.

3 사용중인 모바일 데이터 양을 확인할 수 있어요.

와이파이와 데이터가 같이 켜져 있는 경우 **와이파이**가 먼저 사용되고, 와이파이를 사용할 수 없는 상황에서는 **모바일 데이터**로 인터넷 연결이 됩니다.

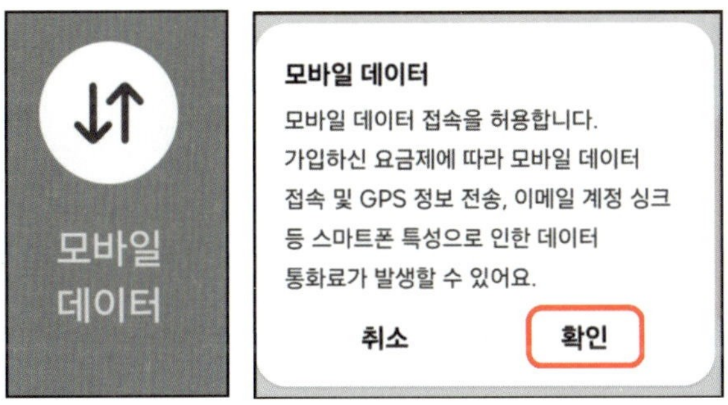

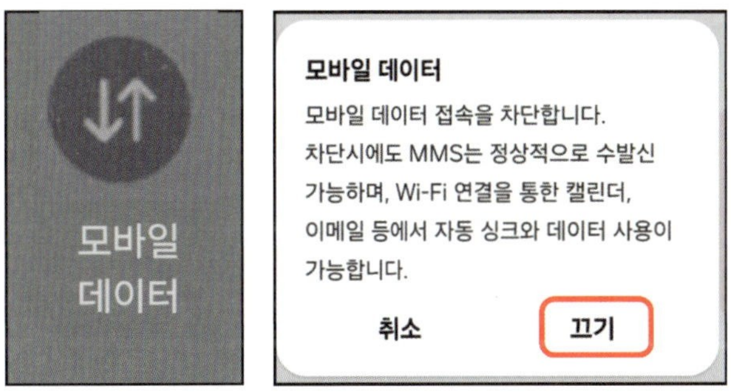

모바일 데이터를 켰을 때의 확인 메시지 입니다. **'확인'**을 누르면 모바일 데이터를 사용할 수 있습니다.

모바일 데이터를 끌 때의 확인 메시지 입니다. **'끄기'**를 누르면 모바일 데이터를 사용할 수 없습니다.

빠른 설정창 살펴보기

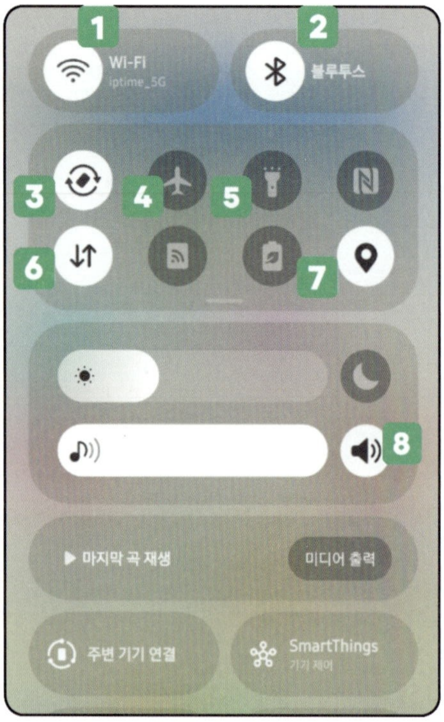

Wi-Fi (와이파이) 켜짐
공공장소에서 와이파이를 사용하려면, Wi-Fi 이름과 비밀번호를 확인하고 입력해야 합니다.

블루투스 켜짐
이어폰, 헤드셋, 스마트워치 등 무선기기를 사용하려면 블루투스를 켜놓아야 합니다.

무선기기의 전원을 켜두고 블루투스를 꾸~욱 누르면 블루투스 연결이 가능한 목록을 확인할 수 있어요. 연결하려는 기기를 선택하면 연결이 됩니다.

3 **자동회전** : 스마트폰 화면을 가로, 세로로 자동으로 회전됩니다.
사진보기, 유튜브등 가로 형태로 볼 수 있어요.

4 **비행기 모드** : 스마트폰, 태블릿, 노트북 등 모바일 기기의 무선 통신 기능을 일시적으로 차단하는 설정입니다.

5 **손전등 버튼 켜짐**
- 눌러서 켜세요. 다시 누르면 꺼집니다.

6 **데이터 켜짐** 평상시에 항상 켜두어야 카카오톡이나 인터넷을 사용할 수 있습니다. 데이터 통화료가 발생할 수 있어요.

7 **위치알림모드** : GPS로 현재 나의 위치를 찾을 수 있어요.
켜두어야 **〈길찾기앱〉**에서 나의 위치를 확인할 수 있습니다.

8 **소리, 진동 선택모드**
- 벨소리, 진동, 무음을 선택할 수 있어요.

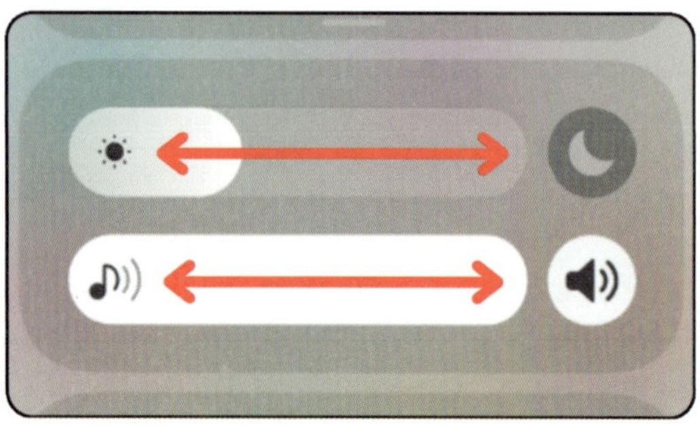

화면 밝기 조정 : 눈의 피로를 줄이고, 편안하게 화면을 볼 수 있도록 밝기를 조절하는 기능입니다.

벨소리 조정
- 벨소리를 조절할 수 있어요.

블루투스 연결하기

무선이어폰, 무선스피커 등의 기기를 블루투스를 통해서 스마트폰과 연결하는 방법입니다. (기기에 따라 전원을 켜면 자동으로 연결되기도 합니다.)

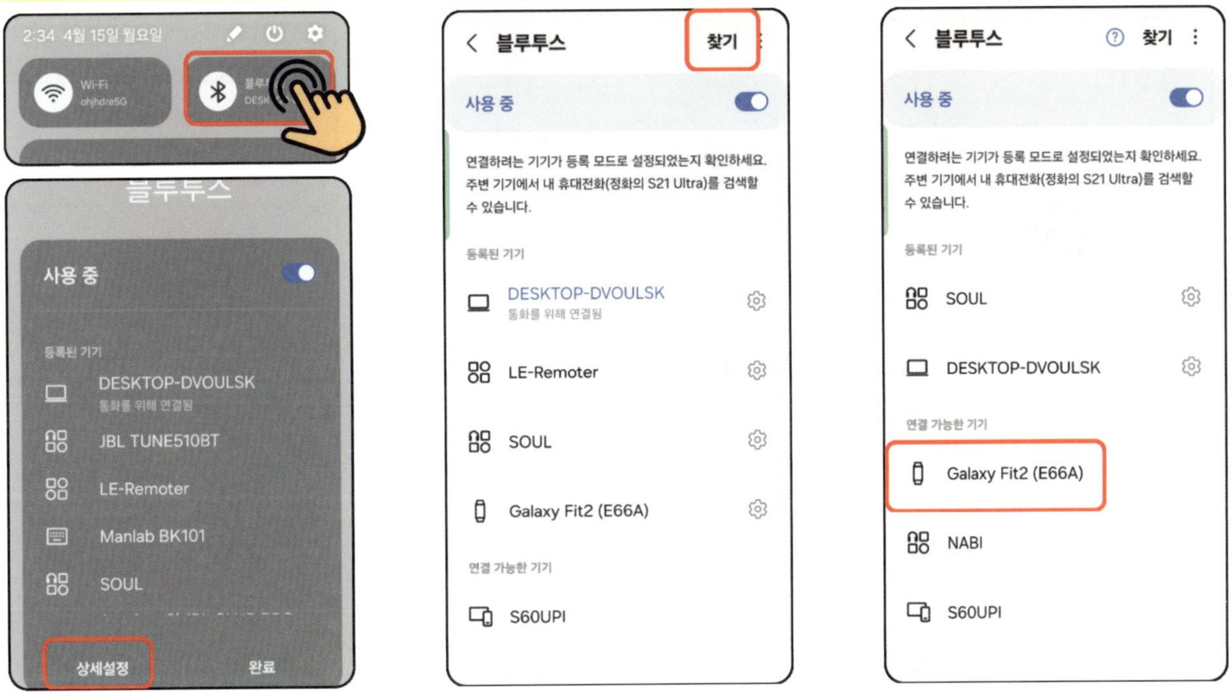

1 스마트폰 화면을 위에서 아래로 쓸어내려 빠른 설정창을 켭니다.
블루투스를 꾸~욱 눌러요. 사용 중인 블루투스목록에서 상세설정을 눌러요.

2 기기 등록을 위해 찾기를 눌러요.

3 연결 가능한 기기 목록 중에서 원하는 기기를 선택해요.

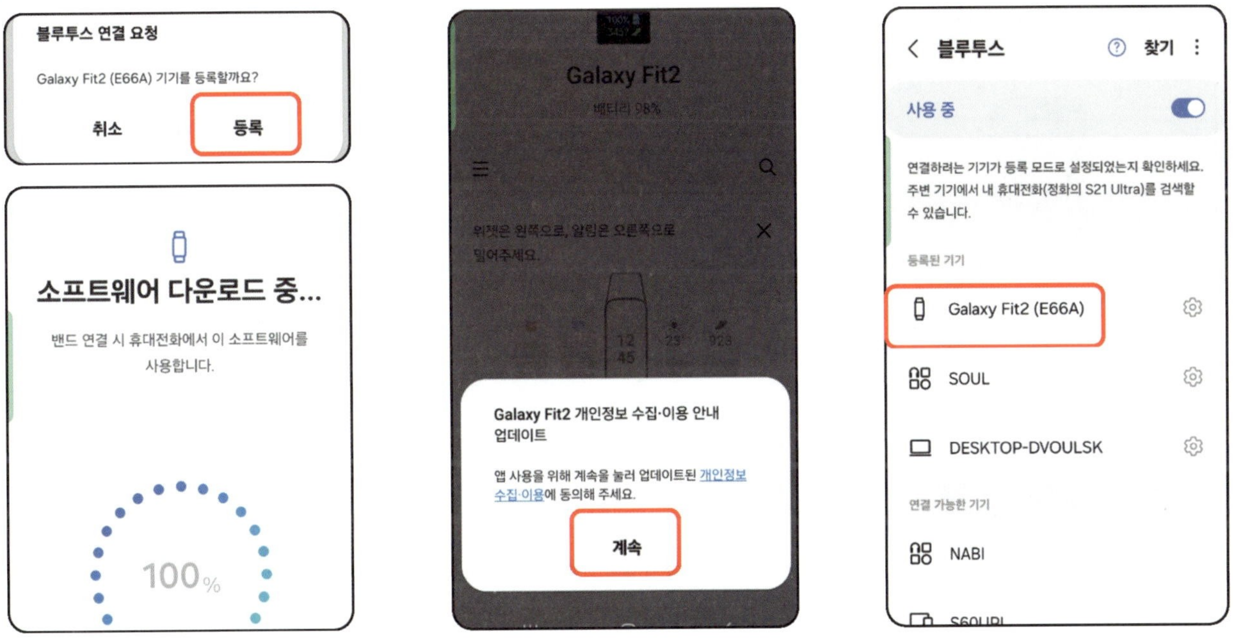

4 등록을 눌러요. 프로그램이 다운로드 됩니다.

5 계속을 눌러요.

6 스마트폰에 등록된 기기에 기기명이 보이면 등록 완료 입니다.

홈화면에 위젯 추가하기

위젯은 스마트폰 홈화면에 작은 크기로 미리보기 형식으로 보여주는 기능
추천 위젯 - 돋보기, 시계(듀얼시계), 캘린더, 날씨, 디바이스케어(최적화)

1 홈화면 빈곳을 꾸~욱 눌러요.

2 하단의 위젯을 가볍게 눌러요.

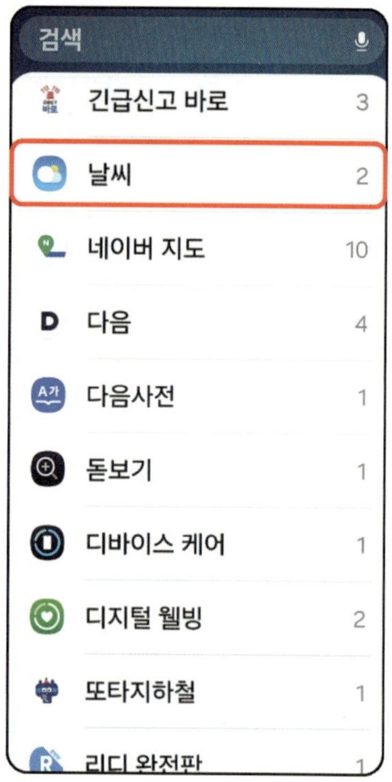

3 날씨위젯을 목록에서 선택해요.

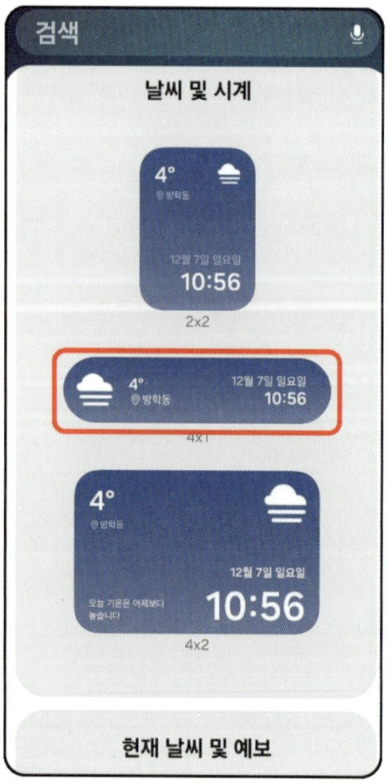

4 원하는 유형을 찾아서 눌러요.

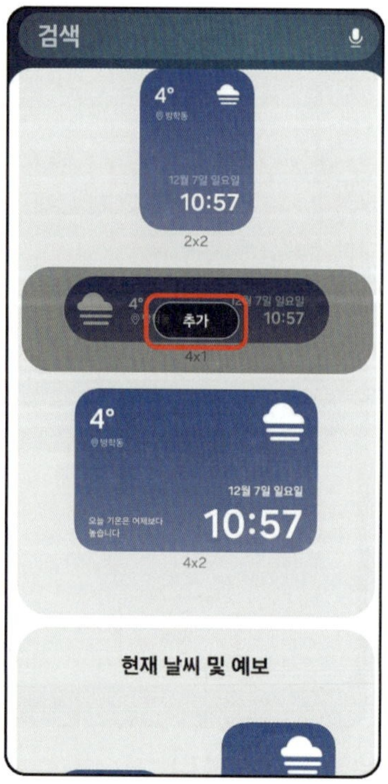

5 선택한 위젯의 추가를 눌러요.

6 홈화면 빈공간을 눌러요. 날씨 위젯 선택 해제돼요.

화면 캡처하는 방법

화면 캡처란 스마트폰의 화면을 일시적으로 복사하여 저장하는 기능
저장된 이미지 파일은 갤러리나 기타 사진 저장소에서 확인할 수 있습니다.

방법 1 - 손으로 밀어서 캡처하기(모션 캡처/ 손날 캡처)

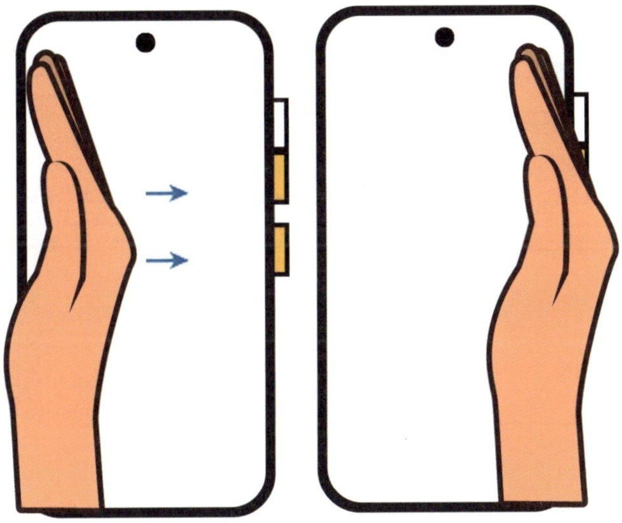

손을 옆으로 세운 후 손날로 화면을 오른쪽 또는 왼쪽으로 미세요.

손으로 밀어서 캡처가 되지 않는경우 "설정>유용한 기능>모션 및 제스처> 손으로 밀어서 캡처를 활성화"로 바꿔 주세요. (일부 휴대폰 미지원)

방법 2 - 버튼을 눌러 화면 캡처하기(버튼 캡처)

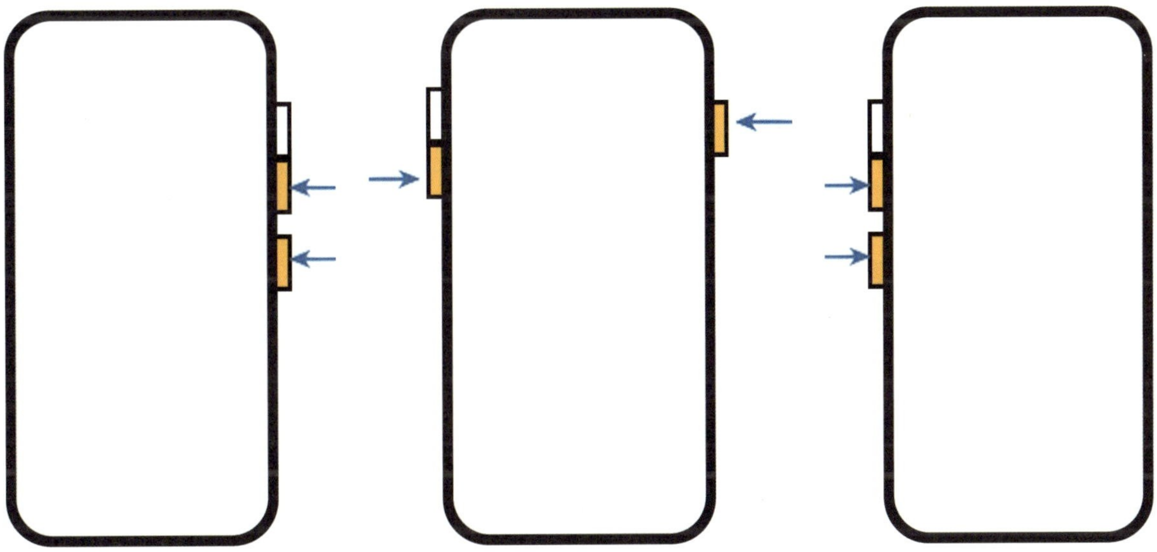

측면버튼+음량(하)버튼 　 측면버튼(우)+음량(하)버튼 　 측면버튼+음량(하)버튼

측면 버튼과 음량(하) 버튼을 동시에 누르세요.
※ 버튼 캡처에 사용되는 버튼 조합 및 위치는 모델마다 다를 수 있으며, 정확한 확인을 위해서는 제품 매뉴얼을 참고해주세요.

플레이스토어 - 앱 검색하고 설치와 사용

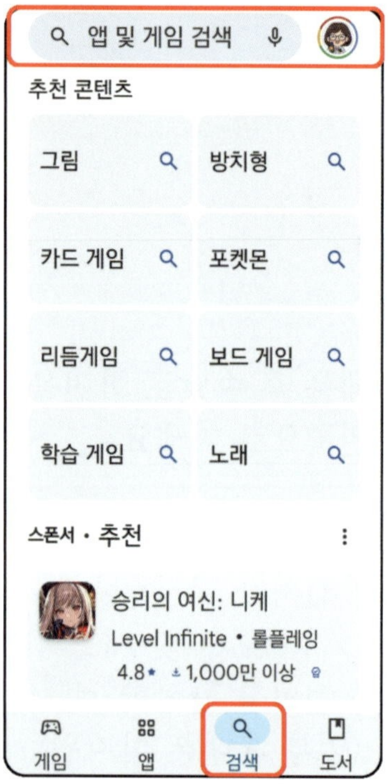

1 플레이스토어를 열어요.

2 검색 [검색] 을 눌러서 설치할 앱 이름을 입력해요.

3 설치 눌러요.
설치되었지만 사용 하지 않은 앱은 사용을 눌러요.

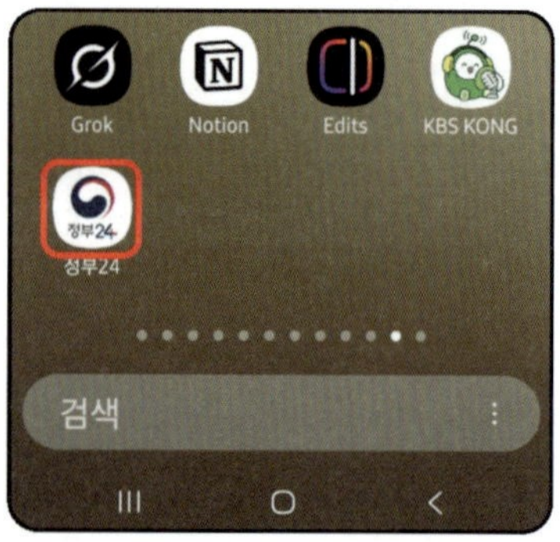

4 열기 눌러요.

5 다음 사용시에는 홈화면, 앱스화면에 설치된 아이콘을 눌러서 열어요.

앱 업데이트와 삭제하기

앱에서 변경된 내용이 있다면 업데이트 눌러요.

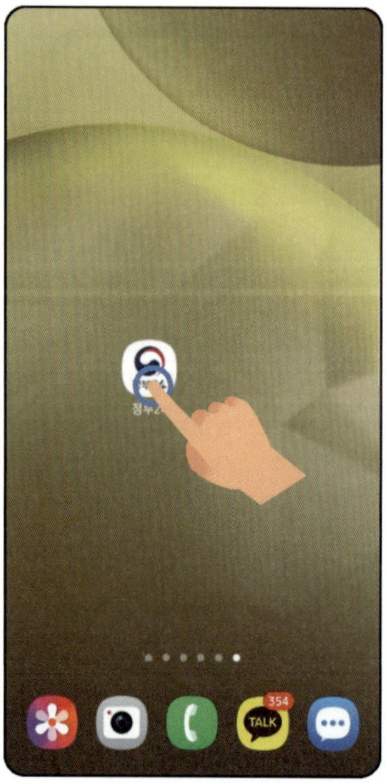

앱을 꾸~욱 길게 눌러요.

홈에서 삭제를 누르면 홈화면에서만 앱이 삭제됩니다.

설치삭제를 누르면 앱이 완전히 삭제 됩니다.

2장
스마트폰 기본 앱

전화앱 - 기본메뉴 설명

직접 전화번호를 눌러서 전화를 겁니다.

최근 통화 목록을 볼 수 있어요.

저장되어 있는 연락처를 볼 수 있어요.

전화 받을 때 화면

녹색 통화 - 전화 받기
빨강 종료 - 전화 끊기

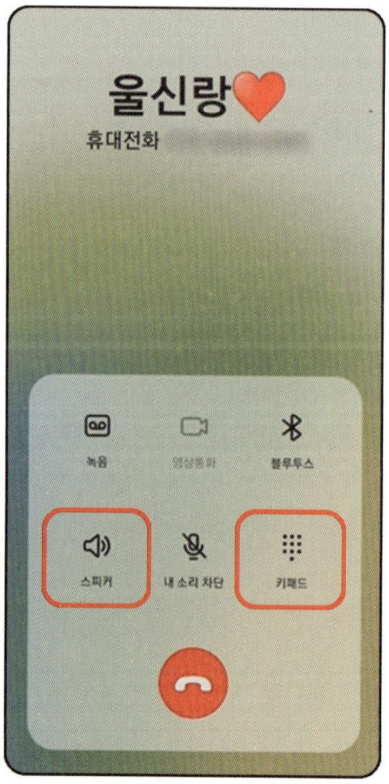

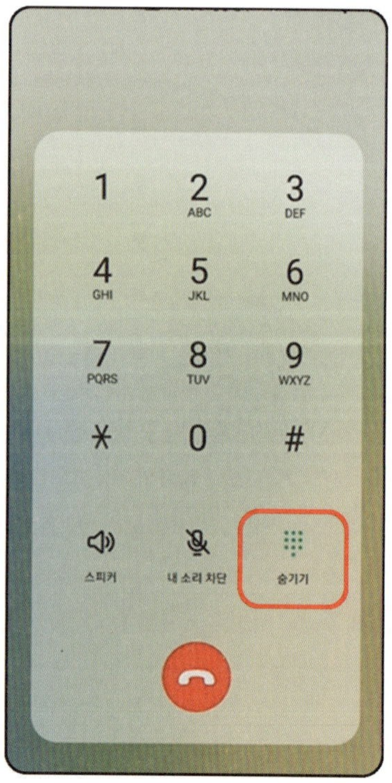

1 스피커를 누르면 밖으로 소리가 크게 나와요.
2 키패드를 누르면 숫자판이 나옵니다.
3 숨기기를 누르면 통화 중 숫자판을 숨길 수 있어요.

통화 앱 – 전화를 걸어봐요 1 (키패드)

1 키패드를 눌러요.

2 전화번호를 입력하고 녹색통화 버튼을 눌러요.

통화 앱 – 전화를 걸어봐요 2 (최근기록)

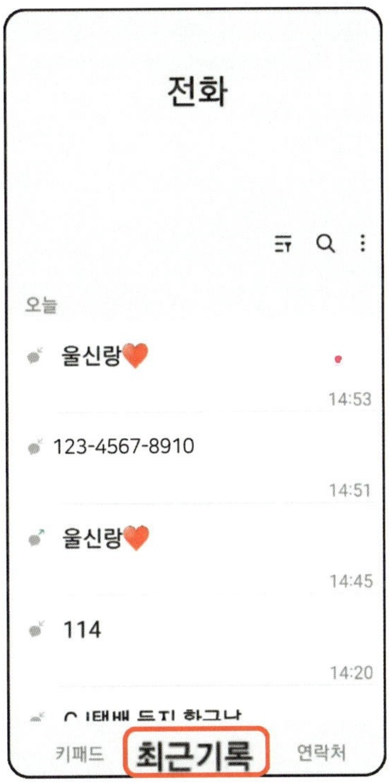

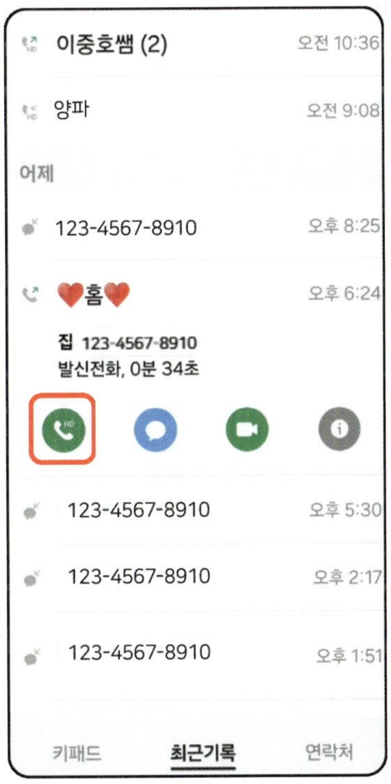

1 최근에 통화한 기록을 볼 수 있어요.

2 녹색통화 버튼을 눌러요.

3 전화를 걸고 있어요.

통화 앱 – 전화를 걸어봐요 3 (연락처)

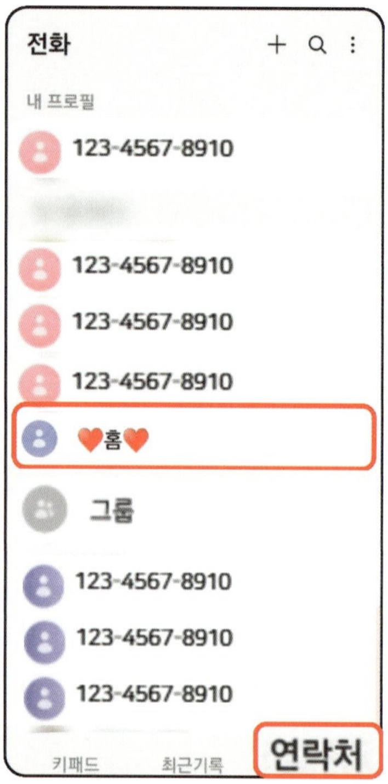

1 연락처에서 통화할 사람을 선택해요.

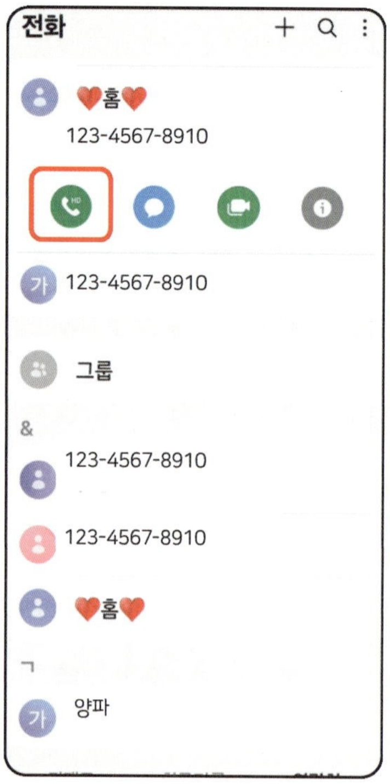

2 녹색통화 버튼을 눌러요.

3 전화를 걸고 있어요.

통화 앱 – 통화 녹음해 봐요

1 통화 버튼을 밀어요.

2 녹음을 눌러요. 녹음이 시작됩니다.

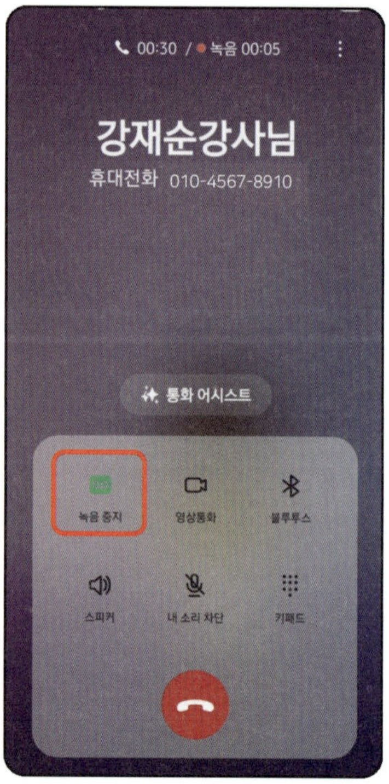

3 녹음 중 입니다.

통화 앱 – 최근기록에서 통화 녹음 확인해요

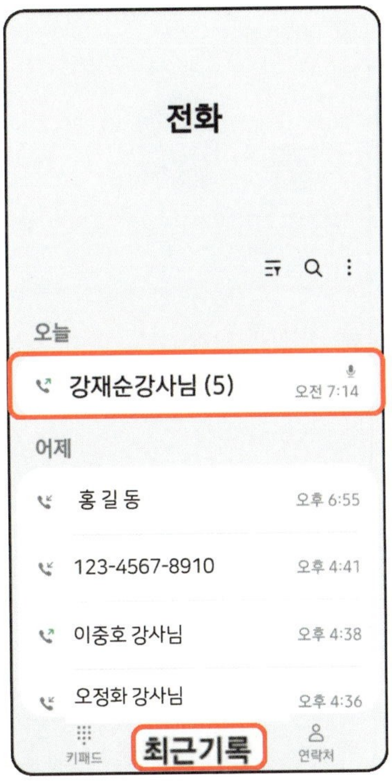

1 최근기록에서 통화녹음 되어있는 이름을 눌러요.

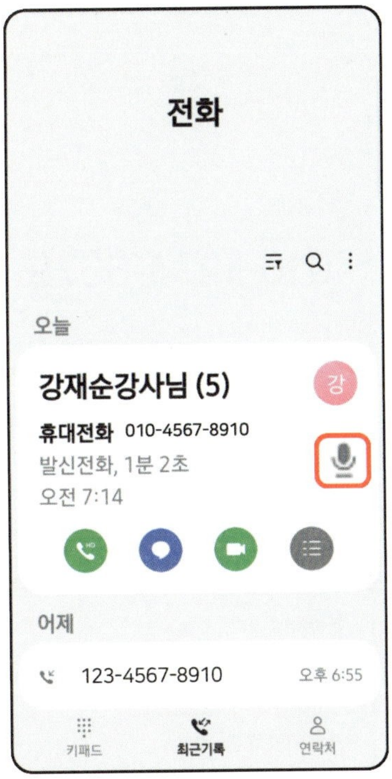

2 마이크 그림을 눌러요.

3 재생 ▶ 그림을 누르면 통화녹음이 들려요.

녹음 앱 – 통화 녹음 확인해요

1 음성녹음앱 눌러 열어요.

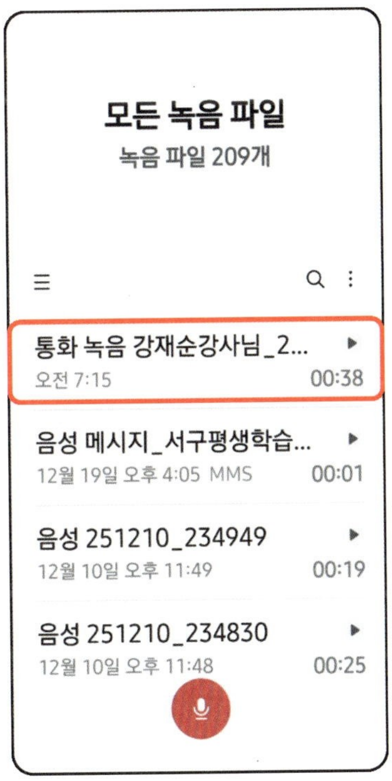

2 녹음된 이름 눌러요.

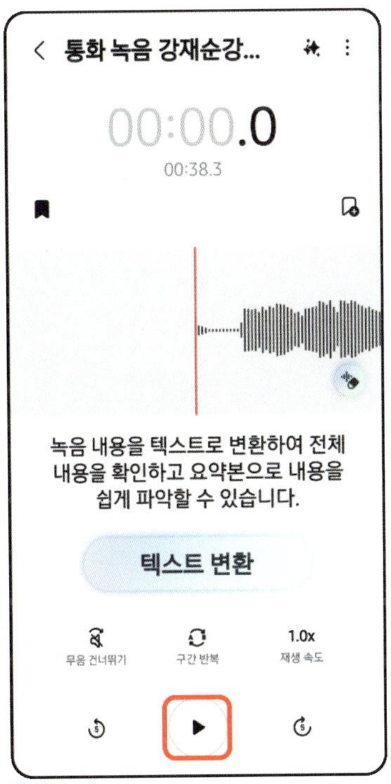

3 ▶ 통화 녹음이 들려요.
⏸ 누르면 중지됩니다.

전화번호를 저장해 봐요 1 – 키패드

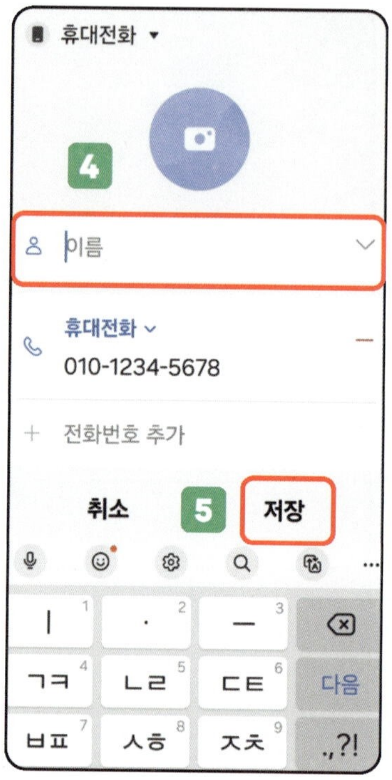

1 키패드에 번호 입력해요.
2 상단 [+] 를 눌러요.

3 새 연락처 등록을 눌러요.

4 이름을 입력해요.
5 저장을 눌러요.

전화번호를 저장해 봐요 2 – 최근기록

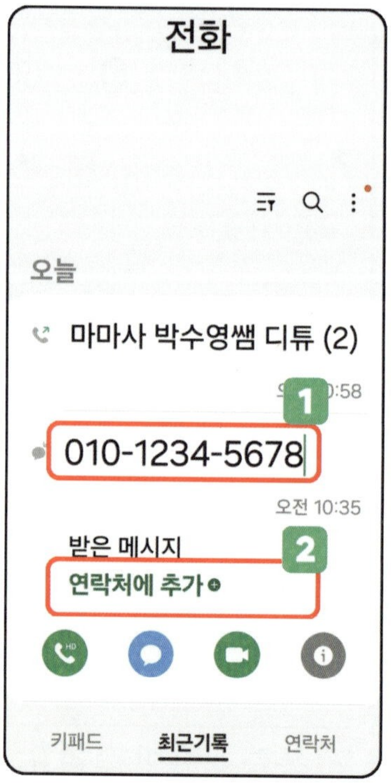

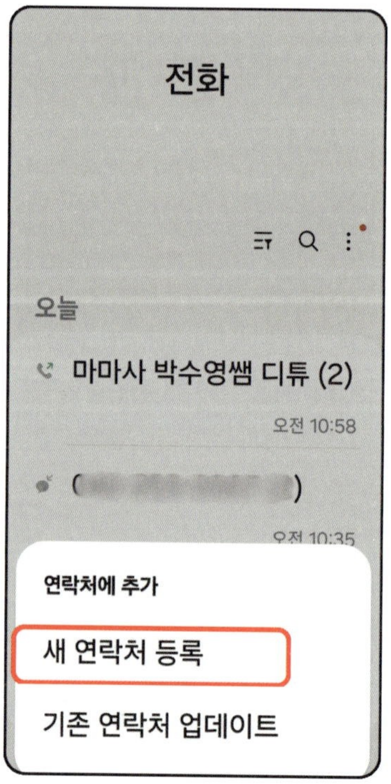

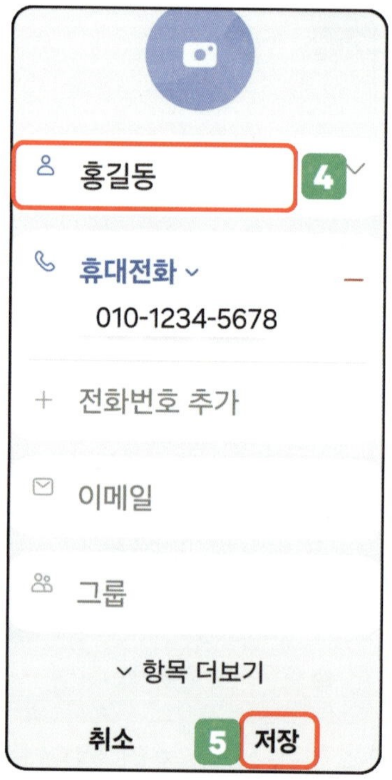

1 전화번호를 눌러요.
2 연락처에 추가를 눌러요.

3 새 연락처 등록을 눌러요.

4 이름을 입력해요.
5 저장을 눌러요.

연락처에 저장한 이름으로 전화번호를 찾아 봐요

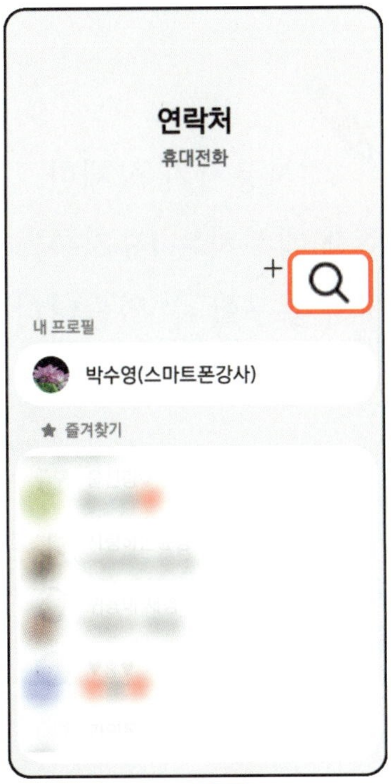

1 연락처에서 [검색 아이콘]를 눌러요.

2 검색창에서 이름 입력하면 목록에 나와요.

3 이름 아래에 나타난 전화아이콘을 눌러서 전화를 걸어요.

문자 메시지 – 내용 확인 후 삭제

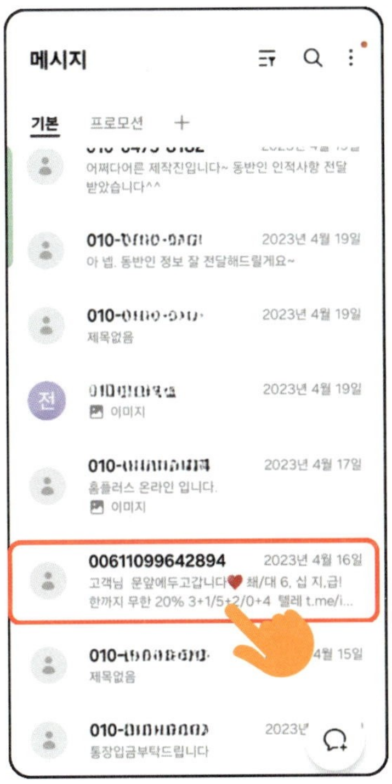

1 메시지를 눌러서 내용을 읽습니다.

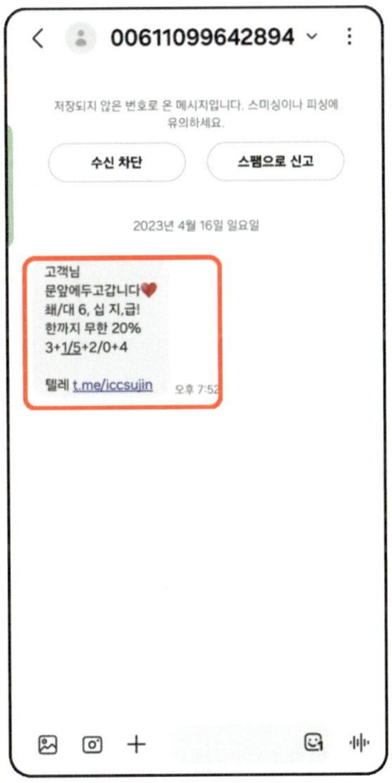

2 메시지를 꾸~욱 눌러요.

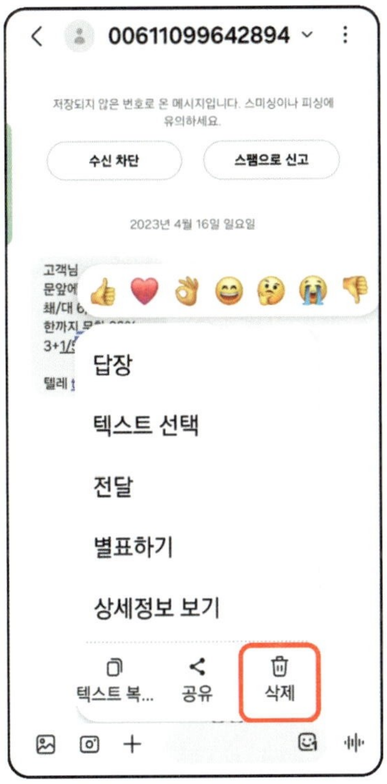

3 삭제를 선택하여 메시지를 지우세요.

문자 메시지 – 목록에서 삭제

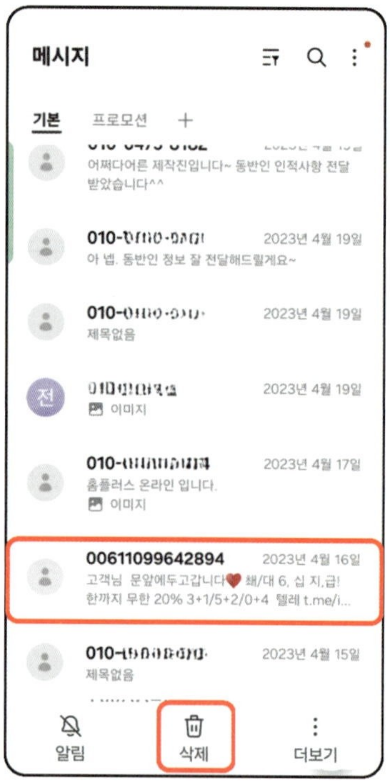

1 메시지를 꾸욱 누른 다음 삭제를 눌러요.

2 휴지통으로 이동을 눌러요.

사용자가 삭제한 문자 메시지는 [휴지통]에서 복구할 수 있습니다.

문자 메시지 삭제 후 일정 기간 (30일) 동안만 보관됩니다.

문자 메시지 – 휴지통에서 삭제

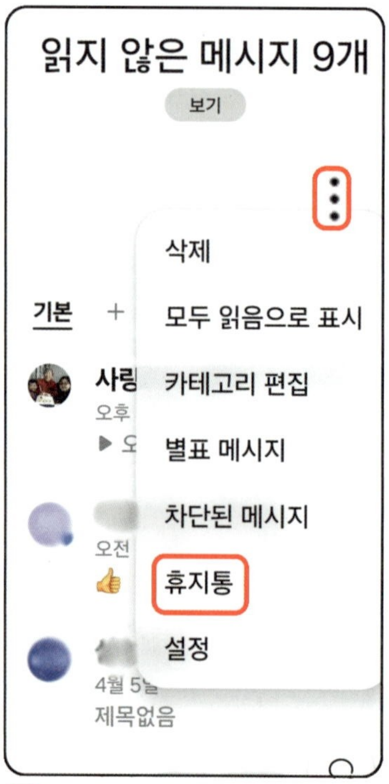

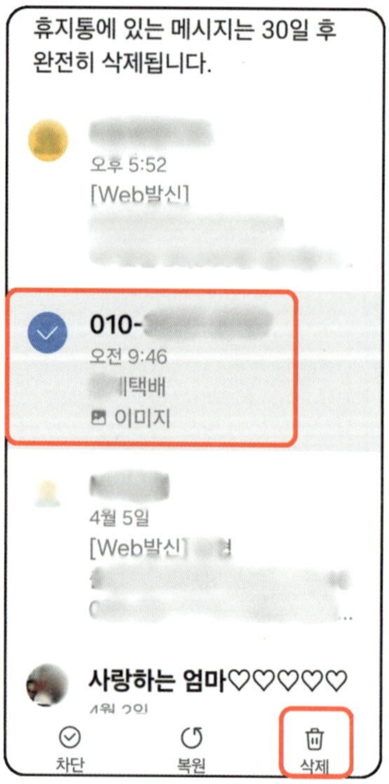

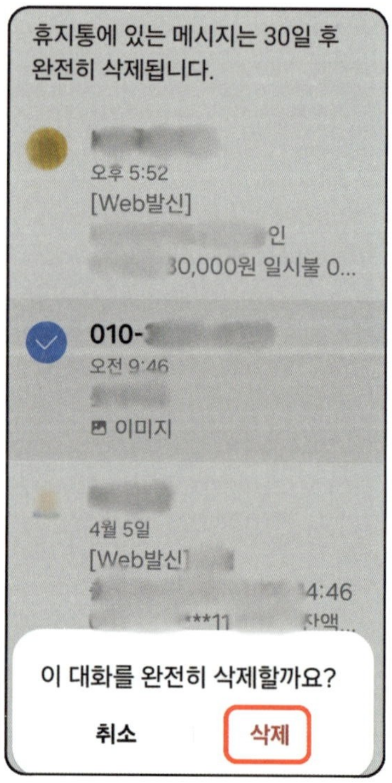

1 ⋮(더보기)를 누른 후 휴지통을 눌러요.

2 메시지를 꾸~욱 누르고 삭제를 눌러요.

3 삭제를 선택하여 메시지를 지워요.

4 혹시 실수로 문자메시지를 삭제했다면 〈복원〉을 눌러요.

문자 메시지 – 메시지를 보내요

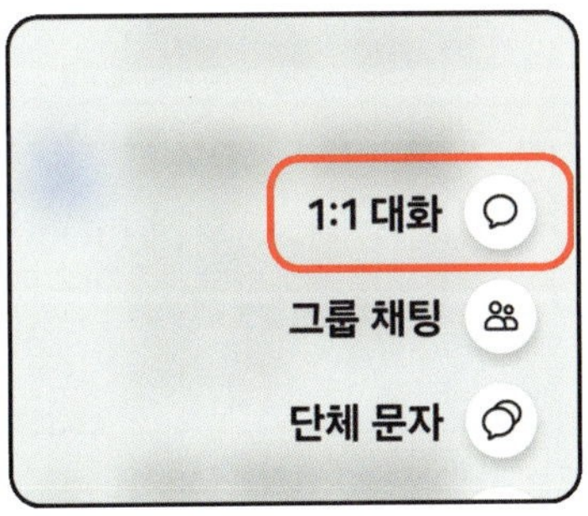

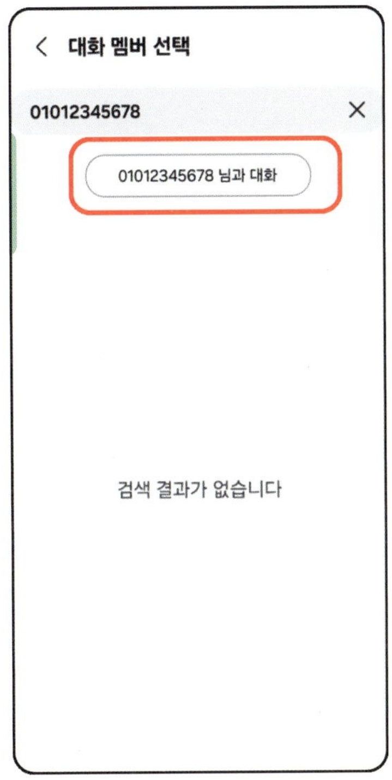

1 말풍선을 눌러요.

2 1:1 대화를 선택해요.

3 상대의 이름이나 번호를 입력해요.

4 입력한 번호 아래 대화 버튼을 눌러요.

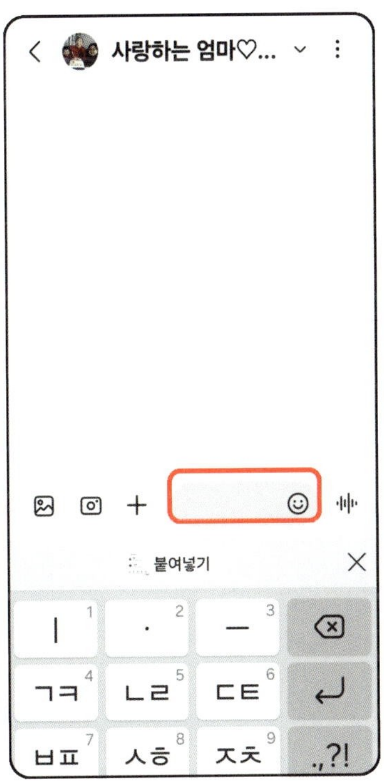

5 입력창에 메시지를 입력해요.

6 내용을 입력 후 (보내기 버튼)를 누르면 발송됩니다.

7 보낸 메시지를 화면에서 확인할 수 있어요.

문자 메시지 - 말로 문자메시지를 쓰기 : 마이크 버튼

1 를 눌러서 메시지를 말해보세요.
#처음 사용자는 오디오 권한 '앱 사용 중에만 허용' 눌러요.

2 말의 내용이 글자로 나타납니다.

3 말이 끝나면 를 눌러서 멈춥니다.

4 을 눌러 메시지를 보내요.

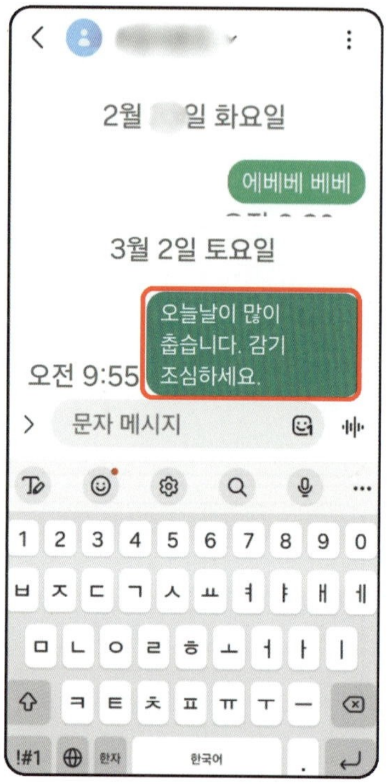

5 말하는 내용을 글자로 입력하여 보냈어요.

문자 메시지 - 음성녹음해서 문자 보내기

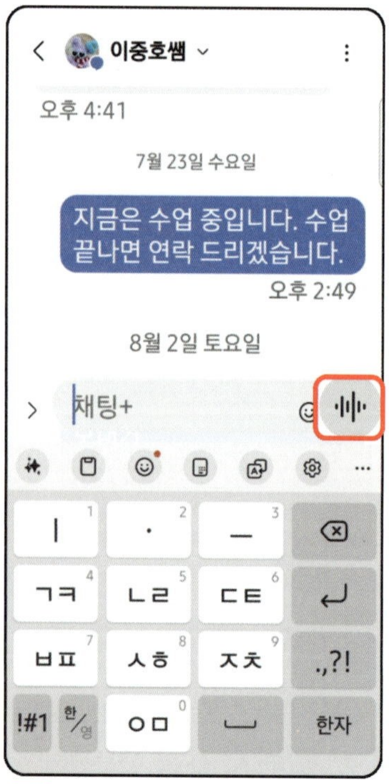

1 을 누른 채로 보낼 메시지를 말해보세요.

2 녹음이 끝나면 손을 떼고 를 눌러 보내요.

3 음성파일을 눌러 소리를 들어봅니다.

문자 메시지 – 받은 메시지를 확인해요

1 ① 는 읽지 않은 메시지의 갯수입니다

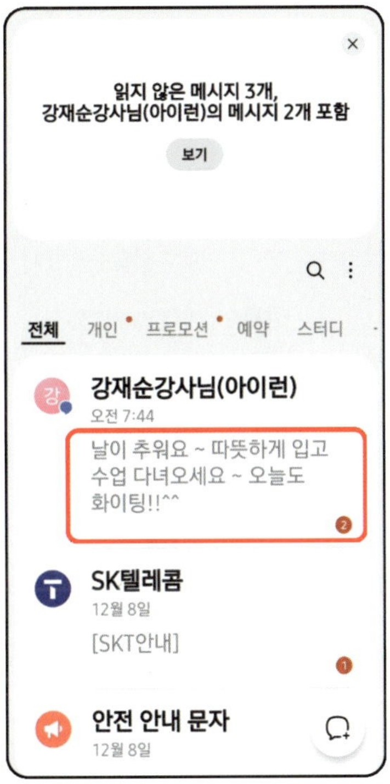

2 ① 가 있는 메시지를 눌러요.

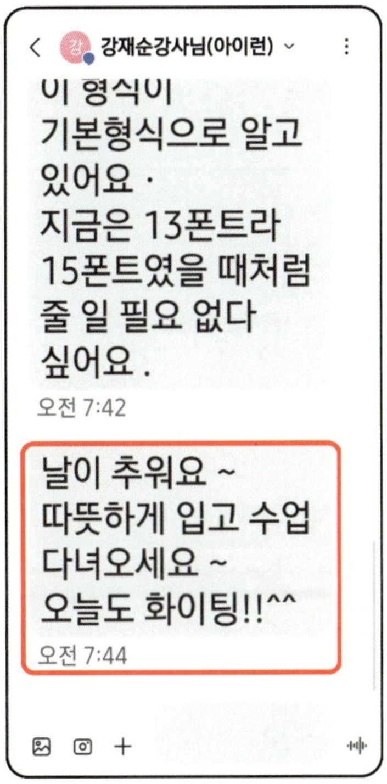

3 받은 메시지의 내용을 확인해요.

문자 메시지 – 스팸(광고성) 메시지를 차단해요

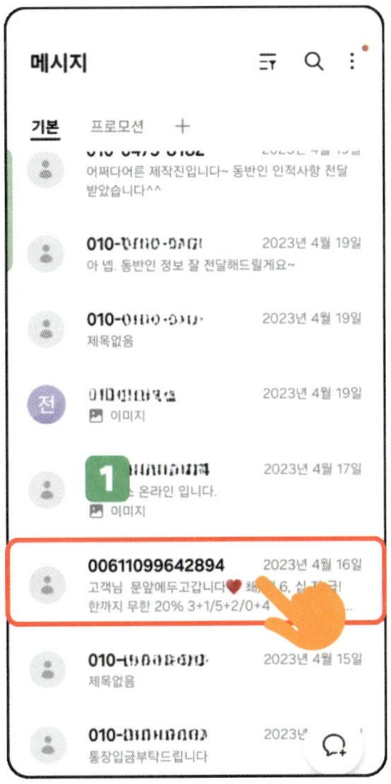

1 차단하려는 문자를 꾸~욱 눌러요.

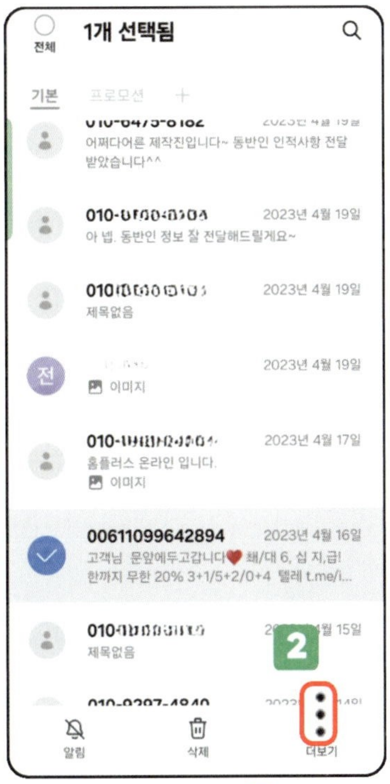

2 오른쪽 아래의 ⋮ 더보기를 눌러요.

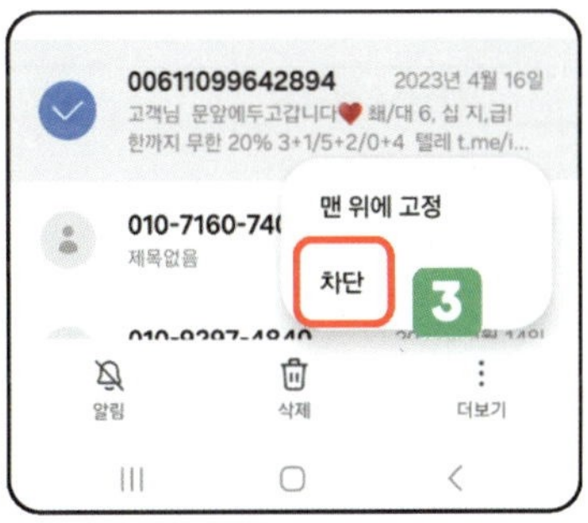

3 차단을 선택해요.

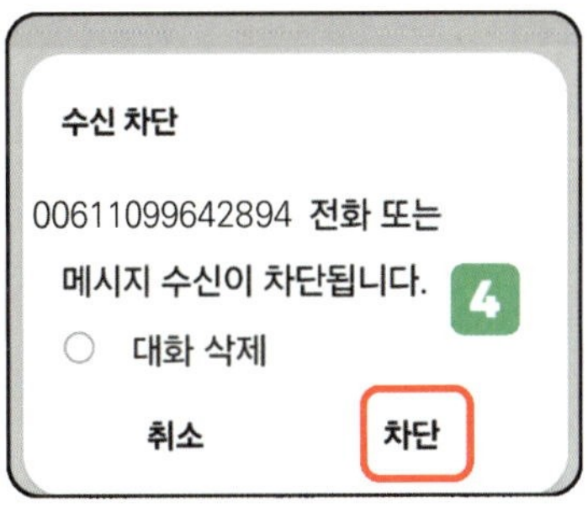

4 차단을 선택해요.

문자 메시지 – 잘못 차단된 메시지를 복원해요

통신사 인증 번호와 같이 필요한 메시지를 못받으신 적이 있나요?
잘못 차단된 메시지를 복원하는 방법을 알아봅니다.

1 ⋮를 눌러요.

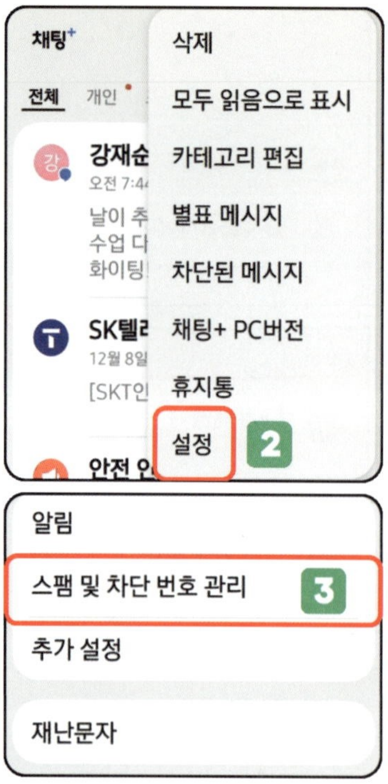

2 설정을 눌러요.
3 스팸 및 차단 번호 관리를 눌러요.

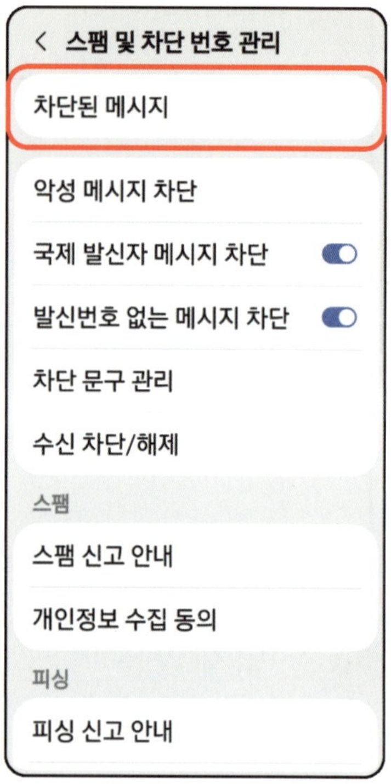

4 차단된 메시지를 눌러요.

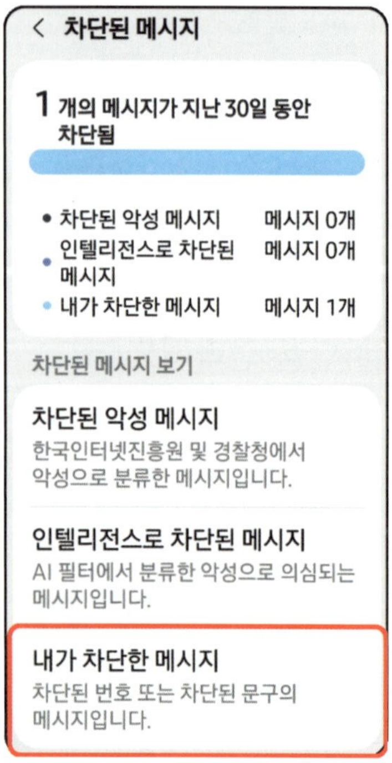

5 내가 차단한 메시지를 눌러요.

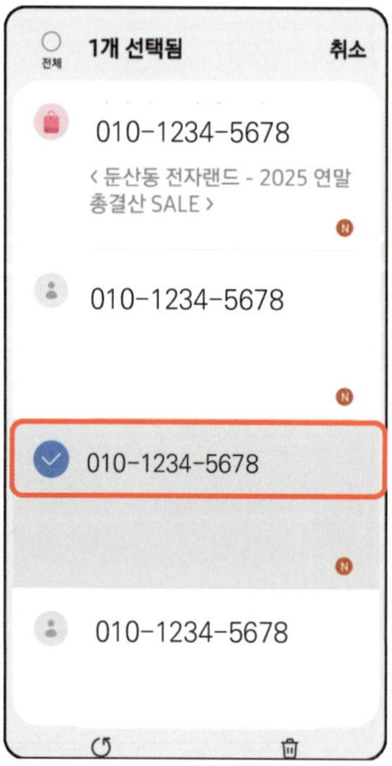

6 복원할 메시지를 꾸~욱 눌러요.

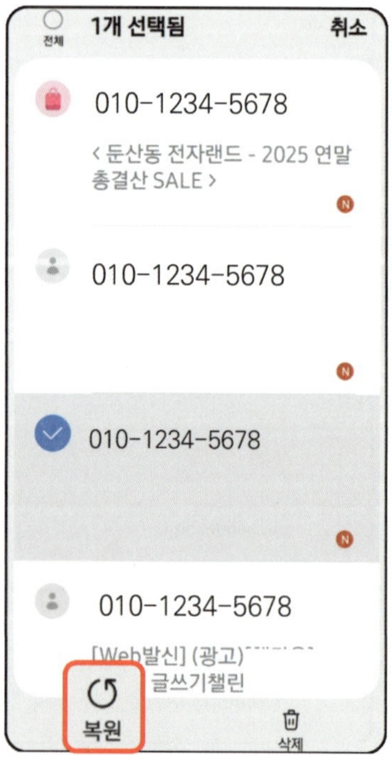

7 아래 복원을 누르면 복원됩니다.

문자 메시지 – 수신 차단 번호를 해제해요

전화번호를 수신 차단 후 해제 하는 방법을 알아봅니다.

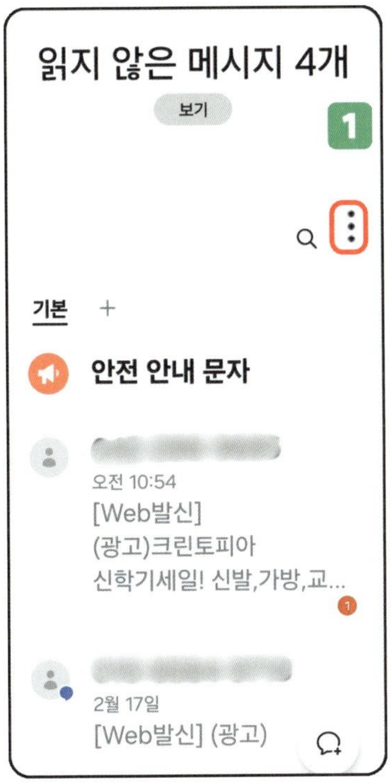

1 ⋮를 눌러요.

2 설정을 눌러요.

3 스팸 및 차단 번호 관리를 눌러요.

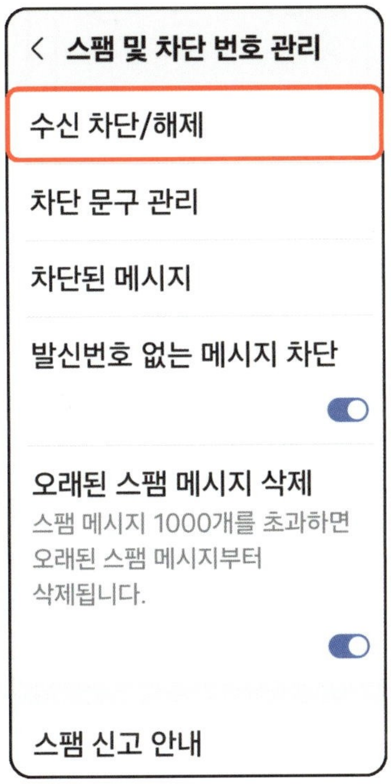

4 수신 차단/해제를 누릅니다.

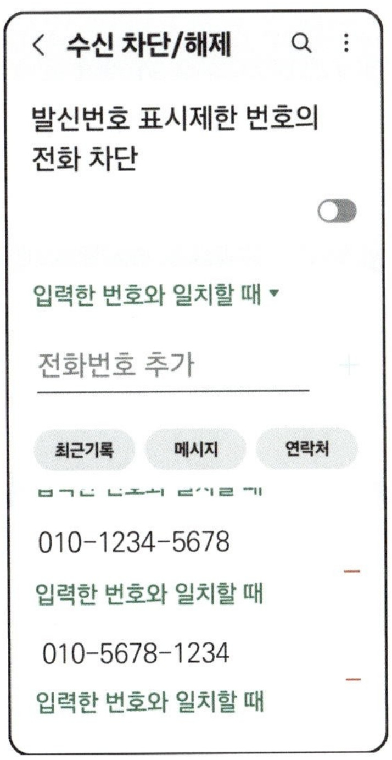

5 차단된 전화번호 목록 화면입니다.

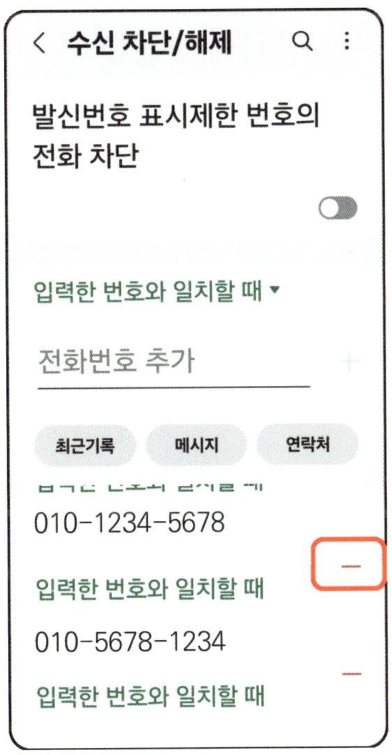

6 전화번호 옆 (-)를 눌러요.

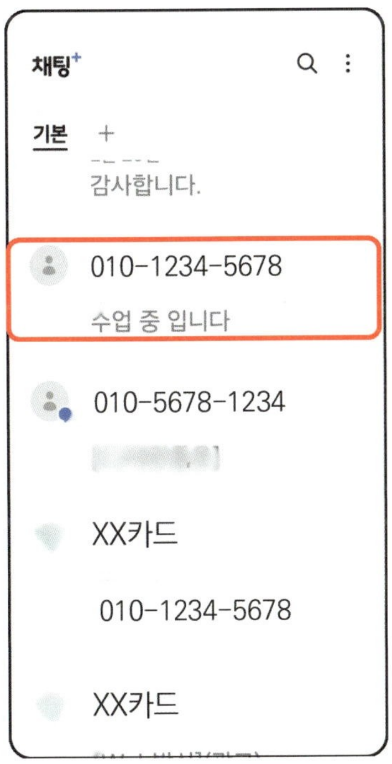

7 차단된 전화번호가 복원되었습니다.

시계 앱 – 기능을 알아봐요

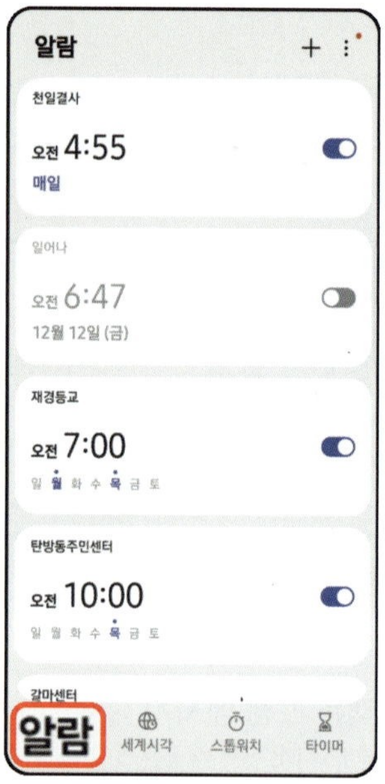

정한 시간에 알람을 설정합니다.

다른 나라의 시간을 확인해요.

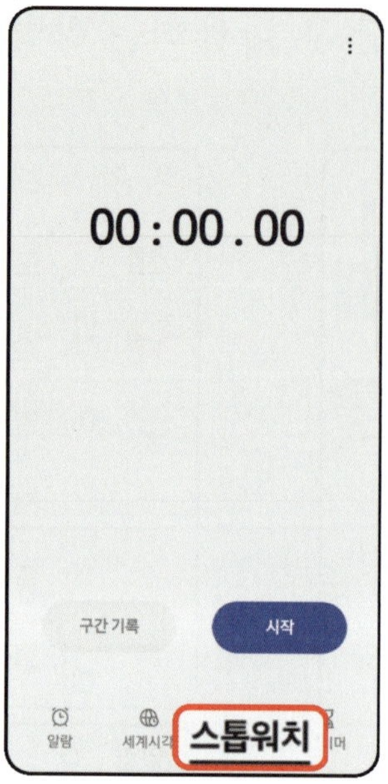

스톱워치 기능을 사용해요.

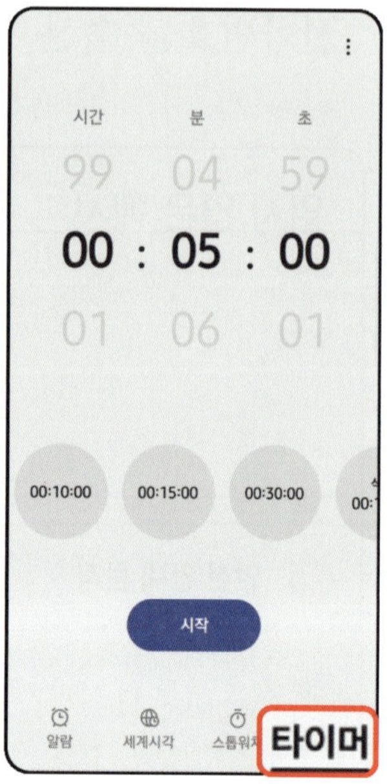

설정한 시간이 끝나면 알림이 울려요.

시계 앱 – 알람 설정 해봐요

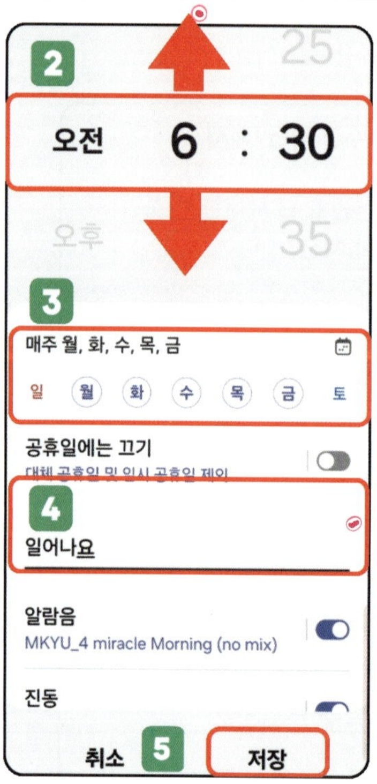

1. + 버튼을 눌러요.
2. 알람 시간 설정하기
   : 시간과 분을 위아래로 조절해서 시간을 선택해요.
3. 알람 요일 설정하기
   : 희망 요일을 선택해요.
4. 알람 이름 설정하기
   : 알람이 울릴 때 알람 이름을 볼 수 있어요.
5. 저장을 누르면
   : 알람 설정이 완료됩니다.

시계 앱 – 다른 국가의 시계를 설정해요

1 세계시각을 눌러요.
+를 눌러주세요.

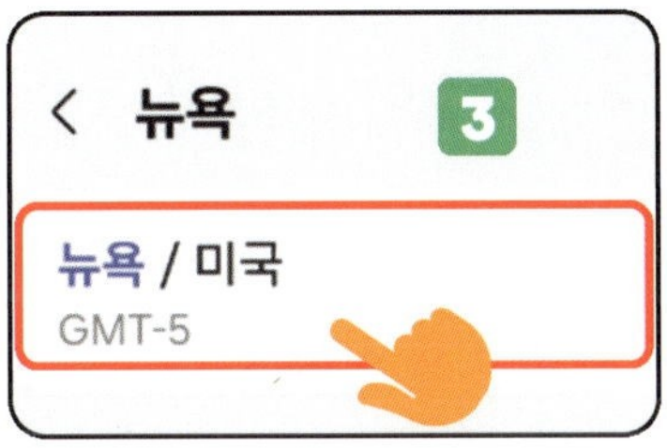

2 지도를 움직여 도시를 찾거나 🔍 를 눌러 지역을 입력해요.

3 지역 명을 눌러요.

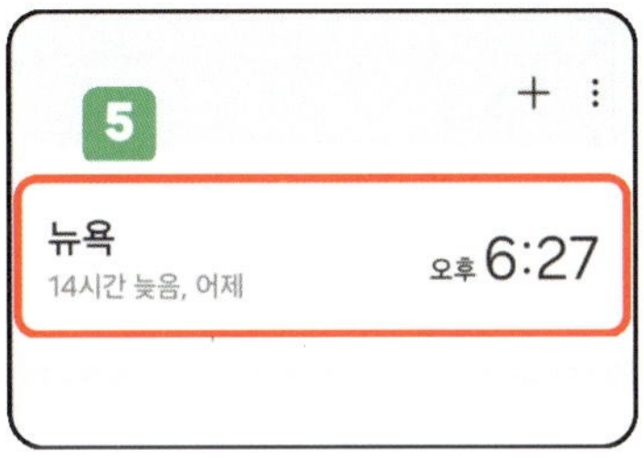

4 지역 이름을 추가 해요.

5 〈세계시간탭〉에서 확인할 수 있어요.

시계 앱 – 타이머

1 타이머를 눌러요. 시간, 분, 초를 위 아래로 드래그하여 원하는 시간을 정해요.

2 시작을 눌러요.

3 타이머가 실행되요.

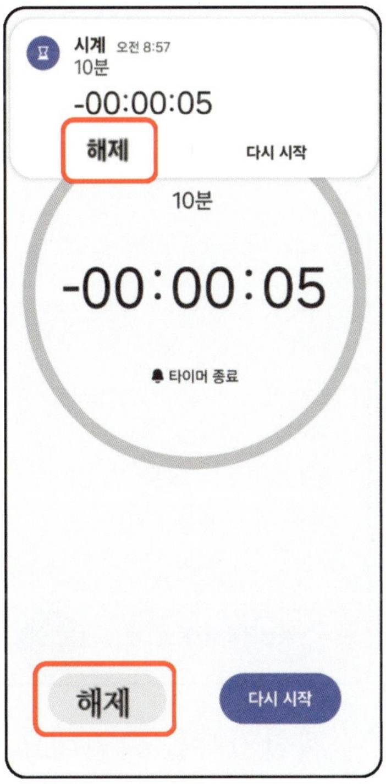

4 시간이 끝나면 알람이 울려요. 해제를 눌러주세요.

계산기 앱 – 계산기를 사용해요

단위 계산기- 다양한 단위를 확인 할 수 있어요.

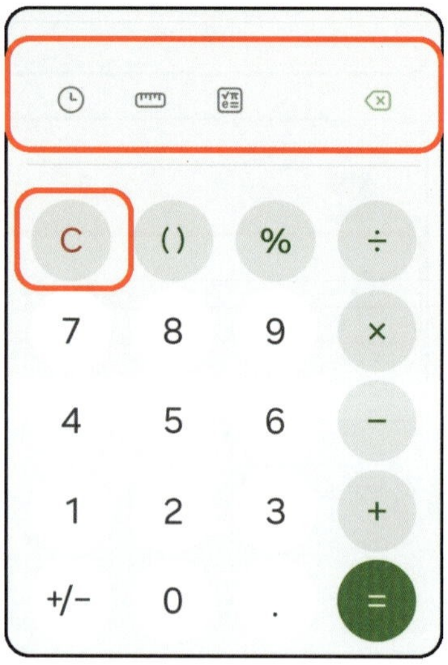

지난 계산기록을 확인, 삭제합니다.

단위계산기. 면적, 길이, 온도 등이 있어요.

계산기를 가로 화면으로 바꿔줍니다.

입력한 내용 지우기

C 초기화, 처음으로 되돌아 갑니다.

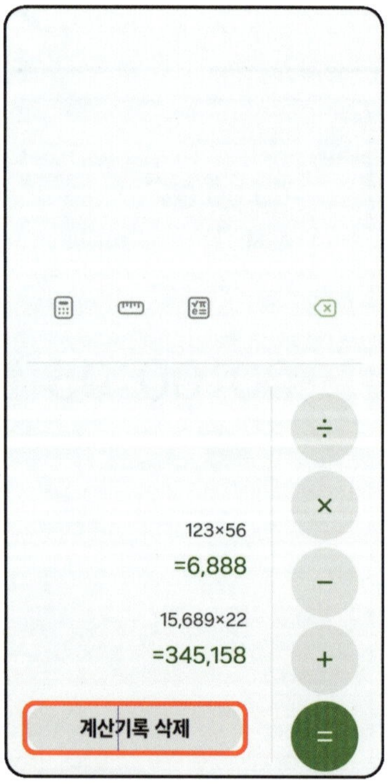

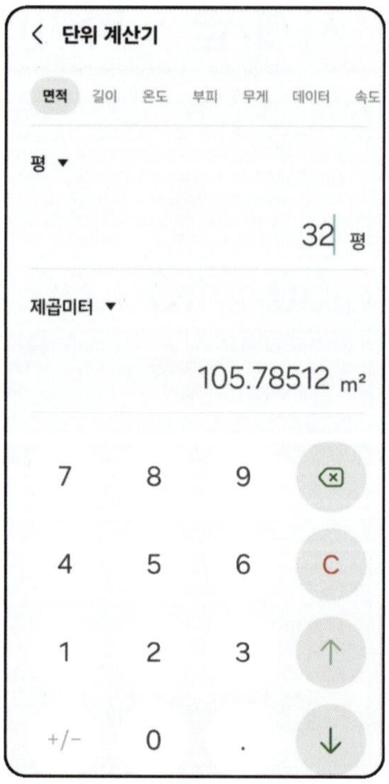

계산기록을 확인해요. 계산기록 삭제를 눌러 지난 기록을 지울 수 있어요.

단위 계산기 입니다.
▼를 누르면 단위 목록을 볼 수 있어요.
어떤 단위를 바꿔보고 싶나요?
예) 32평은 105.78512제곱미터 인것을 알 수 있어요.

3장
카메라.갤러리

카메라 앱 – 사진을 잘 찍는 방법

사진을 잘 찍고 싶어요. 좋은 방법이 있을까요?

1. 사진을 찍을 때는 밝은 자연광을 활용하세요.
   햇빛이 좋은 날에 찍는 것이 좋아요.

2. 셔터를 누르기 전에 화면을 살짝 눌러주세요.
   초점이 잡혀서 선명한 사진을 찍을 수 있어요.

3. 인물사진 모드를 활용하세요.
   음식이나 가까운 거리의 사람을 찍을 때는 활용하면 좋습니다.
   배경을 흐리게 하여 대상을 돋보이게 합니다.

4. 촬영할 때 흔들리지 않도록 주의하세요.
   카메라의 설정에서 흔들림을 줄여주는 기능이 있답니다.

5. 사진 촬영 시 뿌옇게 촬영되면 카메라 렌즈를 닦은 후 촬영하세요.

6. 줌 기능을 사용해 보세요
   촬영 화면을 두 손가락으로 누른 상태에서 펴거나 오므리세요.
   화면을 확대하거나 축소할 수 있어요.

7. 필터 / 뷰티 효과를 활용해 보세요.
   다양한 필터를 적용하거나 피부톤 또는 얼굴 형태를 보정할 수 있습니다.

스마트폰 기종에 따라 설정할 수 있는 옵션이 달라집니다.

카메라 앱 - 기본 기능

기억에 남을 멋진 사진을 찍기 위해 카메라의 기본 기능에 대해서 살펴보겠습니다.

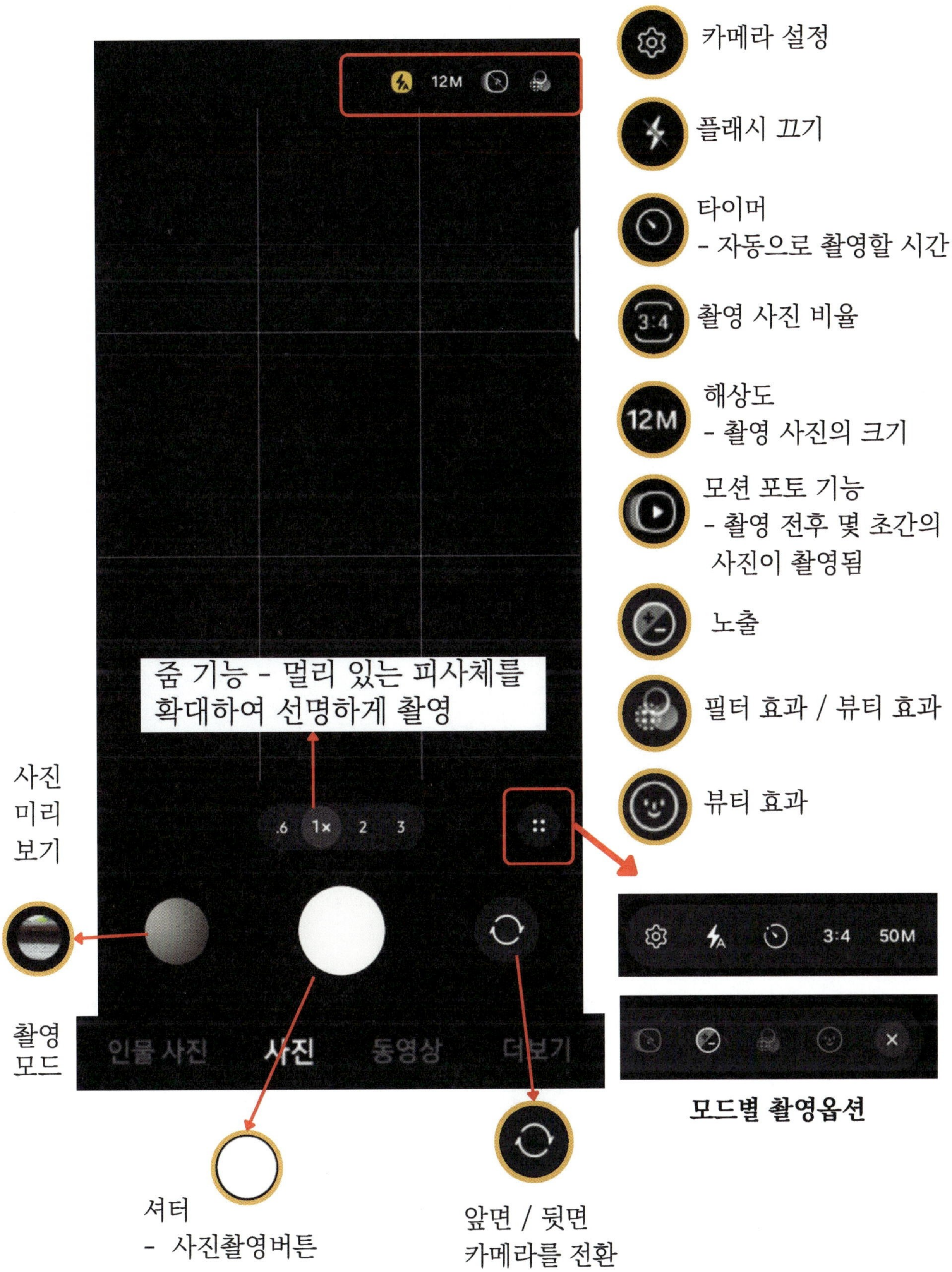

카메라 앱 - 세부 기능

스마트폰의 카메라의 세부 기능을 알아볼까요?

플래시

해상도
- 촬영 사진의 크기

타이머 - 자동으로
촬영할 시간설정

바로찍기 / 2초 후 / 5초 후 / 10초 후

모션 포토
- 촬영 순간 1~2초 전후를 영상으로 함께 저장해 주는 기능

촬영 사진 비율 - 3:4, 9:16, 1:1, Full

필터 효과 / 얼굴 효과

4:3(가로) / 3:4(세로)

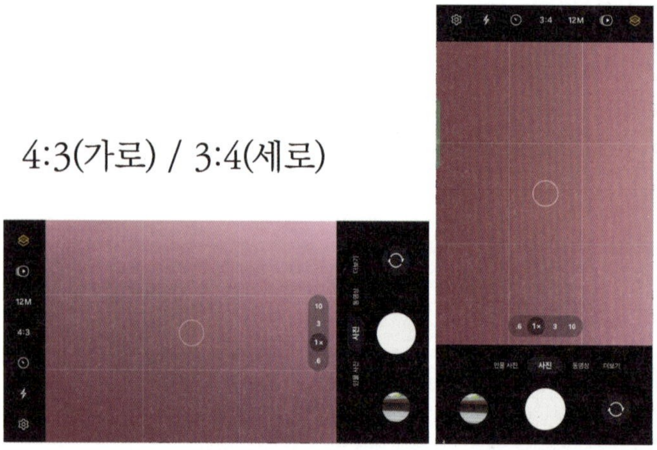

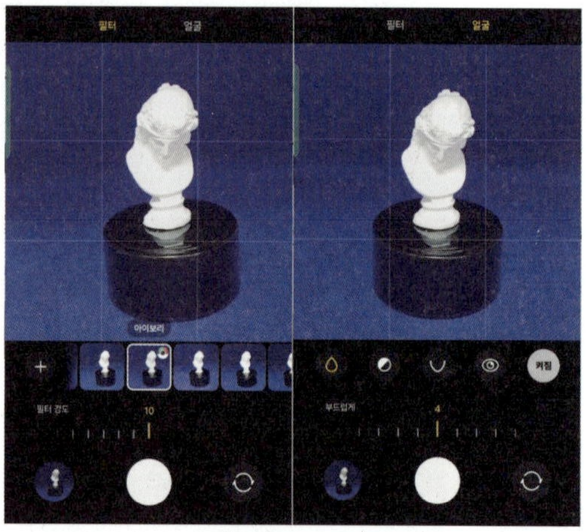

촬영 구도 추천에 따라 촬영해 봅니다.
격자무늬의 촬영구도 가이드에 맞춰서 찍으면 기울임을 방지할 수 있습니다.
가운데 노란색이 나오면 좋은 구도로 찍을 수 있어요.

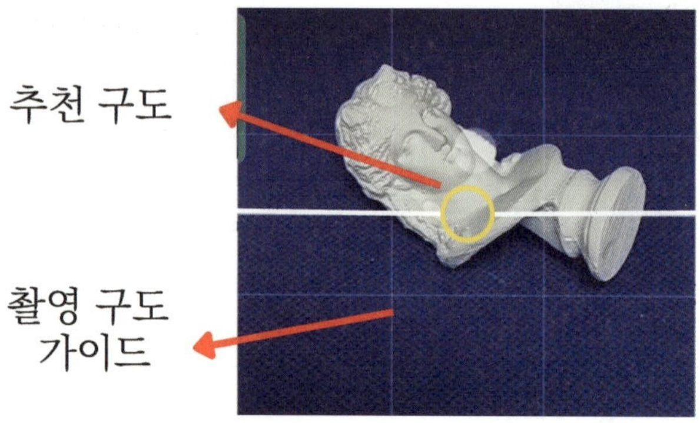

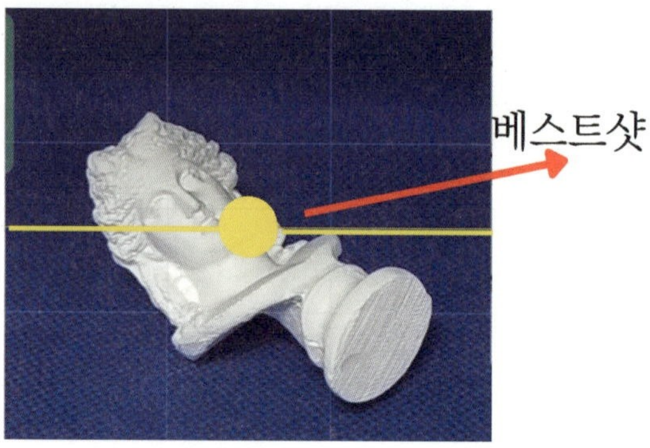

카메라 앱 – 카메라 설정

카메라 앱 설정에 대해서 살펴 보겠습니다.

카메라 설정(카메라 기능 중 추천 설정)

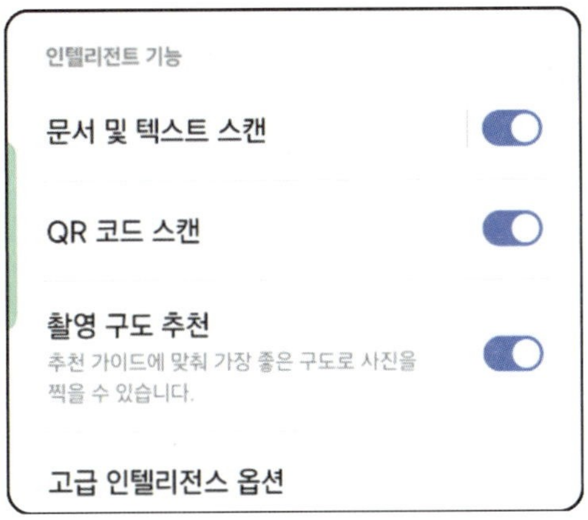

문서를 스캔하여 이미지로 만들 수 있어요.

QR코드(링크, 전화번호, 이미지 등의 정보가 저장됨)를 카메라로 읽을 수 있어요.

피사체(찍을 대상)의 위치와 각도를 계산해 가장 적합한 구도를 추천해 줍니다.

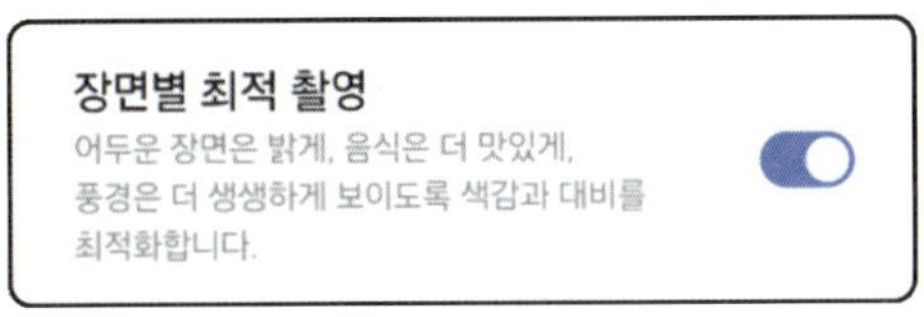

장면마다 색과 대비를 자동으로 조절하여 가장 좋은 효과를 적용하도록 설정합니다.

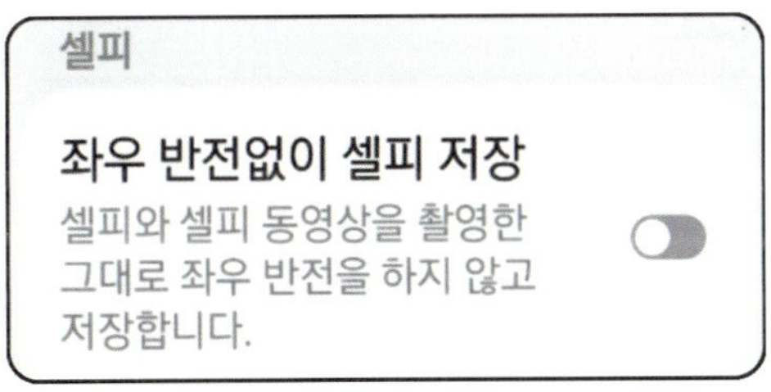

전면 카메라로 촬영 시 글씨가 반대로 찍힐 수 있어서 꺼두는 것이 좋습니다.

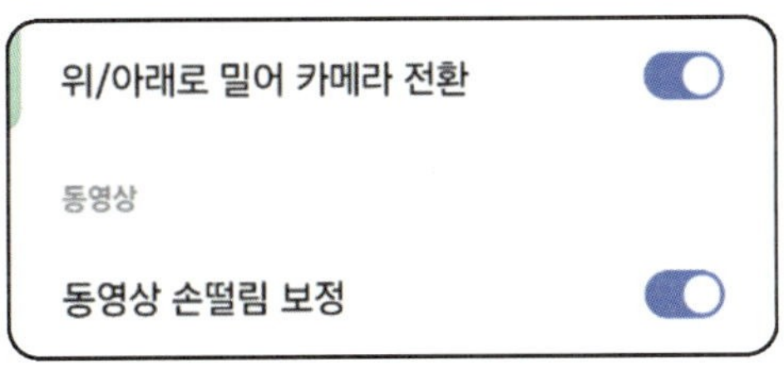

촬영 화면을 위 또는 아래로 밀어 카메라 화면을 전환하도록 설정합니다.

동영상 촬영시 화면이 흔들리는 것을 줄이거나 막아줍니다.

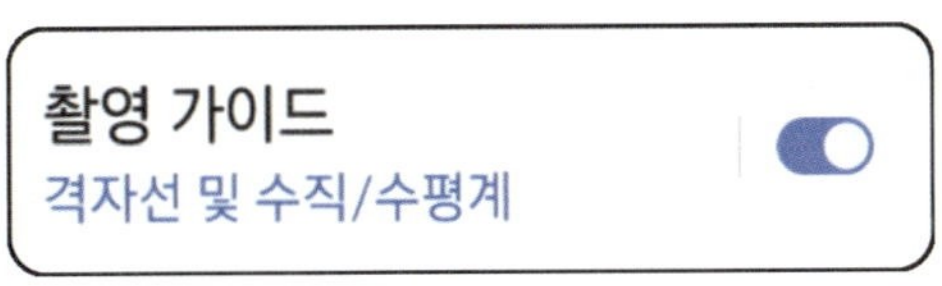

화면안에 보이는 구도선에 잘 맞추어 촬영하면 사진이 기울지 않게 찍을 수 있어요.

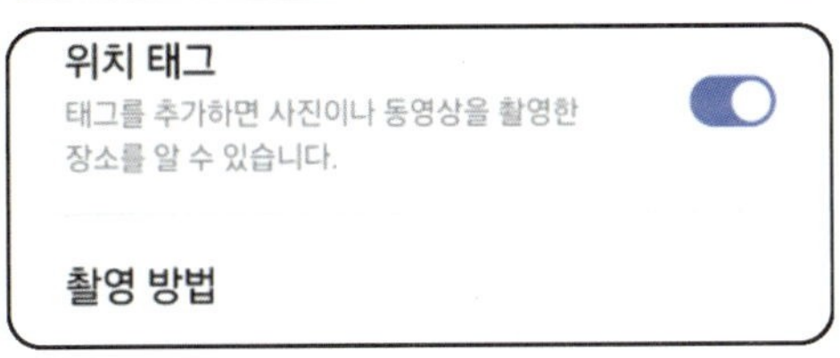

촬영지 위치 정보를 저장하도록 설정합니다.
다녀간 곳을 기억하기를 원한다면 켜두면 좋아요.

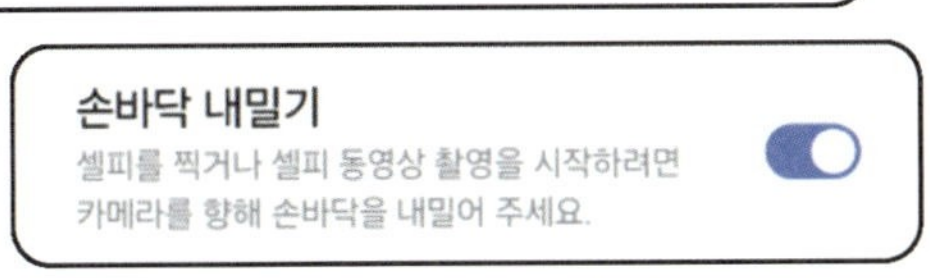

카메라가 손바닥을 인식하여 촬영을 해 줍니다.
셀프로 사진이나 동영상을 촬영할 때 사용합니다.

카메라 앱 - 촬영옵션과 촬영모드 살펴보기

스마트폰의 카메라의 세부 기능을 알아볼까요?

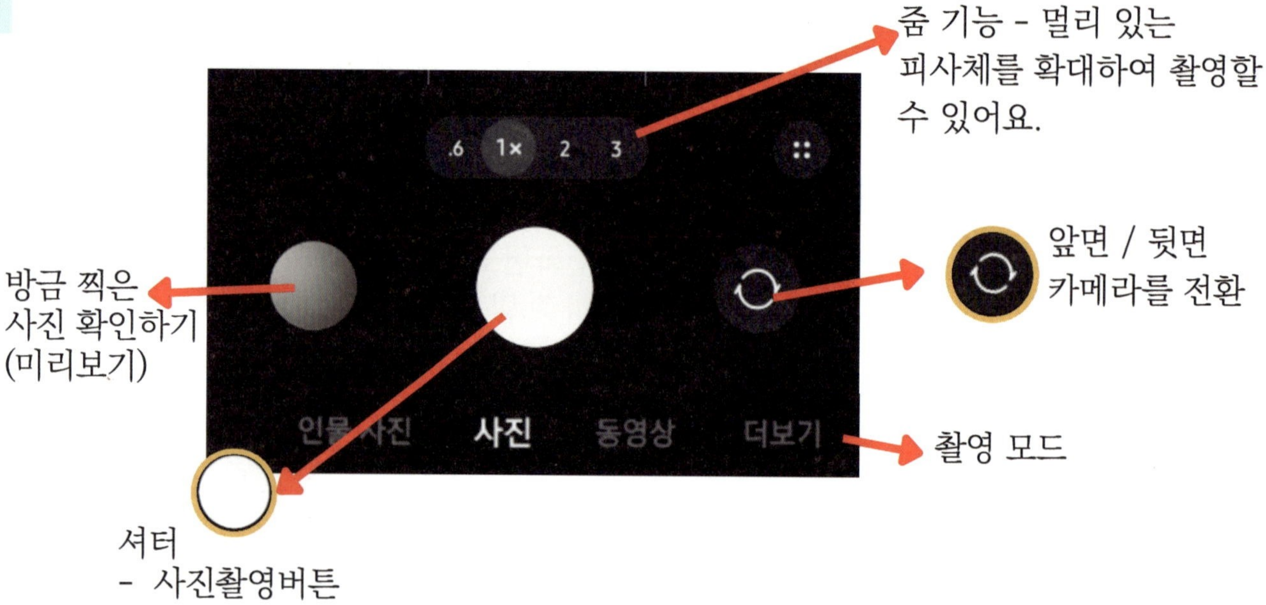

카메라 앱 - 셀프카메라로 내 사진 찍어요

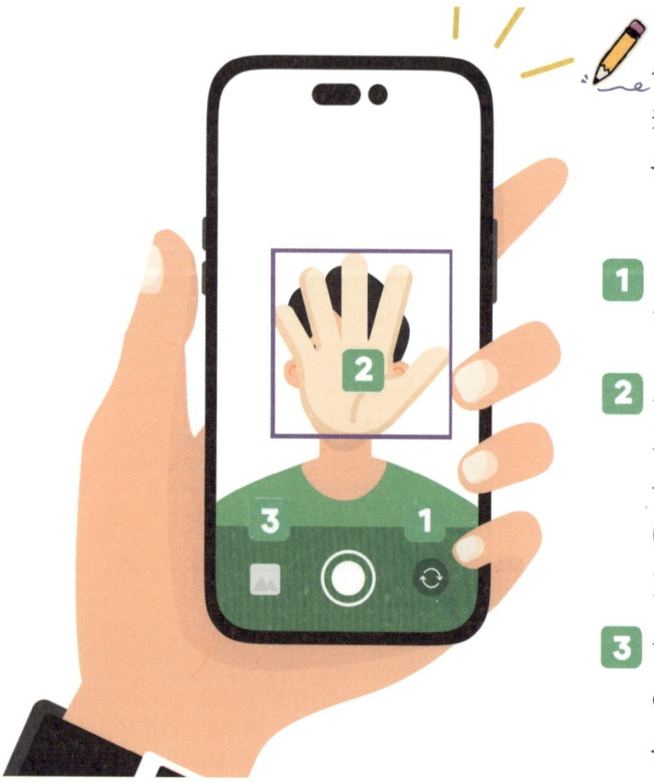

셀프 사진을 편하게 찍어볼까요?
카메라 설정에서 **손바닥 내밀기**를 설정해 둡니다.

1 카메라 전환을 눌러 자신의 얼굴이 보이게 합니다.

2 스마트폰 화면에 자신의 손바닥을 보여주면, 카메라가 손바닥을 보고 촬영 준비를 합니다.
(그 순간 손을 내려줍니다.)
2, 1 숫자가 나온 후 자동으로 촬영돼요.

3 방금 촬영한 사진을 확인할 수 있어요.
예전에 찍은 사진을 보려면 갤러리 앱에서 볼 수 있어요.

갤러리 앱 – 사진을 보는 다양한 방법

스마트폰에 저장된 사진 및 동영상을 확인하고 앨범별로 관리하거나 스토리를 만들 수 있습니다.

촬영된 날짜별로 사진을 볼 수 있어요.

앨범별로 사진을 구분할 수 있어요.

자동으로 만들어진 스토리를 감상해요.

갤러리 앱 – 동영상만 따로 볼 수 있어요

1 ☰ 메뉴 를 눌러요.

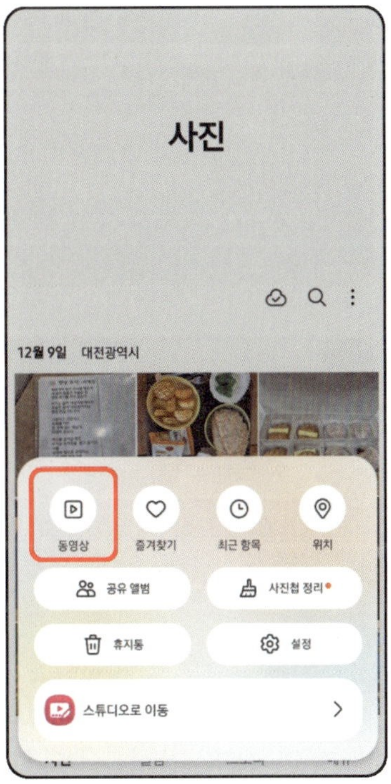

2 동영상을 눌러요.

3 모든 동영상들을 볼 수 있어요.

갤러리 앱 - 콜라주 만들기

옵션 더보기 - 사진을 활용하여 콜라주를 만들어 봅니다.
〈더보기 → 만들기 → 콜라주 → 사진선택〉 순서로 누르면 만들어 집니다.
사진은 최대 14개까지 선택이 가능합니다. (동영상은 4개까지 선택 가능합니다.)

1 사진탭에서 ⋮ 누르고 만들기 선택해요.

2 콜라주 선택해요.

3 사진을 선택 후 콜라주를 눌러요.

4 콜라주 형태를 골라 보세요.

5 배경과 테두리를 선택할 수 있어요.

6 공유-친구에게 보내요.
저장-내 폰에 저장되어요.

갤러리 앱 - 앨범 만들기

앨범을 직접 만들 수 있어요. 찍어둔 사진이나, 받은 사진을 항목별 날짜별로 분류해서 정리해두면 원하는 사진을 빨리 찾을 수 있습니다.

1 앨범탭에서 상단 + 를 눌러요.

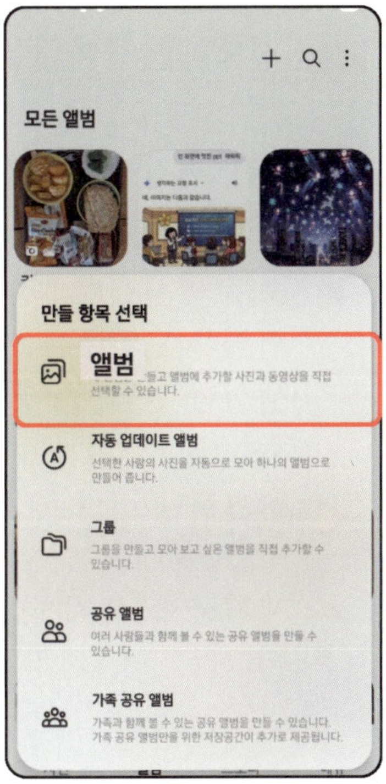

2 앨범을 선택해요.

3 새 앨범 이름을 입력 후 만들기를 눌러요.

4 다운로드를 선택해요. (사진을 새 앨범으로 옮길 거예요.)

5 사진들을 선택 한 후 완료를 눌러요.

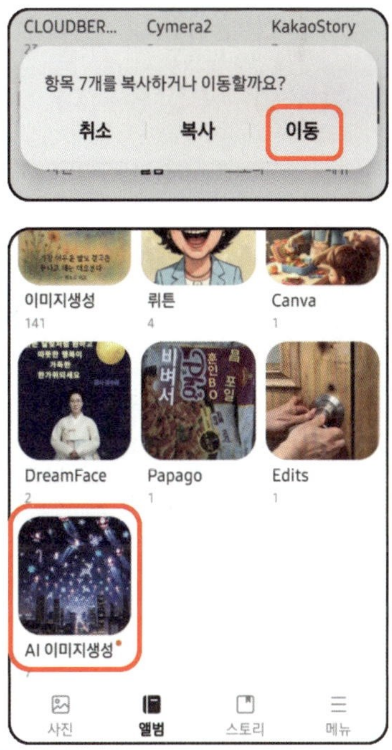

6 이동을 선택해요. 만들어 둔 새 앨범으로 사진이 옮겨졌어요.

갤러리 앱 – 기능별 설명

사진의 정보나 편집을 도와주는 아이콘의 기능부터 알아봐요.

선택하면 좋아하는 사진을 즐겨찾기 할 수 있어요.

사진 편집 : 사진의 색을 바꾸거나 크기 변경해요.

포토 어시스트 : 사진을 인식해 자동 보정이나 추천 편집을 도와주는 기능입니다.
생성형 편집, 스케치 변환, 인물 사진 스튜디오

카톡이나 다른 매체로 공유할 때 사용합니다.

사진삭제. 휴지통에서 30일간 보관 후 자동삭제 됩니다.

갤러리 앱 – 사진 편집 (자르기)

수정 후 저장을 누르면 기존 원본은 사라집니다.
이후에 원본 복원을 누르면 언제든지 원본 사진으로 복구할 수 있습니다.

1 (편집)을 눌러요.

2 선택해요.

3 모서리를 밀어 사진 크기를 조절한 다음 저장을 눌러요.

갤러리 앱 - 사진편집 (회전)

1 (편집)을 눌러요.

2 을 누르면 사진이 90도 회전합니다.

3 저장을 누르면 변화된 사진이 저장됩니다.

갤러리 앱 - 사진편집 (밝고 환한 사진 만들기)

1 (색조)를 눌러요.

2 Auto 를 누르면 자동으로 밝게 바뀝니다.

3 저장을 누르면 변화된 사진이 저장됩니다.

갤러리 앱 – 사진편집 (스티커와 글자 넣기)

1 를 눌러요.

2 를 눌러요.

3 스티커 를 눌러요.

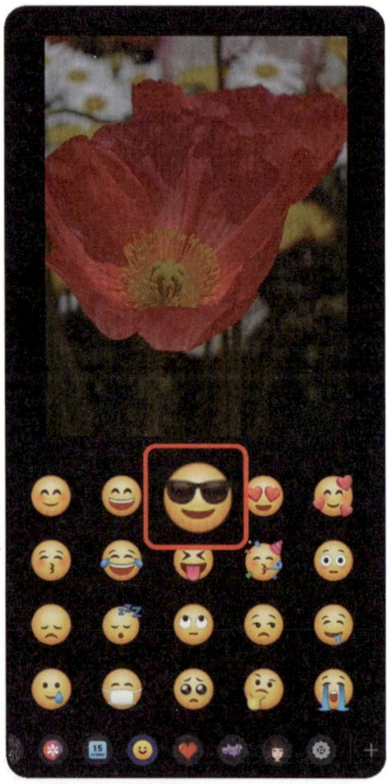

4 스티커그림을 선택해서 눌러요.

5 손가락을 이용해 스티커를 원하는 곳에 놓아요.

6 텍스트 를 눌러요.

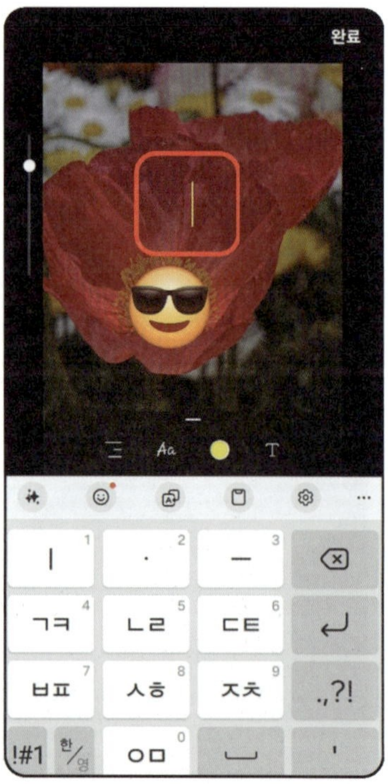

7 화면에 깜빡이는 곳이 보이면 소개글을 써보세요.

갤러리 앱 – 사진편집 (스티커와 글자 넣기)

1 글자를 쓰고 글자색을 선택하고 완료 를 눌러요.

2 글자를 썼다면 손가락을 이용해 글자를 원하는 곳에 놓아요.

3 두 손가락을 이용해 글자크기를 조정해요. 저장 을 눌러요.

갤러리 앱 – 사진을 삭제 해요

1 사진 탭에서 삭제할 사진을 꾸~욱 눌러요.

2 삭제할 사진을 선택하고 삭제를 눌러요.

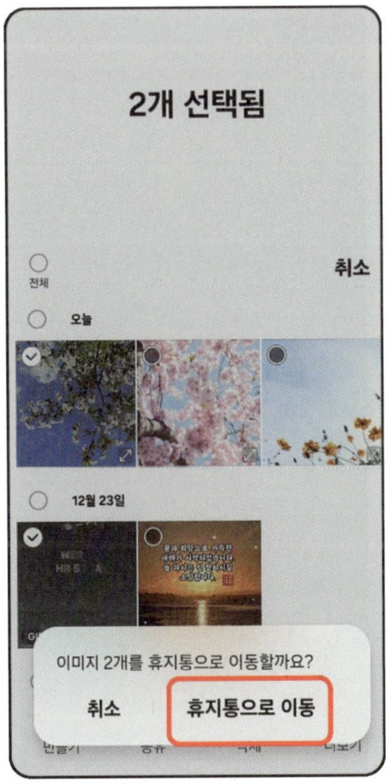

3 휴지통으로 이동을 누르면 삭제됩니다.

갤러리 앱 – 잠금화면, 홈화면 배경 바꾸기

1 갤러리사진 하나 열어서 더보기 ⋮ 눌러요.

2 배경화면으로 설정을 눌러요.

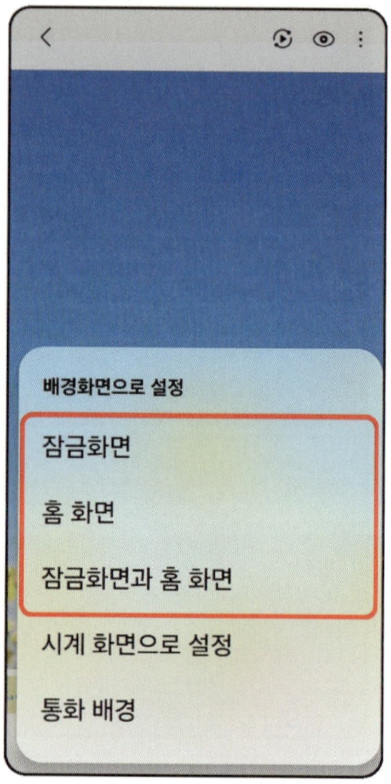

3 바꾸려는 화면 눌러요. 지금은 잠금화면과 홈화면 눌러요.

4 완료 눌러요.

5 적용되었다는 안내가 보여요.

6 잠금화면과 홈화면이 바뀌었어요.

4장
카카오톡

카카오톡 - 기본화면 살펴보기

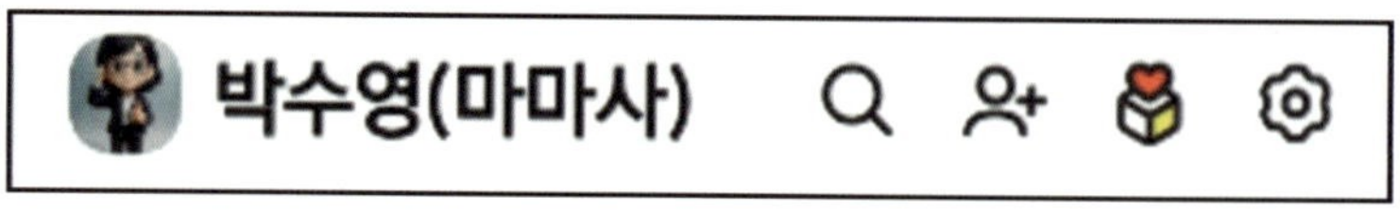

1. 이름이나 닉네임으로 상대방 검색하기
2. 카톡친구 추가하기
3. 선물하기
4. 카톡설정앱(편집, 친구관리, 전체설정)

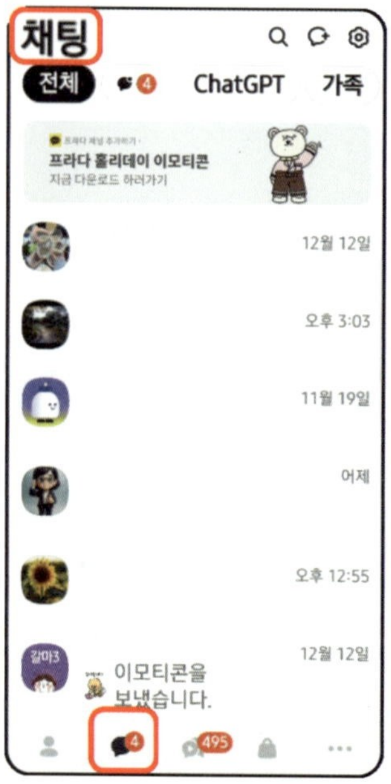

채팅- 카카오톡친구와 대화하는 채팅방 목록이 있어요.

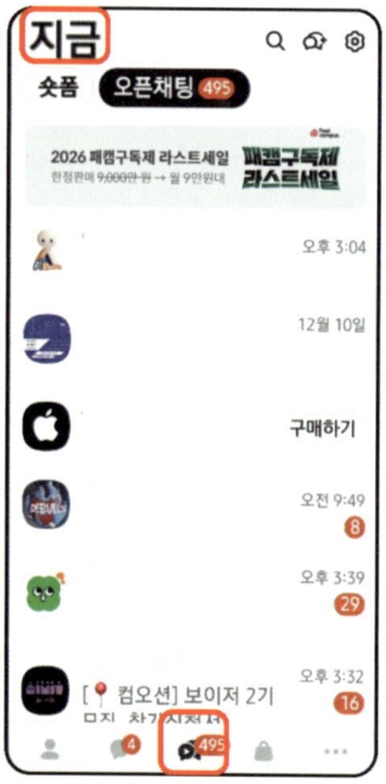

지금- 숏폼, 오픈채팅방 목록이 있어요.

쇼핑- 카톡친구에게 선물하거나 쇼핑할 수 있어요.

더보기- 카카오페이 등 다양한 추가기능을 활용할 수 있어요.

1. **일반 채팅**은 카카오톡 친구로 등록된 사람들과 대화를 나누는 채팅방으로, 대화 상대를 직접 선택하거나 단체 채팅방을 만들어 초대할 수 있습니다. 친구 관계이기 때문에 상대방과 자신에 대한 정보를 알 수 있습니다.
2. **오픈채팅**은 카카오톡 친구가 아닌 사람들과도 대화를 나눌 수 있는 채팅방입니다.

카카오톡 – 내 정보 알아봐요

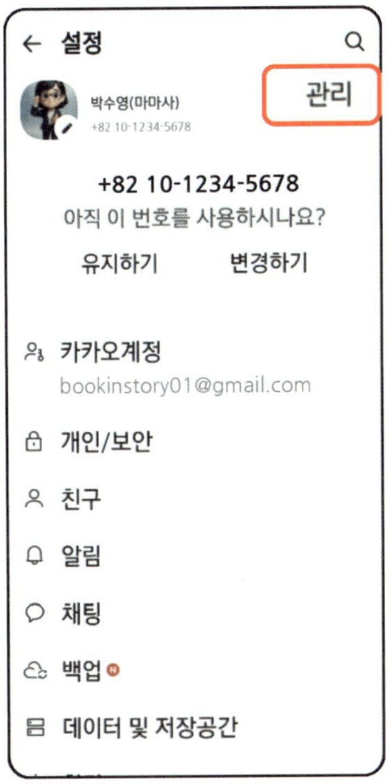

1 친구탭 눌러주세요.
⚙설정을 눌러요.

2 전체 설정을 눌러요

3 관리를 눌러요.

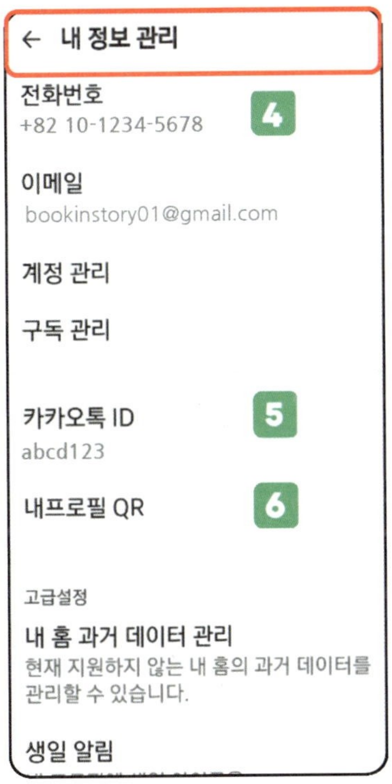

4 나의 전화번호와 '이메일'을 확인할 수 있어요.

5 나의 카카오톡 아이디를 확인할 수 있어요.
만약 없다면 추가로 만들 수 있습니다.

6 나의 카톡 프로필QR 이미지를 볼 수 있어요.
카톡 친구 추가시 상대방에게 보여주고,
상대방이 이 QR이미지를 찍어서 추가할 수 있어요.

카카오톡 – 프로필 사진 변경하기

1 친구탭을 눌러요.
2 나 (내이름) 를 눌러요.

3 프로필 편집을 눌러요

4 카메라를 눌러요.

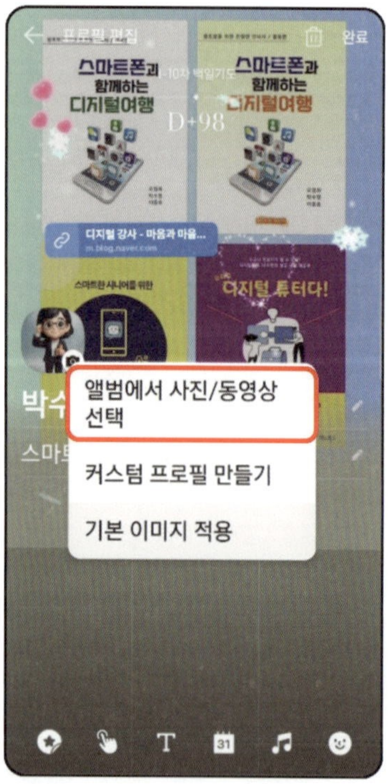

5 앨범에서 사진/동영상 선택을 눌러요.

6 나를 표현할 사진을 선택해요.

7 오른쪽 상단 확인을 눌러요.

카카오톡 - 내 프로필 이름과 상태메시지 변경해요

친구탭 - 내 이름 - 프로필 편집을 눌러요.

1 이름 옆의 ✎ 편집을 눌러요.

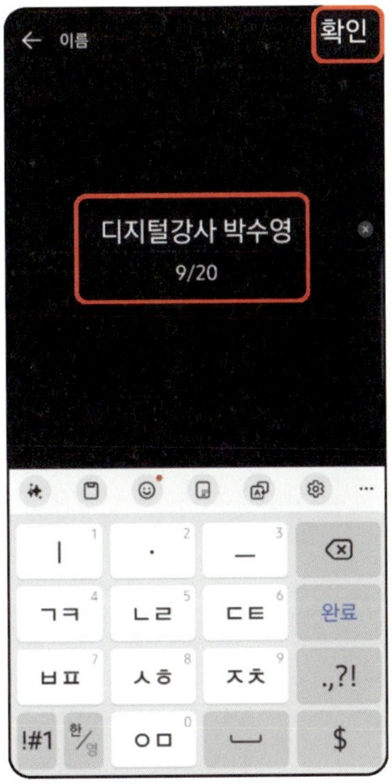

2 이름을 변경해요. 확인을 눌러요. (20자까지 가능)

3 소개글 옆에 ✎ 편집을 눌러요.

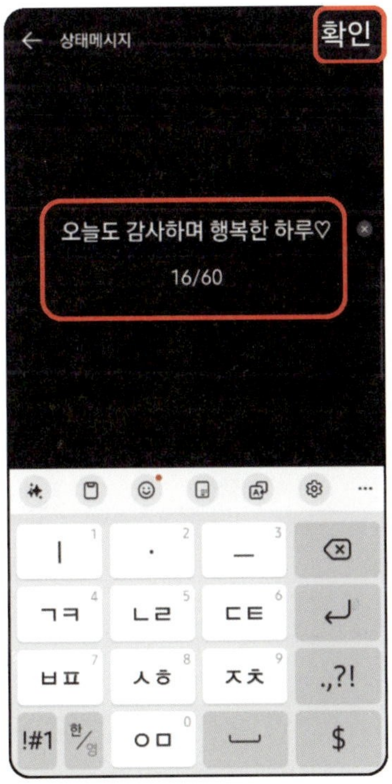

4 나를 소개할 멋진 글을 쓰고 확인을 눌러요. (60자까지 쓸 수 있어요)

5 완료를 눌러요.

6 프로필사진과 이름과 소개글이 변경 되었어요.

카카오톡 – 나와의 채팅

나와의 채팅창을 개인 메모장, 일정관리, 사진 저장용으로 활용해 봐요.

방법 1 – 친구탭에서 들어가기

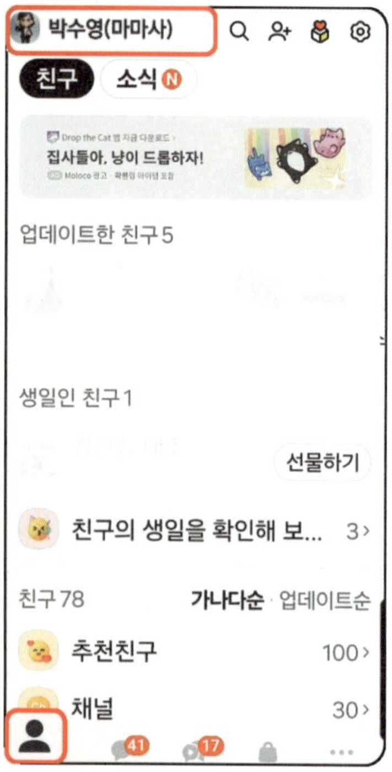

1 👤 에서 나(내이름) 를 눌러요.

2 나와의 채팅을 눌러요.

3 개인 메모기능으로 활용할 수 있어요.

방법 2 – 홈화면 카카오톡에서 들어가기

1 홈화면에서 카카오톡을 꾸~욱 눌러요.

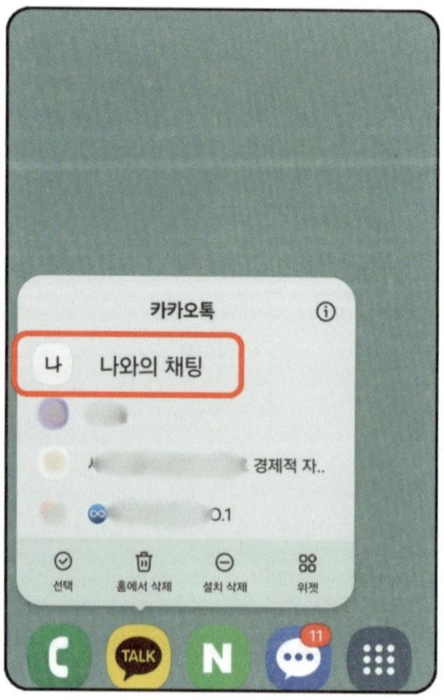

2 나와의 채팅을 눌러요.

3 나와의 채팅이 열립니다.

카카오톡 - 친구 추가해요 1

1 친구탭에서 상단 [친구추가 아이콘]를 눌러요.

2 본인의 QR코드가 나타나요. 상단 [코드스캔 아이콘]를 눌러요.

3 카메라가 열리면 상대의 QR를 비추세요.

친구 추가 할 상대방의 카카오톡 친구탭에서 상단 [친구추가 아이콘]를 눌러서 친구의 QR코드가 나타나게 합니다.

[코드스캔 아이콘]를 눌러 열린 QR 카메라로 QR코드에 대면 친구 추가 되요.

반대로 나의 QR코드를 상대방이 찍어 나를 친구 추가할 수 있어요.

이렇게 친구추가를 하면 전화번호는 저장되지 않습니다.

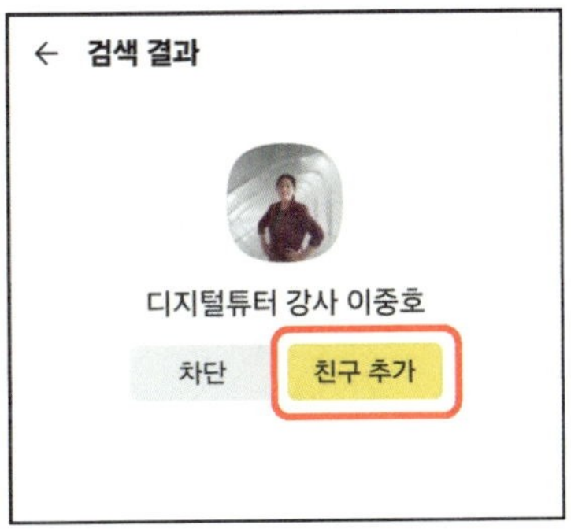

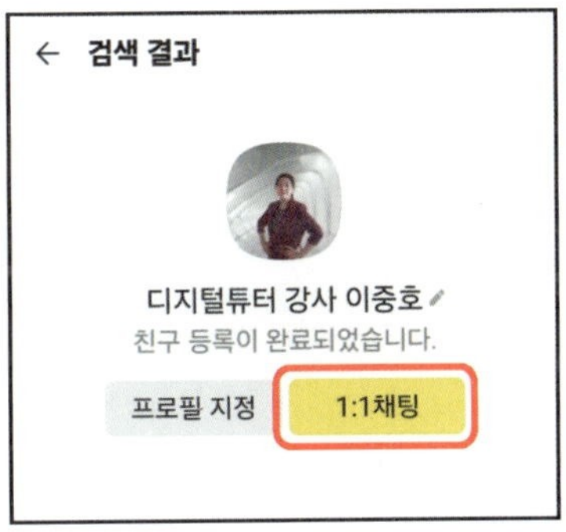

4 친구추가를 눌러요.(새친구)

5 1대1채팅을 눌러요.(기존 친구)

6 친구가 추가 되었어요. 인사말을 남겨요.

카카오톡 – 친구 추가해요 2

친구의 아이디를
입력하고 추가합니다.

친구의 이름이나 전화
번호로 친구추가 해요.

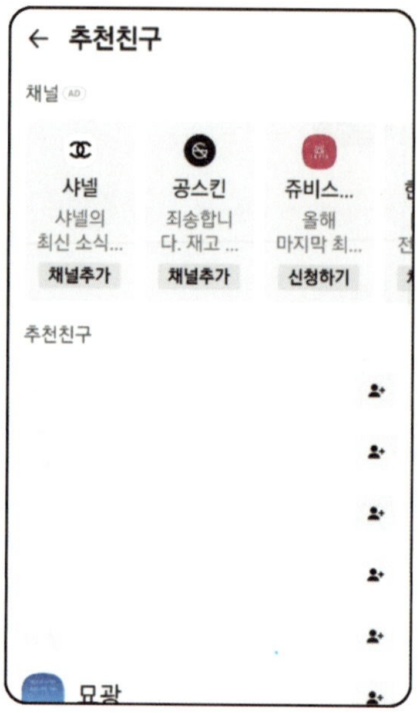

알 수도 있는 친구를
추천해 줍니다.

카카오톡 – 나만 보는 친구 메모 기능

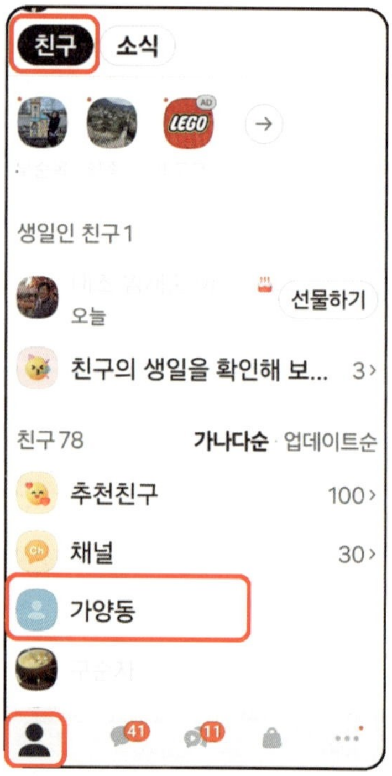

1 친구탭에서 친구이름을
꾸~욱 눌러요.

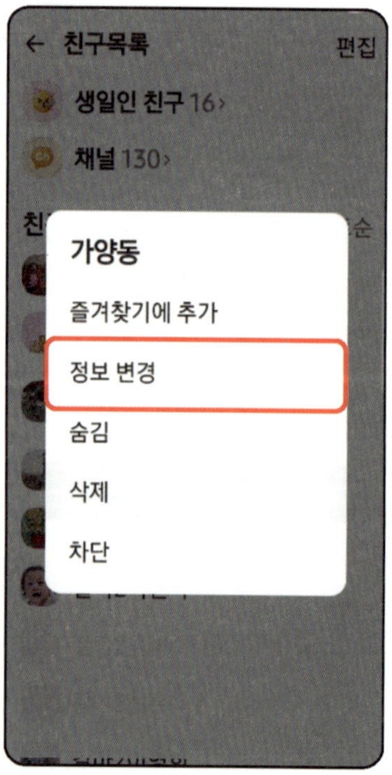

2 정보 변경을 눌러요.

3 친구 이름을 수정하거나
메모를 입력하고 확인을
눌러요.

카카오톡 - 친구목록 관리

숨김 : 친구이름을 숨겨두어도 메시지는 받을 수 있어요.
삭제 : 친구이름을 삭제해도 상대방이 보낸 메시지는 받을 수 있어요
차단 : 친구이름을 차단하면 상대방이 보낸 메시지는 받을 수 없어요.

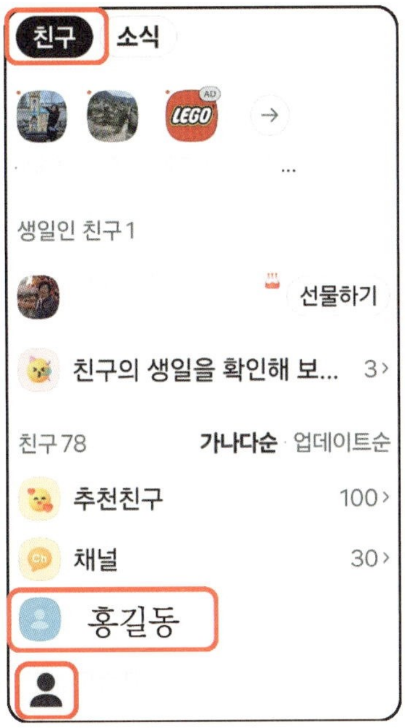

1 친구탭에서 숨김할 친구 이름을 꾸~욱 눌러요.

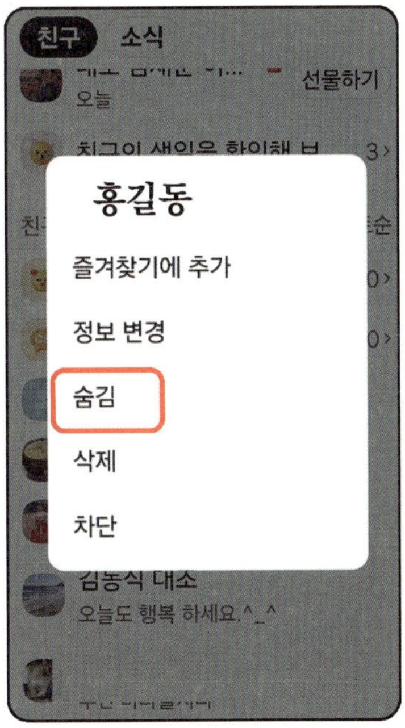

2 숨김을 눌러요

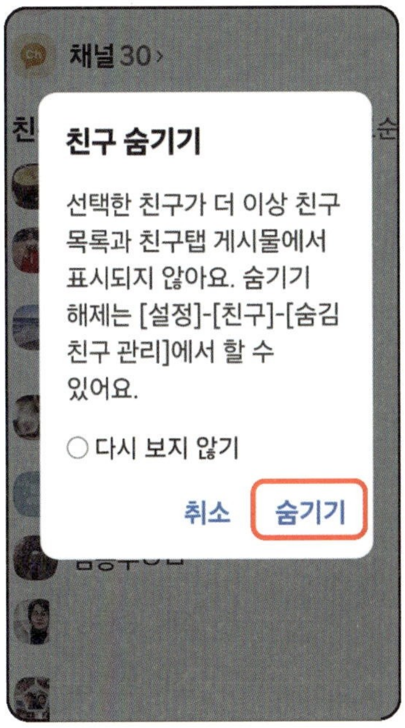

3 숨기기 눌러요.

카카오톡 - 숨김친구 복원하기

1 친구탭에서 ⚙ 누른 후 친구 관리 눌러요.

2 숨김친구 관리를 눌러요.

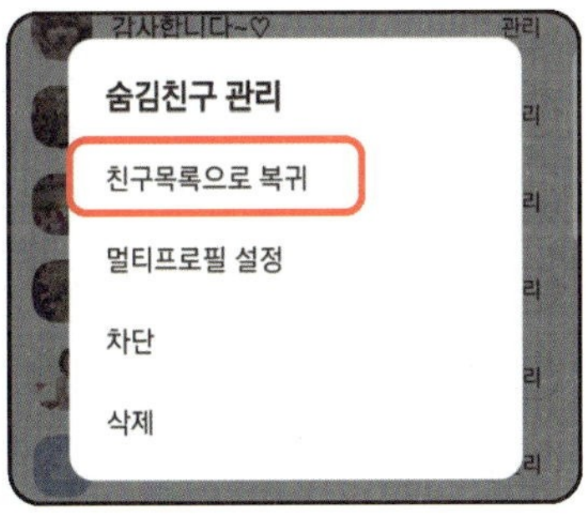

3 관리를 눌러요.
4 친구목록으로 복귀를 눌러요.

카카오톡 - 채팅방 상단 고정해요

가족, 친구 모임 등 자주 대화하는 채팅방을 맨 위에 고정할 수 있습니다.

상단고정은 최대 10개만 가능합니다.

채팅탭에서 ⚙ - 채팅방 관리 - ☰ 를 눌러 드래그하여 고정 채팅방 순서를 변경할 수 있어요.

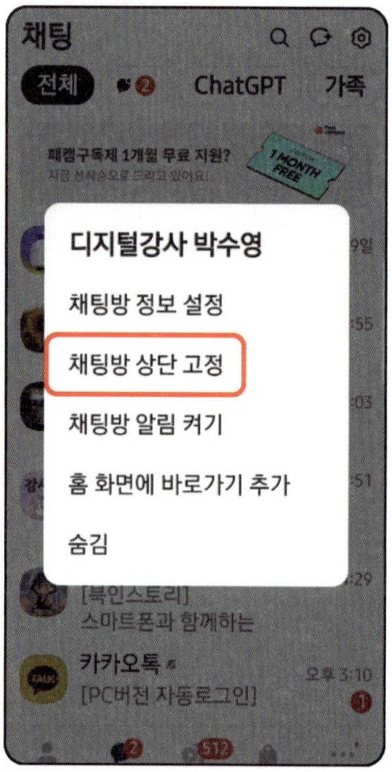

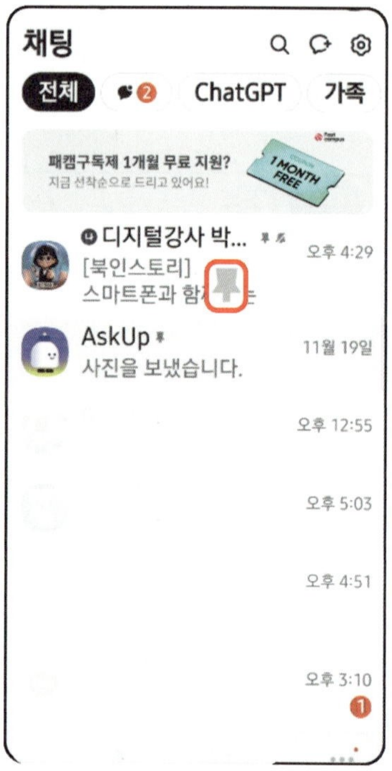

1 채팅방을 꾸~욱 누른 후 채팅방 상단 고정을 눌러요.

2 📌으로 고정됩니다.

카카오톡 채팅창을 홈 화면에 바로가기 추가해요

카카오톡을 켜지 않고 〈홈화면〉에서 가족, 친구와의 카톡창을 바로 열 수 있어요.

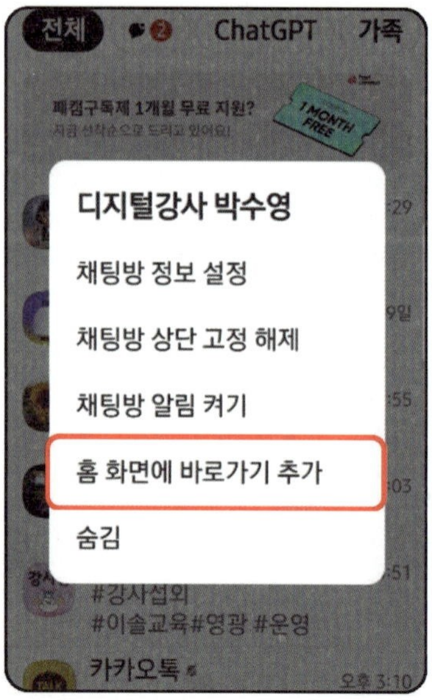

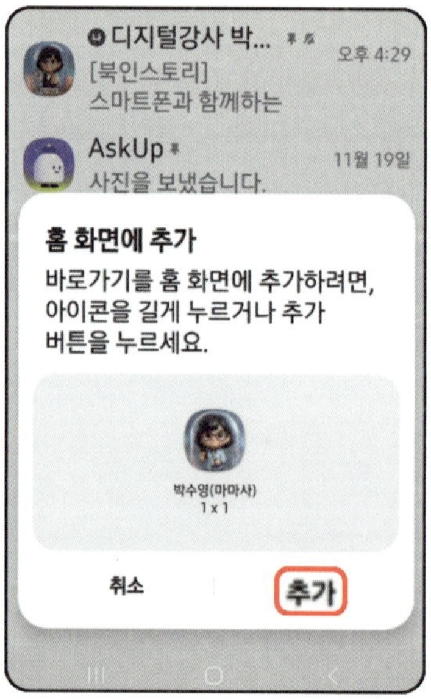

1 채팅방을 꾸욱 누른 다음 홈 화면에 바로가기 추가를 눌러요.

2 추가를 눌러요.

3 홈화면에 생긴 아이콘을 누르면 카톡채팅창이 바로 열려요.

카카오톡 - 새로운 친구와 채팅 해봐요

1 탭을 눌러요.

2 상단 을 눌러요

3 일반채팅을 눌러요.

4 대화상대를 선택하고 확인을 눌러요.

5 대화창을 눌러요.

6 메시지를 입력하고 를 눌러요.

7 메시지가 전달됩니다.

카카오톡 – 이모티콘을 보내봐요

TALK

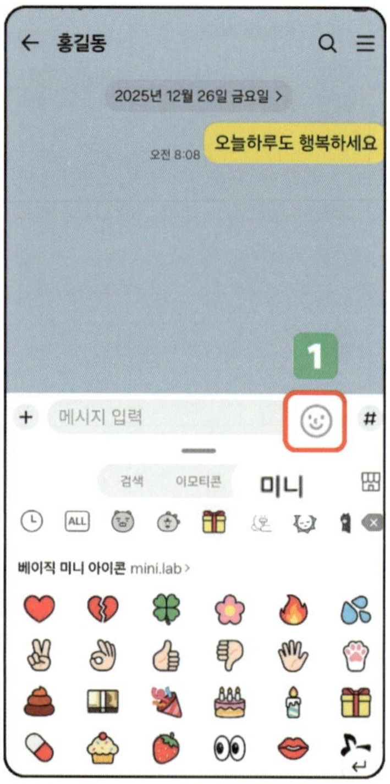

1 ☺을 눌러요.
미니는 작은 그림이에요.

2 이모티콘을 눌러요.
3 보내려는 그림을 눌러요.

4 ▶ 눌러요. 응원, 칭찬, 감사 표현으로 사용합니다.

카카오톡 – # 검색으로 환율 알아봐요

TALK

카카오톡 채팅창에서 바로 검색어를 입력하여 원하는 정보를 빠르게 찾을 수 있는 기능입니다.

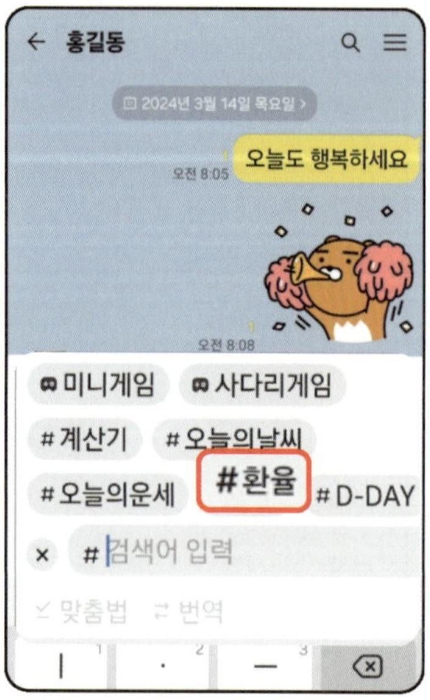

1 # 을 눌러주세요.

2 # 환율 을 눌러요.

3 달러, 엔화, 유로 등 환율을 알아볼 수 있어요.

카카오톡 - 사진 묶어보내기

1 ＋를 눌러요.

2 사진을 눌러요.

3 갤러리 전체 사진을 볼 수 있어요.

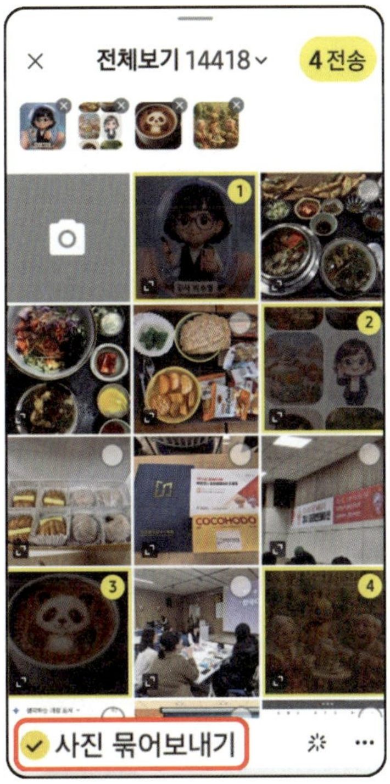

4 사진을 선택해요.
사진 묶어보내기 확인해요.

5 4 전송 을 눌러요.

6 4개의 사진을 묶어서 전송합니다.

카카오톡 - 보이스톡 하기

목소리만 들리는 **음성 통화**입니다. 일반 전화와 같지만, 데이터 요금제에 따라 무료로 이용할 수 있습니다.

1 +를 눌러요.

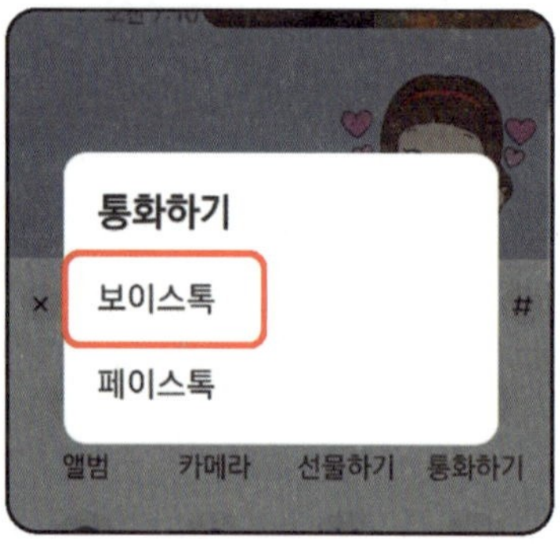

2 통화를 눌러요.
3 보이스톡을 눌러요.

4 통화가 끝나면 를 눌러서 종료 합니다.

카카오톡 - 페이스톡 하기

상대방의 얼굴을 보며 대화하는 **영상 통화**입니다. 목소리와 영상을 함께 주고받습니다.

1 +를 눌러요.

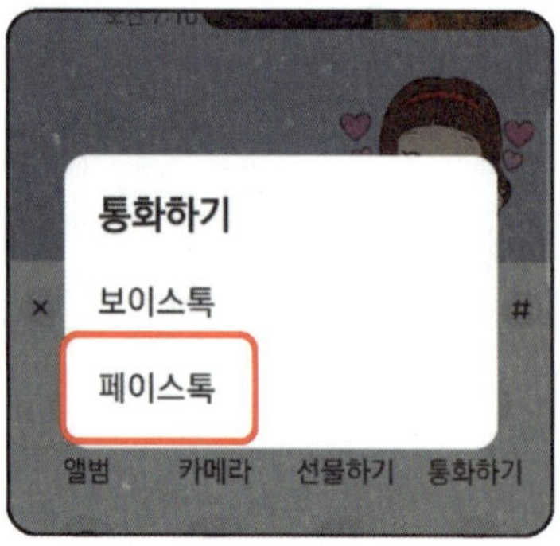

2 통화하기를 눌러요.
3 페이스톡을 눌러요.

4 빨강전화를 누르면 페이스톡이 종료됩니다.

카카오톡 - 지도 보내기 (내위치를 공유해요)

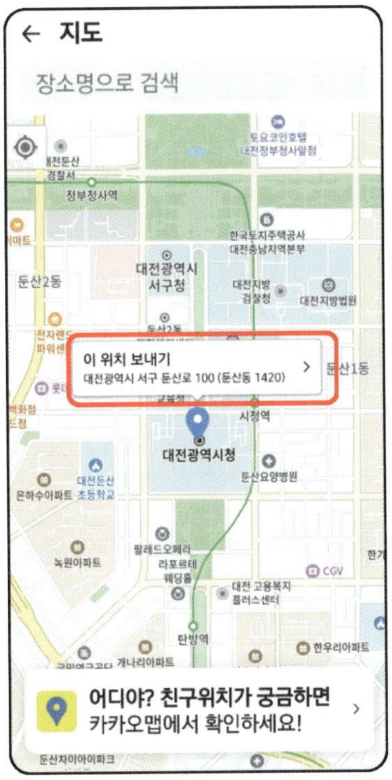

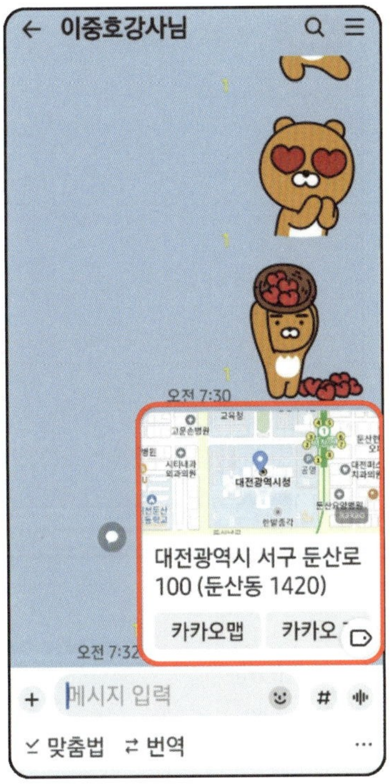

1 ＋ 를 누르고 화면을 올려서 지도 눌러요.

2 위치정보 보내기를 눌러 주세요.

3 상대에게 내 위치가 전송 됩니다.

카카오톡 음성메시지 보내요

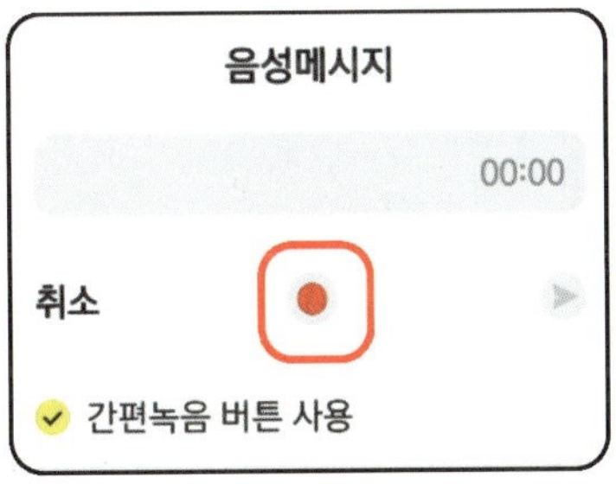

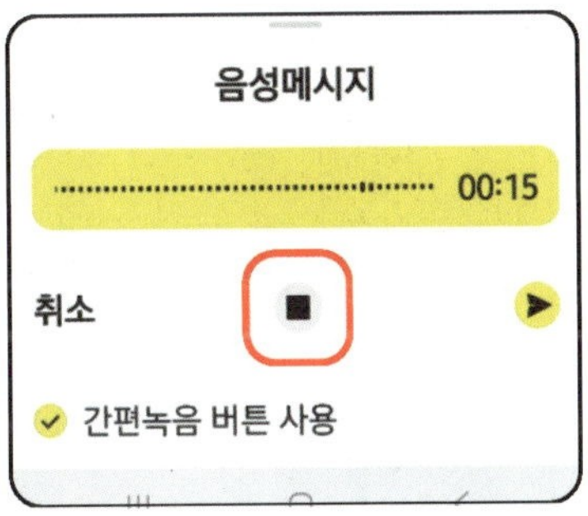

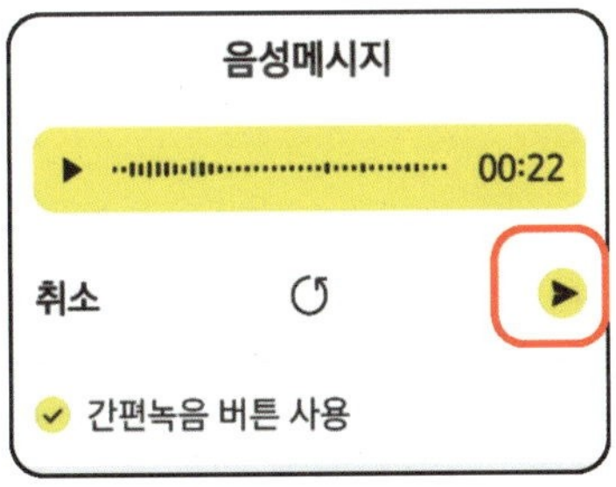

1 ＋ 누르고 음성메시지를 눌러요.

2 ● 을 선택 후 말 해요. 녹음을 시작됩니다.

3 ■ 멈춤버튼을 눌러 녹음을 종료합니다.

4 ▶ 를 눌러 보내요.

5 보낸 음성파일을 누르면 재생이 되어요.

카카오톡 – 광고 차단 1 (알림톡 차단하기)

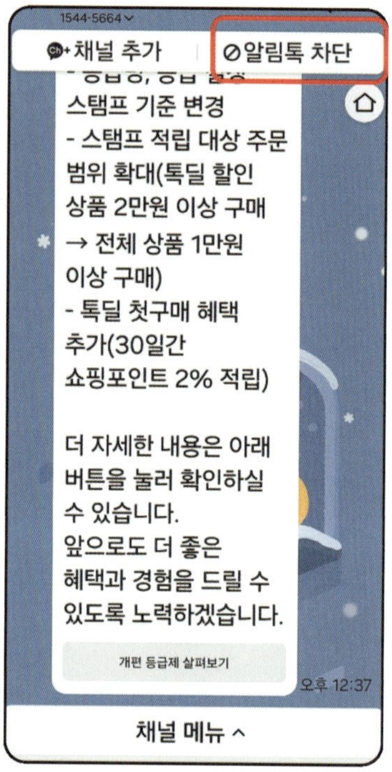

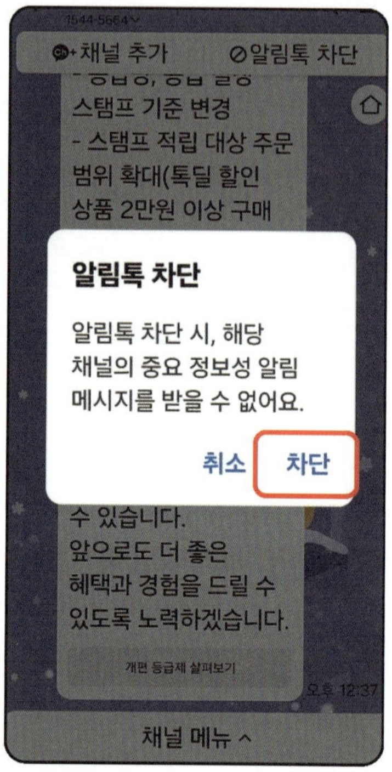

1 채팅창에서 광고를 받고 싶지 않은 이름을 눌러요.

2 알림톡 차단을 눌러요.

3 차단을 눌러요.

카카오톡 – 광고 차단 2 (채널 홈에서 차단하기)

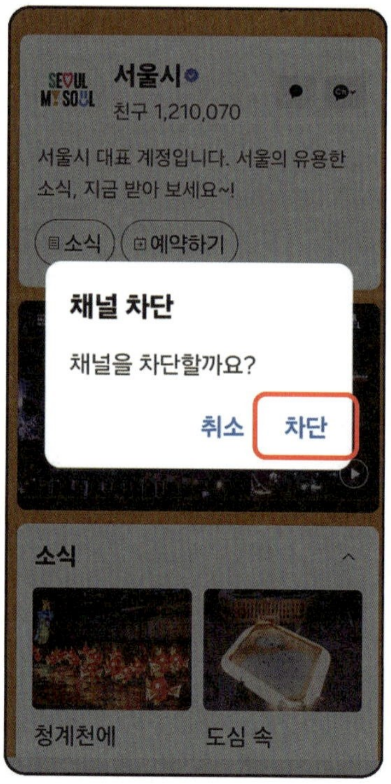

1 차단하려고 하는 대화방에 들어와서 (홈) 눌러요.

2 (Ch) 눌러요.

3 차단을 눌러요.

카카오톡 - 광고 차단 3 (채널목록에서 차단하기)

1 친구탭에서 채널 눌러요.

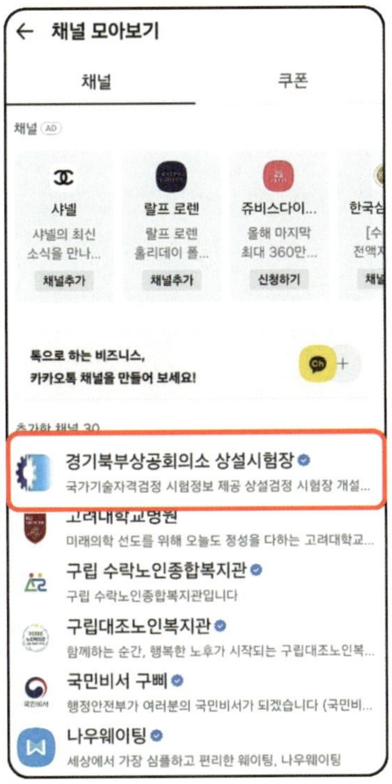

2 광고 차단하려는 기관 또는 업체이름 눌러요.

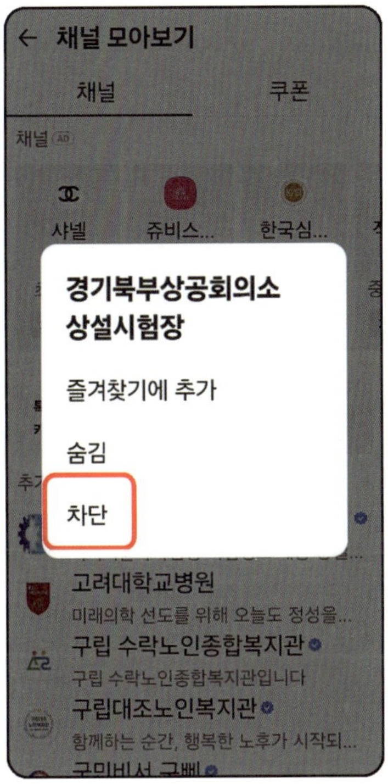

3 차단을 눌러요.

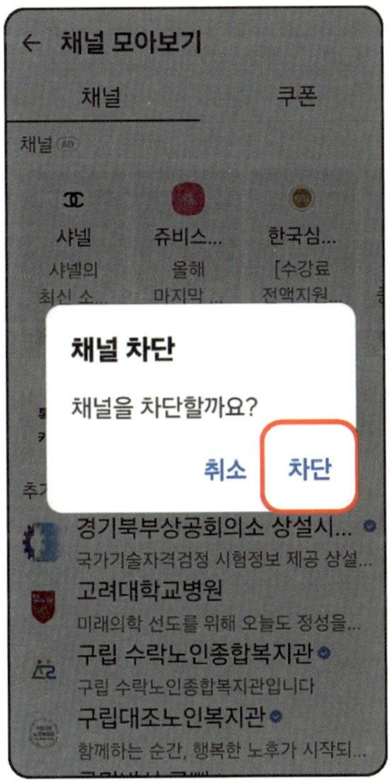

4 차단을 눌러요.

AD (Advertisement 광고) 표시있는 카카오톡은 삭제하거나 차단되지 않습니다.

카카오톡 - 조용히 보내기

1 채팅창에 메시지를 입력해요.

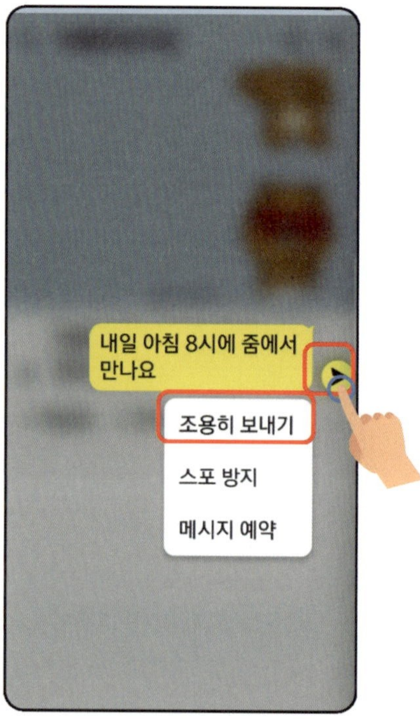

2 전송버튼을 꾸욱 눌러요.
3 조용히 보내기 눌러요.

4 메시지가 상대방에게 알림 소리없이 조용하게 보내져요.

카카오톡 - 스포 방지 (메시지 모자이크처리)

1 계좌번호를 입력해요.

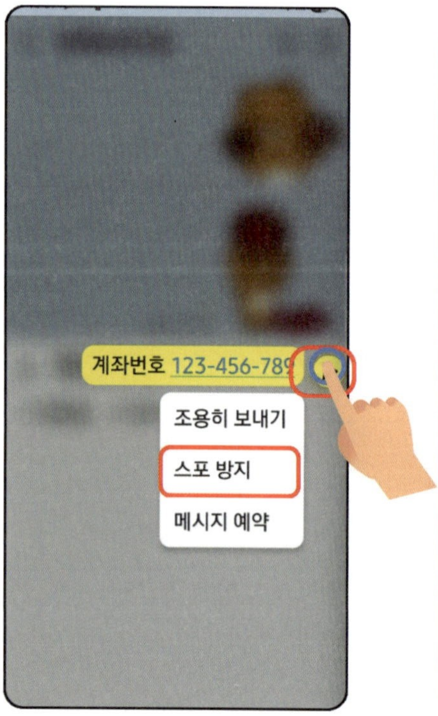

2 전송버튼을 꾸욱 눌러요.
3 스포 방지 눌러요.

4 가려져서 보내진 메시지는 누르면 내용이 보여요.

5장
유튜브

유튜브 화면 메뉴 알아보기

전 세계 최대 규모의 온라인 비디오 플랫폼 중 하나로 다양한 종류의 영상 콘텐츠를 시청할 수 있습니다. 연령대별 맞춤 추천 알고리즘으로 내 취향에 맞는 영상을 추천받기도 합니다.

1 **기기를 연결하여 유트브 시청하기** - 스마트 TV나 다른 기기를 연결하여 TV에서 유튜브를 시청 할 수 있어요.

2 **알림** - 구독한 채널, 맞춤 동영상, 내 채널의 활동 등 내가 설정해 놓은 채널의 알림을 수신할 수 있어요.

3 **돋보기** - 내가 원하는 정보를 직접 찾을 수 있어요. 돋보기를 누른 후 찾고자 하는 채널 또는 인물 이름을 쓰고 자판의 돋보기를 눌러서 정보를 찾아요.

4 유튜브 첫 화면으로 이동해요.

5 유튜브 Shorts(숏츠)란
60초 이하의 짧은 동영상 콘텐츠를 말해요.

6 동영상, 쇼츠, 실시간 스트리밍 시작등 내 게시물을 만들어 유튜브에 올릴 때 사용해요.

7 내가 구독하고 있는 채널을 볼 수 있어요.
구독한 채널을 해제 할 수 있어요.

8 나의 계정정보(아이디, 채널명, 채널소개 등)를 확인 할 수 있어요.

유튜브 – 화면 밝기 바꿔봐요

유튜브 앱의 기본 화면은 어둡게 설정되어 있습니다.
밝은 화면으로 사용하고 싶다면 다음과 같이 따라 해 보세요.

1 내 페이지 내페이지 눌러요.

2 설정을 누릅니다.

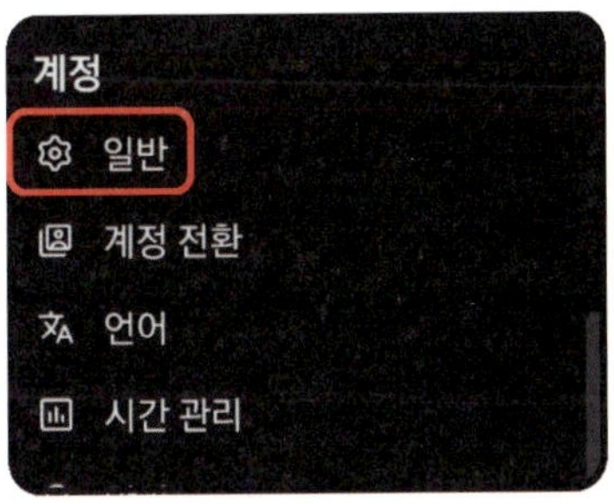

3 일반을 눌러요.

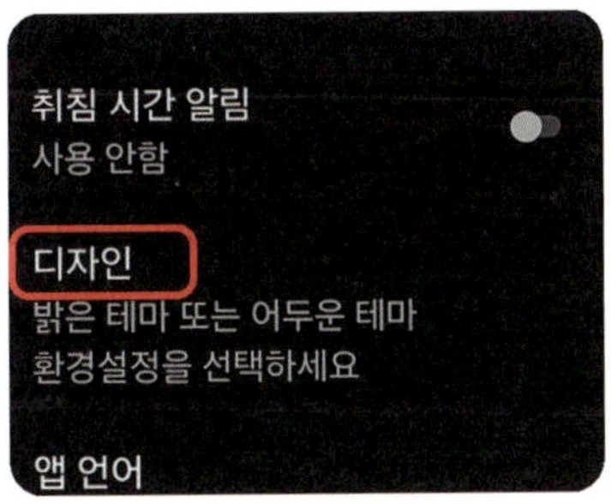

4 디자인을 눌러요.

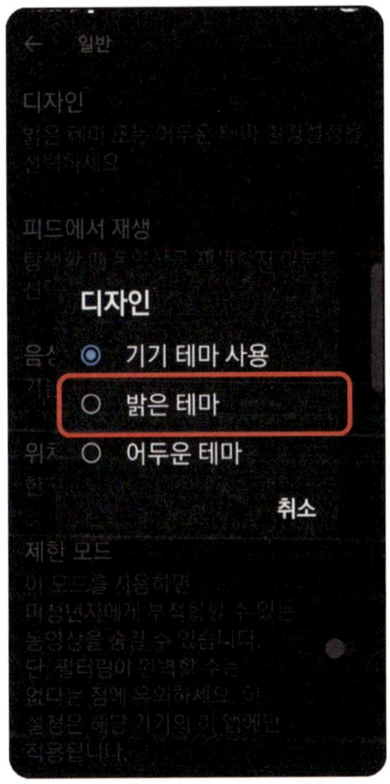

5 밝은 테마를 선택하면 유튜브의 전체 화면이 밝은 색으로 바뀝니다.

밝은 화면과 어두운 화면의 예시를 보고, 주변 상황과 밝기에 따라 화면의 밝기를 조절해서 사용해 보세요. 눈의 피로를 줄여줍니다.

유튜브 홈화면

내 채널 화면

유튜브 - 채널 구독해요

구독 버튼을 클릭하면 해당 채널의 최신 영상이 업데이트 될 때마다 알림을 받을 수 있습니다.

1 영상이 좋아서 다음 영상도 보고 싶다면 채널 이미지를 눌러요.

2 구독을 누르면 채널의 새로운 소식을 알림으로 받을 수 있어요.

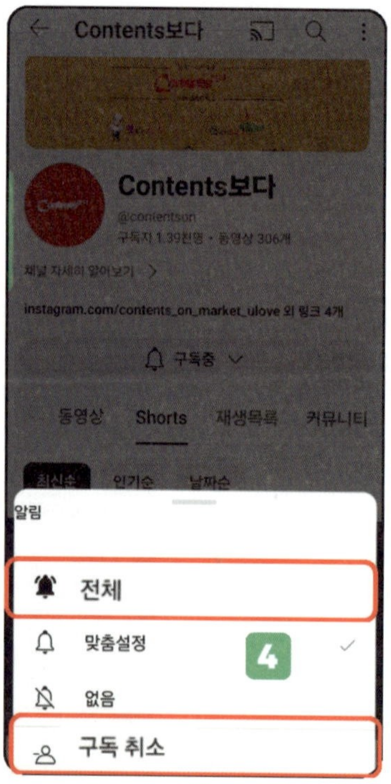

3 구독중을 눌러요.

4 알림을 설정하거나 구독 취소를 할 수 있어요.

동영상, Short, 재생목록을 하나씩 눌러서 구독한 채널의 다양한 영상을 더 많이 볼 수 있습니다.

유튜브 더보기로 영상에 대한 설명을 볼 수 있어요

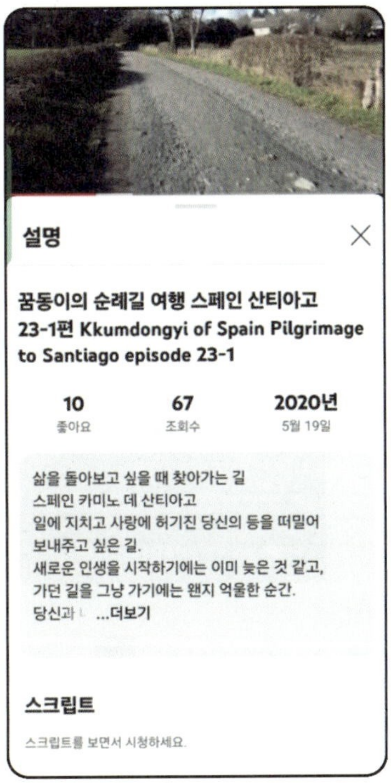

더보기를 눌러보세요.
영상에 대한 제작자의
설명을 볼 수 있습니다.

유튜브 – 좋아요, 댓글, 공유하기

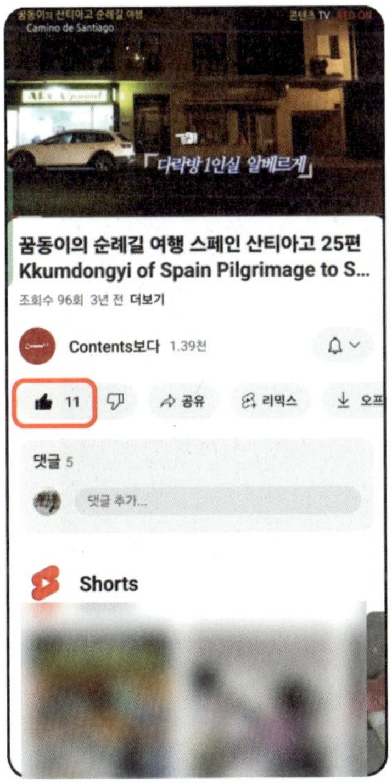

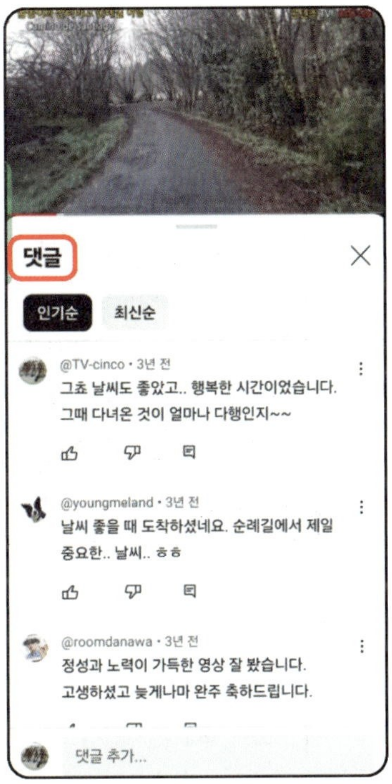

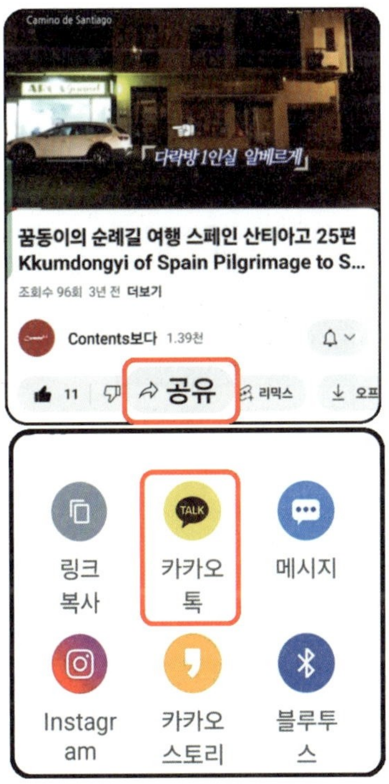

1 영상이 마음에 든다면 **좋아요**를 눌러요.

2 영상을 보고 **댓글**을 쓸 수 있어요.

3 친구나 가족에게 카톡으로 **공유**해요.

유튜브- 화면 크게 봐요

유튜브 영상을 크게 보거나 작게 보는 방법 2가지를 알아봅니다.

방법 1 - 확대/축소버튼 사용

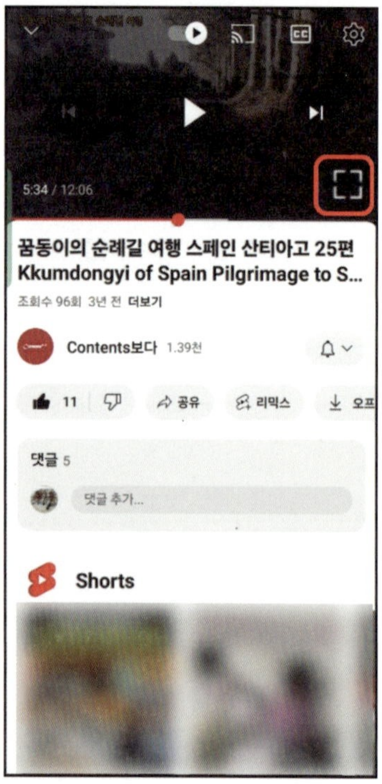

1 오른쪽 하단 를 눌러요.
가로로 회전하여 화면을 크게 볼 수 있어요.

2 오른쪽 하단 를 눌러요.
세로로 회전하여 화면을 작게 볼 수 있어요.

방법 2 - 손가락으로 위/아래로 밀어요

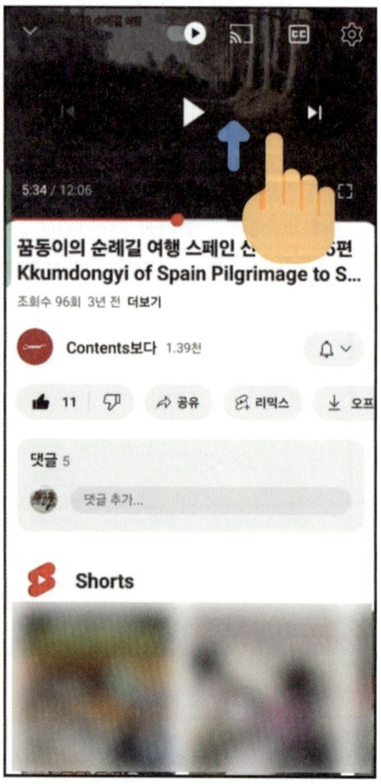

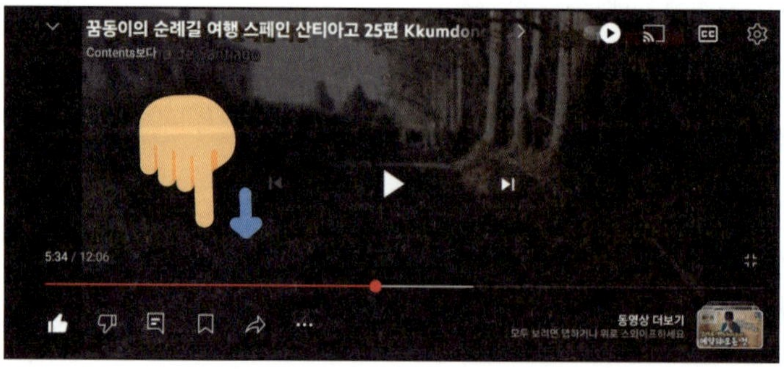

1 화면 위로 밀어 올려요.
가로로 회전하여 화면을 크게 볼 수 있어요.

2 화면 아래로 쓸어 내려요.
세로로 회전하여 화면을 작게 볼 수 있어요.

유튜브 – 화면 설정 방법

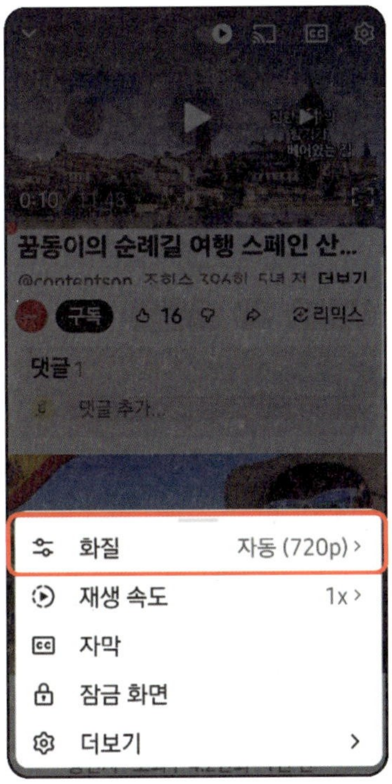

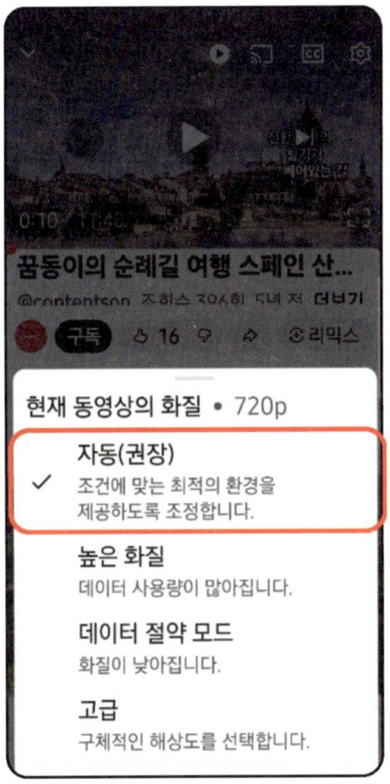

1 화면을 살짝 누르고 설정을 눌러요.

2 화질을 눌러요.

3 자동(권장)을 눌러요.

자동(권장)모드는 인터넷의 환경에 따라 화질을 자동으로 제공합니다.
더 좋은 화질로 보고 싶다면 화질의 숫자가 큰 것으로 선택하면 됩니다.

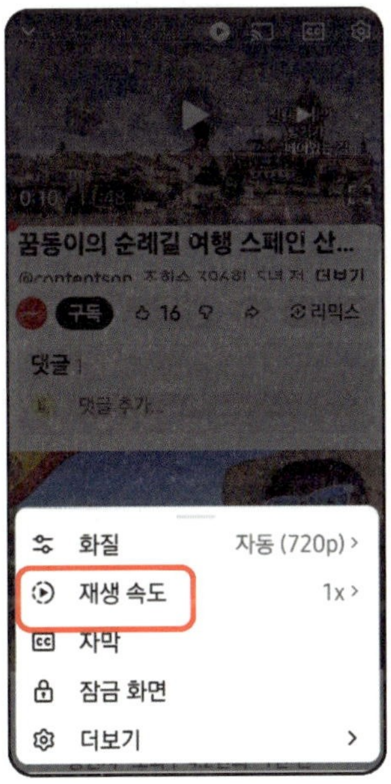

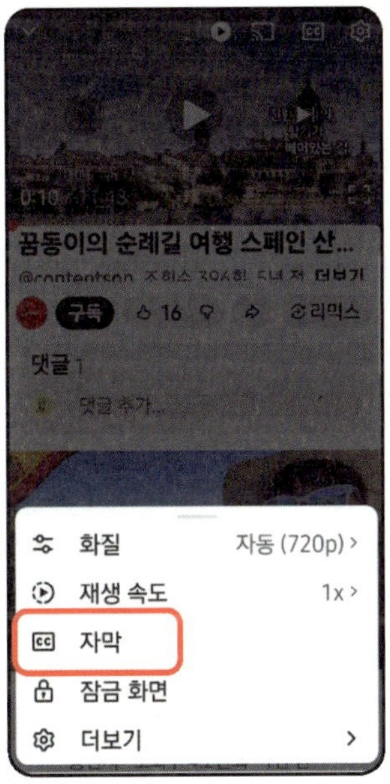

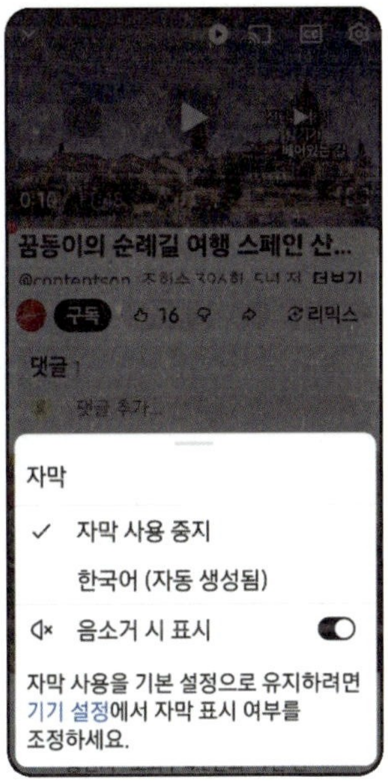

4 재생속도를 눌러요.
숫자가 클수록 빠르게, 숫자가 작을수록 느리게 영상의 속도를 조절할 수 있어요.

5 자막을 눌러요.
영상이 실행되면 자막이 나옵니다. 원하지 않는다면 자막 사용 중지를 눌러요.

유튜브 - 쇼츠(좋아요, 댓글, 공유하기)

유튜브 쇼츠는 유튜브 플랫폼에서 제공하는 짧은 동영상 형태로 사용자들이 쉽게 만들고 공유할 수 있는 기능입니다.

1 Shorts 를 눌러서 짧은 영상을 시청해요.

2 영상이 마음에 든다면 좋아요를 눌러요.

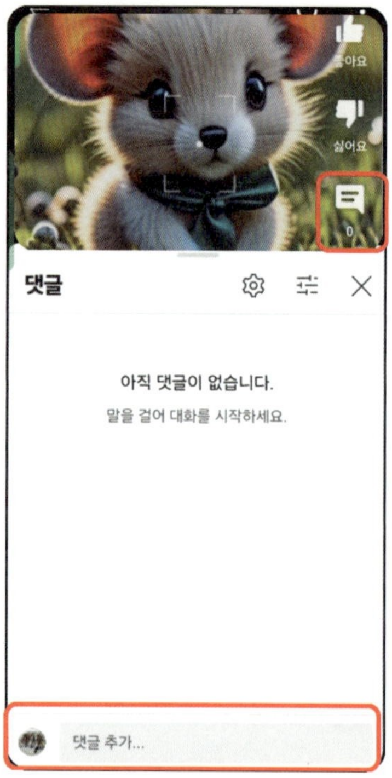

3 응원 댓글도 달아 봅니다.

1 공유 친구에게 보내기하고 싶다면 공유를 눌러요.

2 왼쪽으로 밀어서 더보기 를 눌러요.

3 카카오톡 눌러서 공유해요.

유튜브 - 말로 검색하기

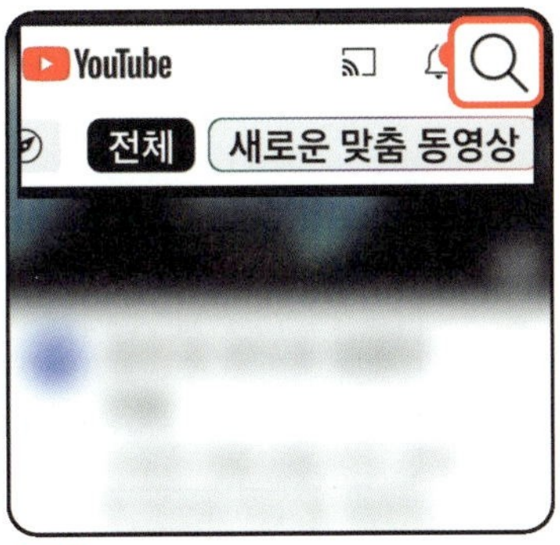

1 를 눌러요.

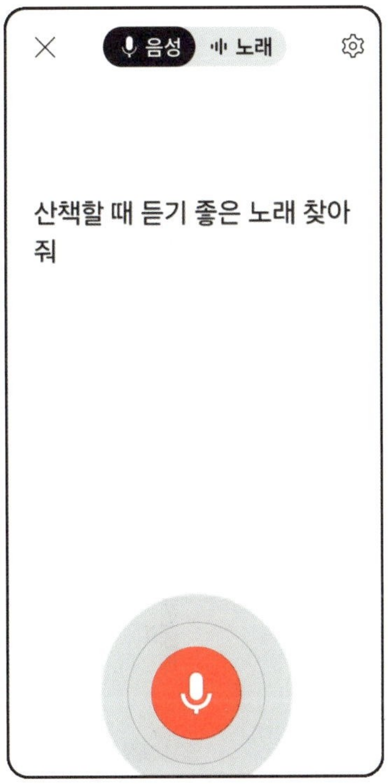

2 를 눌러요.

3 'OOO노래 찾아줘' 라고 말해보세요.(마이크가 켜져 있습니다)
듣고 싶은 노래의 목록을 볼 수 있어요.

유튜브 - 노래 검색하기

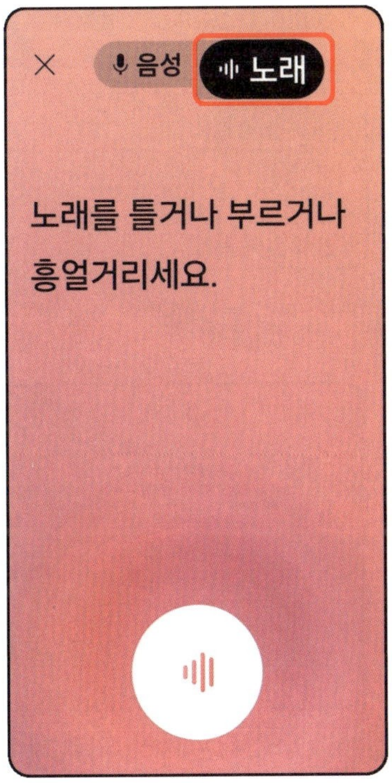

주변에서 나오는 노래를 들려주거나
흥얼흥얼 노래를 불러도 노래를 찾아 줍니다.

tips! 키보드를 알아봐요 !

(천지인 키보드)

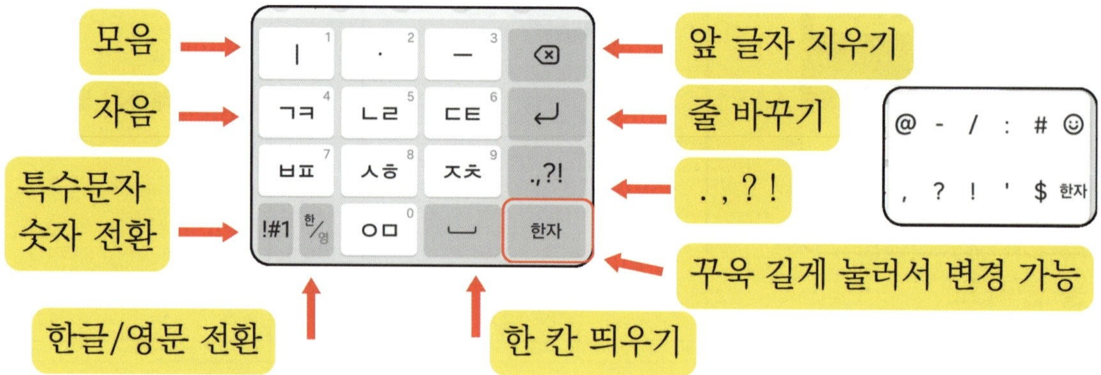

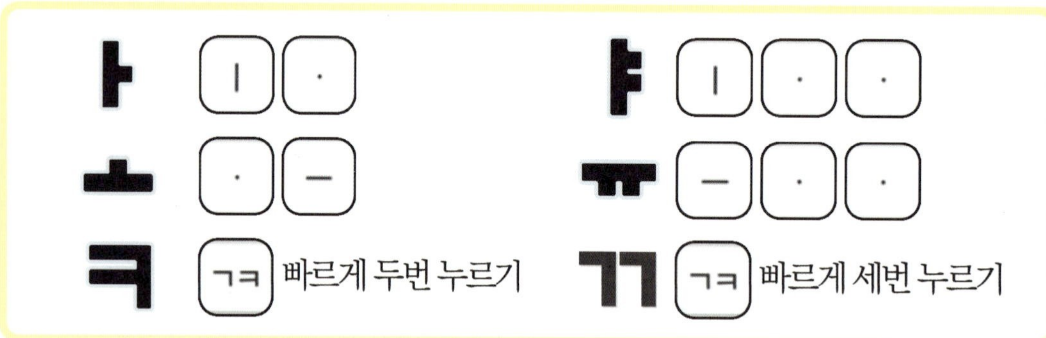

1 키보드 ⚙ 설정을 눌러요.

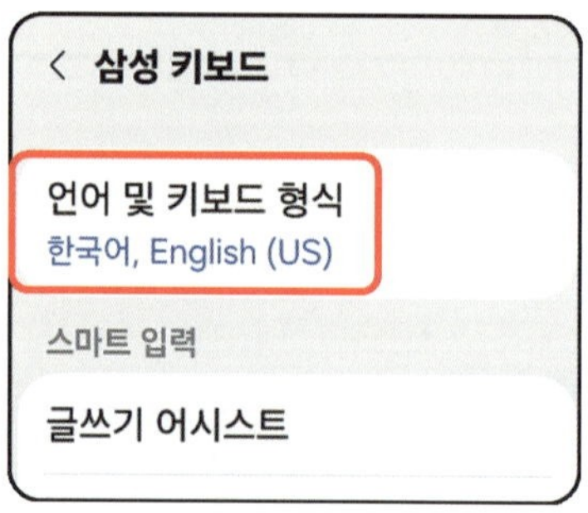

2 언어 및 키보드 형식눌러요.

3 한국어 눌러요

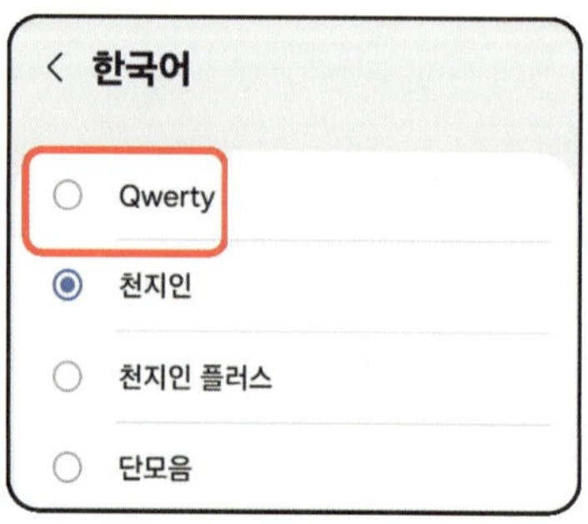

4 Qwerty 눌러요.

5 ∨ 네비게이션바 뒤로가기 세 번 눌러 나와요.

6 쿼티 키보드는 자판 크기가 조금 좁지만 천지인 키보드가 어려울 때 사용하면 좋아요.

6장
인터넷 (네이버. 구글)

네이버 – 회원가입

검색을 통해 정보와 컨텐츠를 제공하고 있습니다. 메일, 메모, 달력, 그린닷, 마이박스(온라인 저장공간), 쇼핑, 기차예매 등의 기능을 활용하기 위해서 회원가입이 필요합니다.

1 좌측 상단 ☰ 눌러요.

2 로그인하세요를 눌러요.

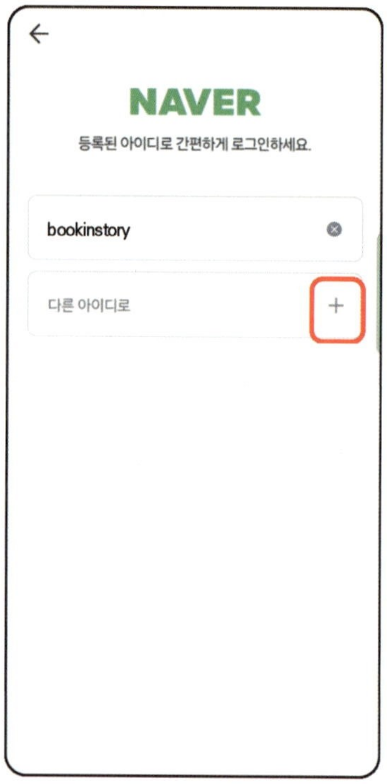

3 다른 아이디로를 눌러요.

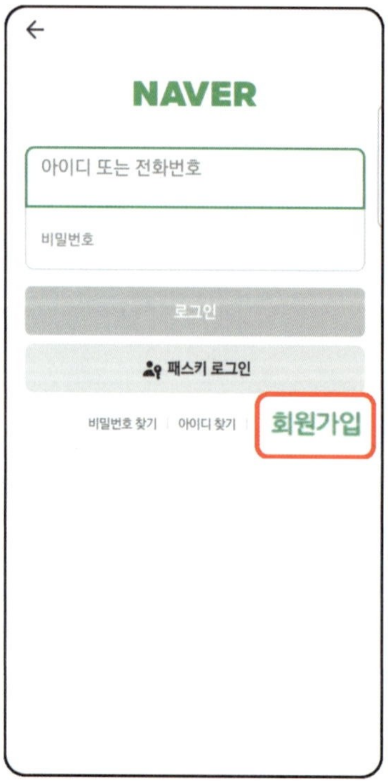

4 회원가입을 눌러요.

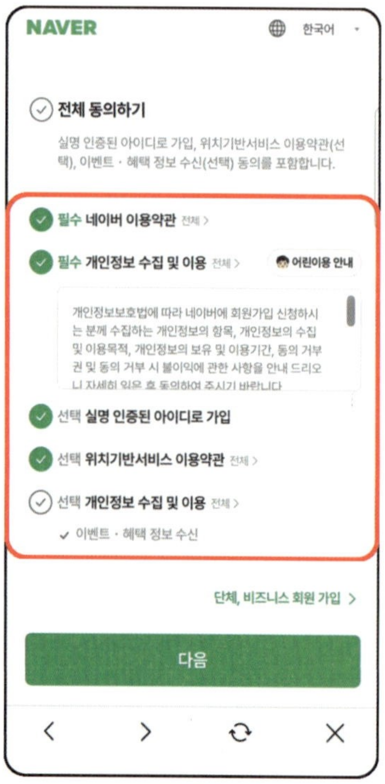

5 필수항목과 필요한 선택 항목을 선택합니다.

6 다음을 눌러요.

네이버 – 회원가입

1 사용할 아이디와 비밀번호를 입력합니다.

2 이름, 생년월일(예-19990101)

3 사용중인 통신사를 선택하세요.
남자/여자 선택, 내국인(한국거주)을 선택하세요.

4 휴대전화번호를 입력해주세요.

5 [필수]인증 약관 전체 동의를 꼭 선택해주세요.

6 인증요청을 눌러주세요.

7 잠시 기다리면 메시지가 보입니다. 인증번호를 눌러주세요.
문자메시지앱을 열어 통신사에서 보낸 인증번호를 확인하고 직접 입력해도 됩니다.

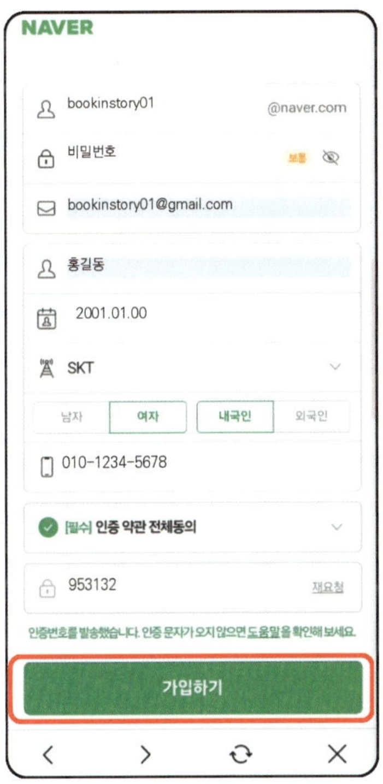

아이디와 비밀번호는 별도의 수첩 등에 따로 메모를 해두시면 좋습니다. 비밀번호는 주기적으로 변경하기를 추천합니다.

네이버 - 회원가입 - 아이디 찾기

아이디가 기억나지 않을 때는 본인 명의의 휴대전화번호로 인증하여
아이디를 찾을 수 있습니다.

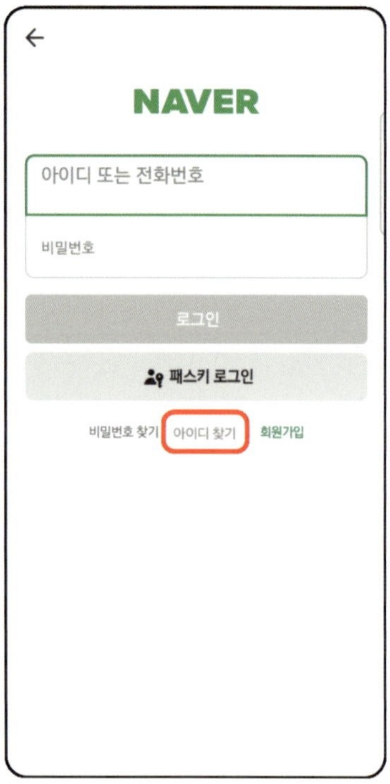

1 아이디 찾기를 눌러요.

2 휴대폰 본인인증으로찾기 눌러요.

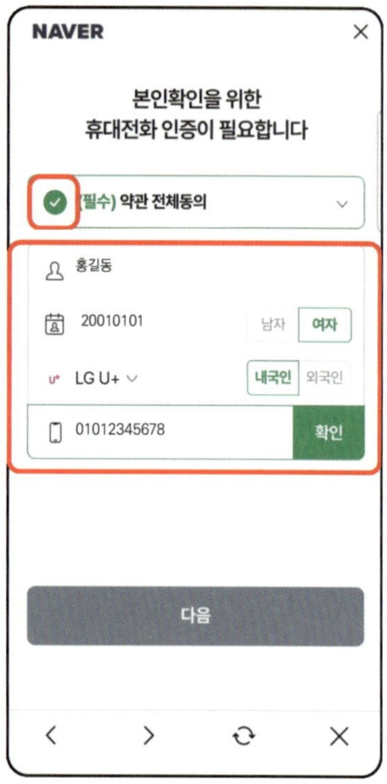

3 필수 선택, 내용을 입력한 후 확인을 눌러요.

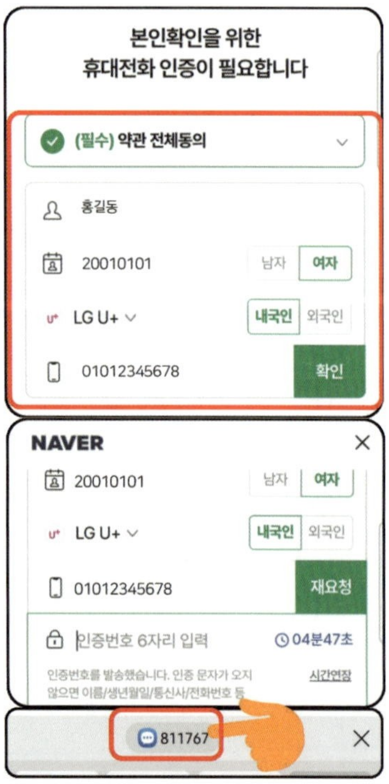

4 이름, 생년월일, 휴대폰번호 입력 후 확인을 눌러요.

5 인증번호를 눌러요.

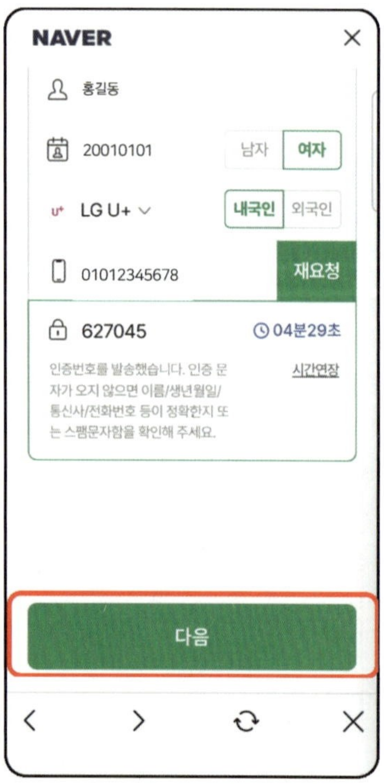

6 다음을 눌러요.

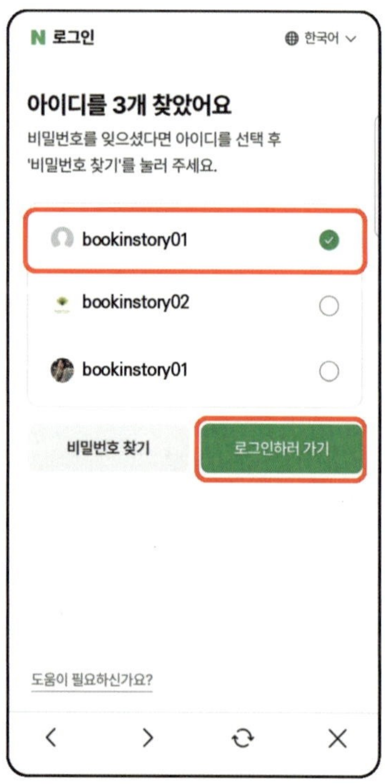

7 아이디를 선택 후 로그인하러 가기를 눌러요.

네이버 – 비밀번호 찾기

비밀번호가 기억나지 않을 때는 본인 명의의 휴대전화번호로 인증하여 비밀번호를 찾을 수 있습니다.

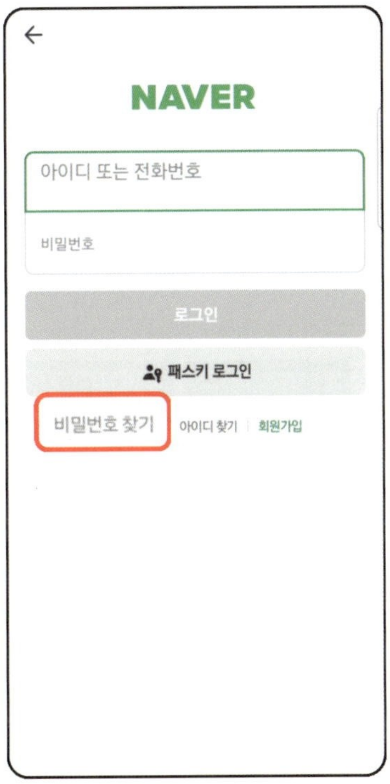

1 비밀번호 찾기를 눌러요.

2 아이디를 입력하고 다음을 눌러요.

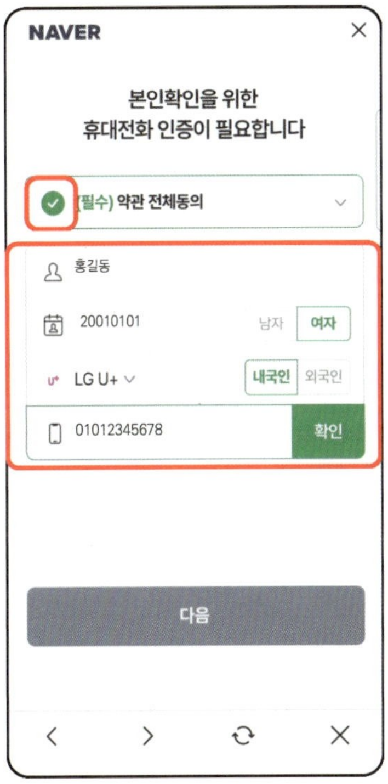

3 필수 선택, 내용을 입력한 후 확인을 눌러요.

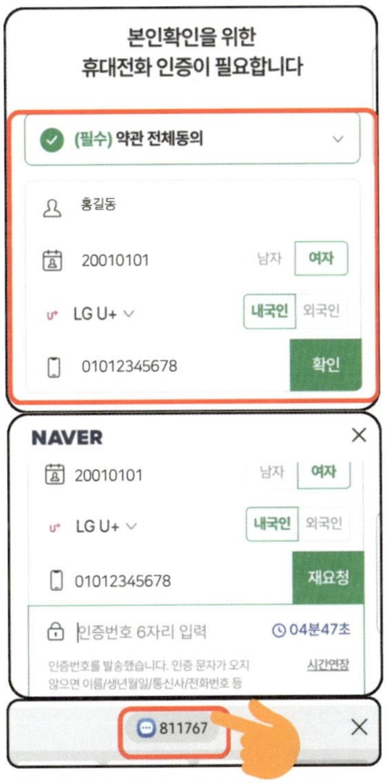

4 이름, 생년월일, 휴대폰번호 입력 후 확인을 눌러요.

5 인증번호를 눌러요.

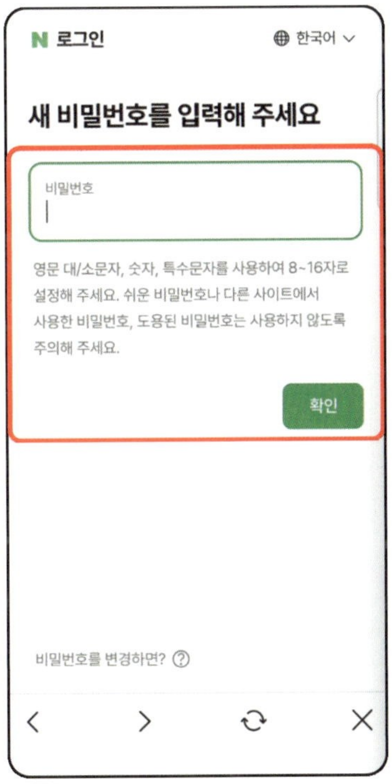

6 변경할 비밀번호를 입력 후 다음을 눌러요.

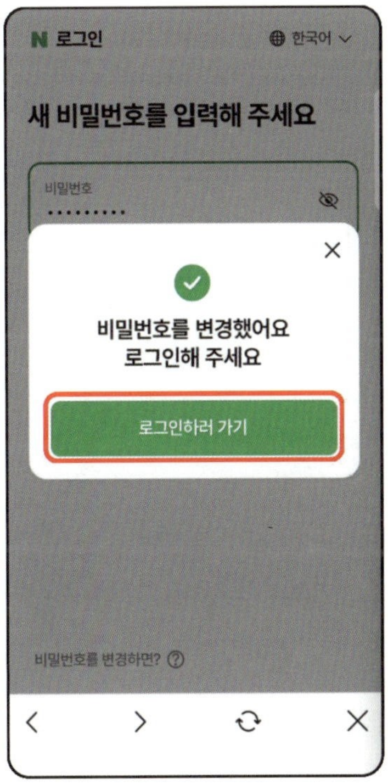

7 로그인하러 가기를 눌러요.

네이버 – 홈화면

홈화면
검색창에 단어를 입력하여 찾아볼 수 있어요.

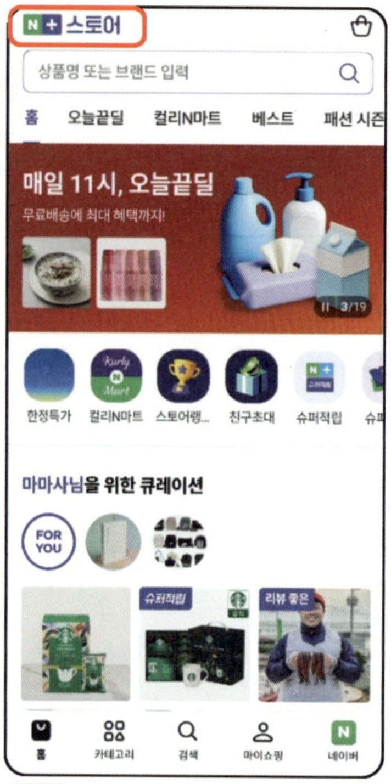

스토어
상품명을 직접 입력해서 찾을 수 있어요.

투데이
뉴스, 방송, 스포츠 등 실시간 정보를 볼 수 있어요.

클립
네이버의 짧은 영상인 클립을 볼 수 있어요.

마이
내정보와 날짜별 검색내역을 확인할 수 있어요.

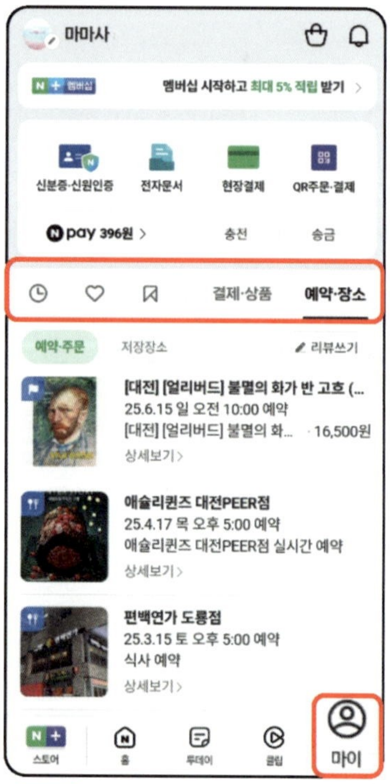

마이
공감, Keep, 결제.상품, 예약.장소를 알 수 있어요.

네이버 - 그린닷

인공지능(AI) 인식 검색 도구로, 음성, 이미지, 위치 등을 더욱 빠르게 검색할 수 있도록 도와줍니다. 사용자가 원하는 정보를 빠르고 편리하게 찾을 수 있습니다.

네이버 홈에서 검색창 오른쪽에 녹색 동그라미를 살짝 눌러요

1 렌즈

결제/네이버 주문 -실제 결제나 주문을 할 때 사용합니다.

QR/바코드 - 화면에 비추면 해당 웹페이지로 연결해 줍니다.

스마트렌즈 - 카메라로 찍으면 사물이나 정보를 바로 알려줘요.

쇼핑렌즈 - 물건을 찍으면 상품의 쇼핑정보를 알려줍니다.

문자인식 - 사진 속 문자(텍스트)를 읽어서 텍스트로 변환하는 기능

와인라벨 - 와인 이름, 품종, 평점, 가격 정보, 관련 설명까지 찾아주는 기능

2 음악 - 하단 마이크에 음악을 들려주면 알려줍니다.

3 음성검색 - 마이크를 터치하고 명령해보세요 (예 : 내일 날씨 알려줘...)

4 내주변 - 주변정보 (예 :맛집, 카페, 가볼 만한 곳, 문화...)
타지역 검색도 가능합니다.

네이버 – 그린닷 – 렌즈 – 스마트렌즈

1 스마트렌즈를 눌러요.
셔터를 눌러요.

2 가운데 선을 위로 올려 보세요.

3 소개글이 담긴 블로그 등을 더 볼 수 있습니다.

네이버 – 그린닷 – 렌즈 – QR/바코드

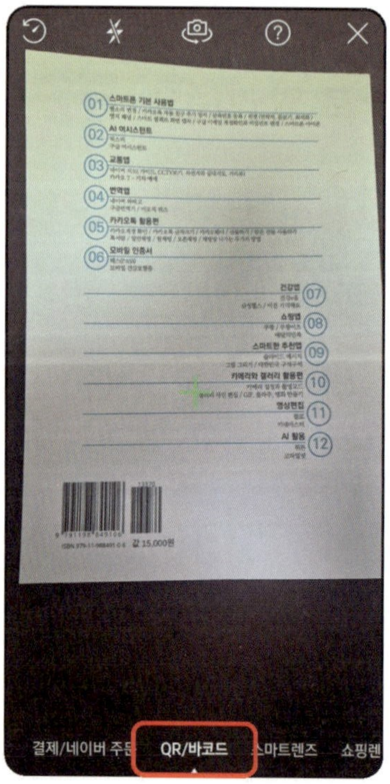

1 QR/바코드를 눌러요.

2 바코드에 화면의 +를 맞춰요.

3 바코드 인식으로 나타난 정보를 눌러요.

4 구입할 수 있는 스토어를 보여 줍니다.

네이버 - 그린닷 - 렌즈 - 쇼핑렌즈

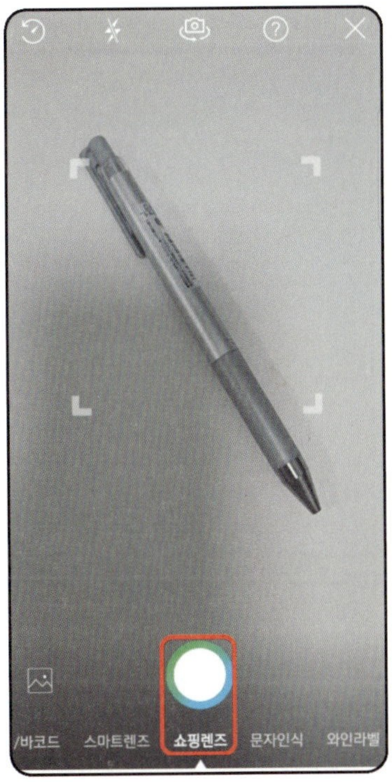

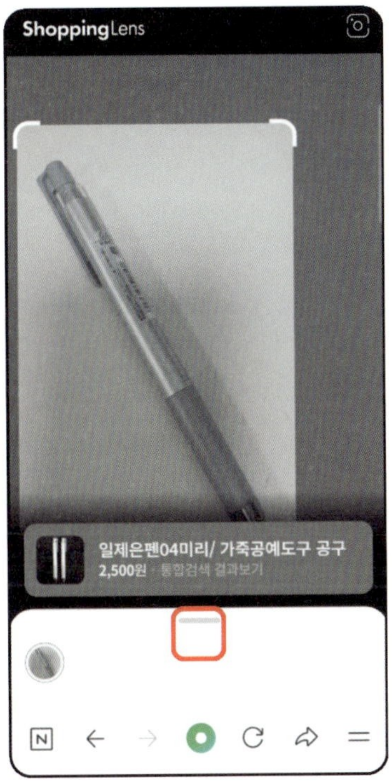

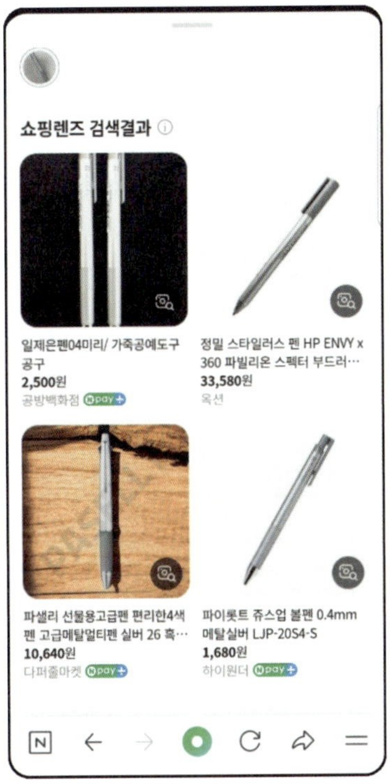

1 쇼핑렌즈 - 사물을 두고, 셔터를 눌러 보세요.

2 볼펜의 쇼핑 정보가 나옵니다. 작은 선을 위로 드래그 하세요.

3 볼펜의 쇼핑 정보가 나옵니다.

네이버 - 그린닷 - 렌즈 - 문자인식

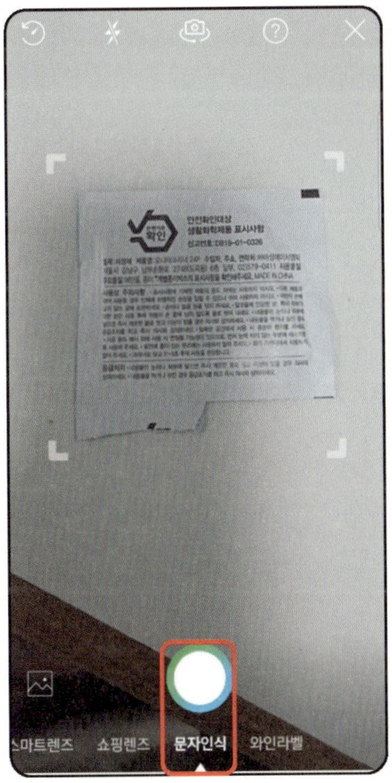

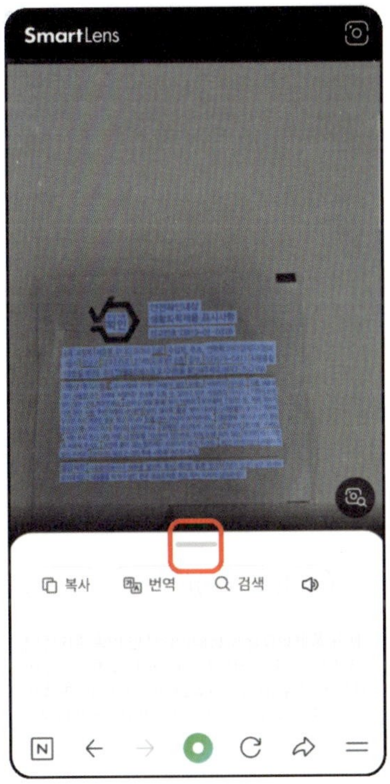

1 문자인식을 선택 후 화면의 셔터를 눌러요.

2 전체선택을 눌러요.

3 가운데 선을 위로 드래그 하세요.

네이버 - 그린닷 - 렌즈 -문자인식

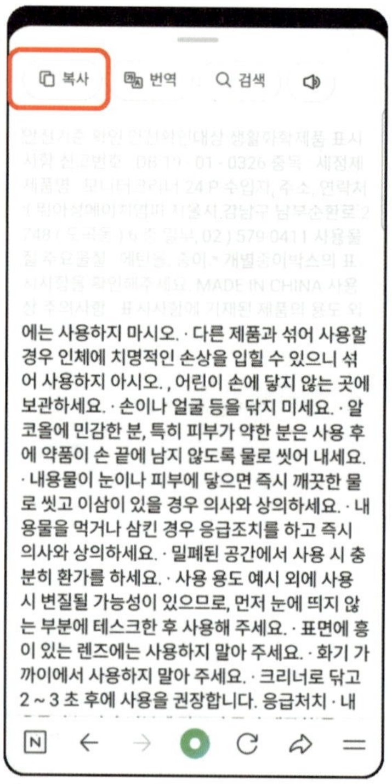

4 인식한 문자를 복사하여 다른 위치에 붙여넣기 할 수 있어요.

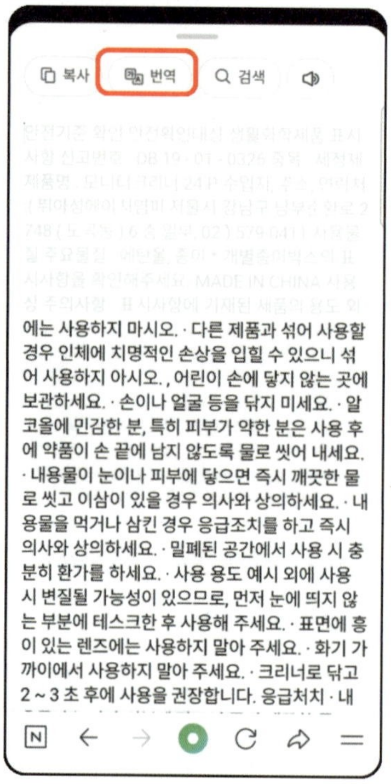

5 번역을 눌러요.

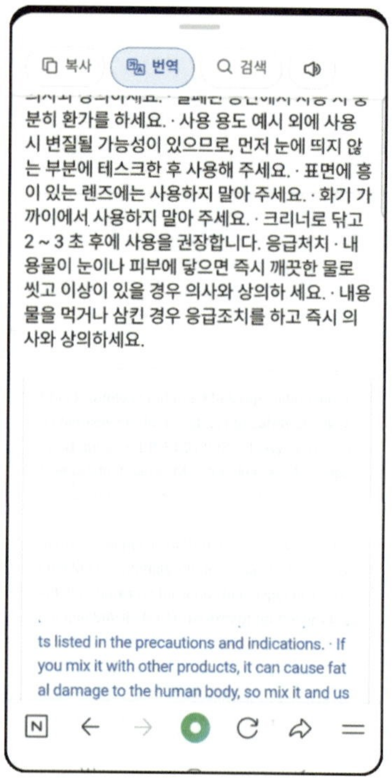

6 다른 언어로 번역할 수 있습니다.

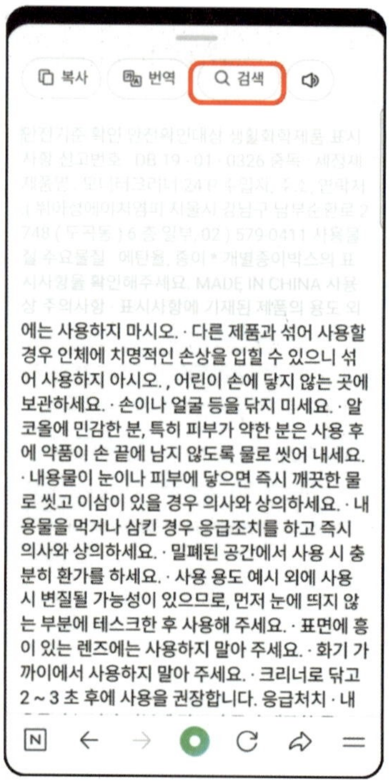

7 검색을 눌러요.

8 검색한 상품의 블로그 후기를 볼 수 있습니다.

네이버 – 그린닷 – 음악

인공지능(AI) 인식 검색 도구로, 사진·음성·음악·내주변 장소 검색 등을 한곳에서 바로 쓸 수 있게 모아둔 빠른 검색 메뉴입니다.

1 그린닷 버튼을 눌러요.

2 음악 눌러요. 제목을 찾고 싶은 음악을 들려줘요.

3 노래를 찾기위한 시간이 조금 걸리기도 해요.

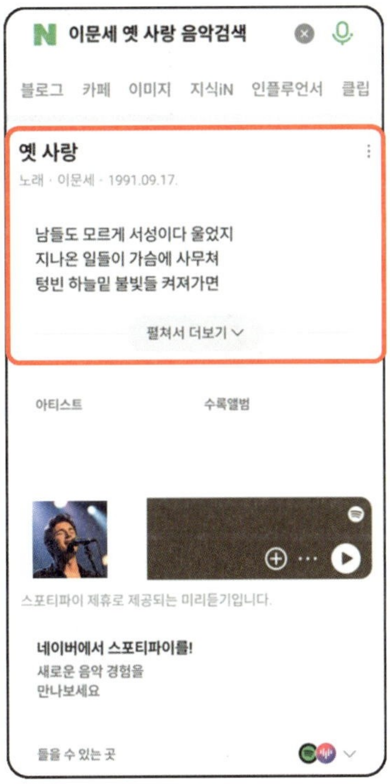

4 음악을 듣고 노래를 찾아 줍니다.

5 미리듣기 버튼을 눌러서 노래를 들을 수 있어요.

6 화면을 위로 올리면 다양한 정보를 볼 수 있어요.

네이버 - 그린닷 - 음성

1 음성을 눌러요.

2 최신영화를 찾아줘라고 말해요.

3 궁금한 영화를 선택해요.

4 영화에 대한 상세정보를 볼 수 있습니다.

네이버 - 그린닷 - 내주변

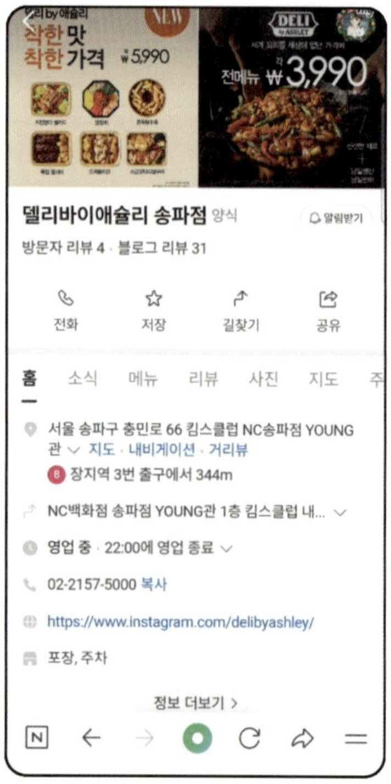

1 내주변을 눌러요.

2 내 주변의 맛집, 카페 등 지역 정보를 볼 수 있습니다.

3 선택한 매장의 상세정보를 볼 수 있습니다.

구글(Google) - 서클 투 서치

화면의 검색 대상을 원으로 그려 앱 전환 없이 즉시 정보를 확인하는 편리한 검색 기능입니다. 선택한 이미지를 구글 AI모드에서 이미지를 변경할 수 있어요.

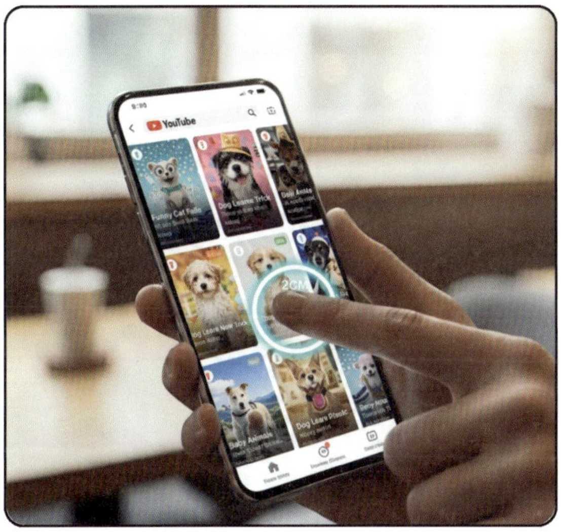

서클 투 서치가 작동되지 않을 때 설정으로 들어가서 확인하세요.
(미지원 기기 있어요.)

1 설정에서 디스플레이를 눌러요.

2 내비게이션 바를 눌러요.

3 서클 투 서치를 켜주세요.

구글(Google) - 서클 투 서치

지금 보고 있는 화면 위에서, 궁금한 것을 동그라미만 그려도 바로 검색되는 기능.
사진 찍을 필요도 없고 다른 앱으로 이동할 필요도 없습니다.

1 스마트폰을 사용 중 화면 하단 중앙의 ◯ 버튼을 길게 꾸~욱 눌러요.

2 이미지, 글씨 위에 원을 그리면 정보가 검색됩니다. 작은 선을 위로 드래그 하세요.

3 화면을 위로 올려서 다양한 검색 결과를 볼 수 있어요.

1 홈버튼을 꾹 누르고 이미지 위에 원을 그린 후 만들기를 눌러요.

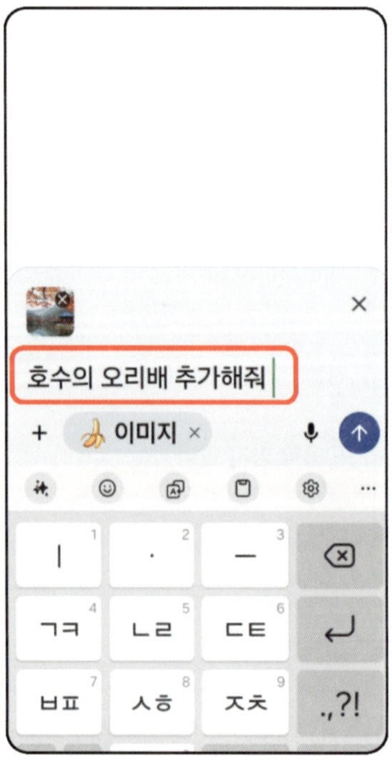

2 추가하고 싶은 이미지를 입력해요.

3 사진에 오리배가 추가 되었어요.

구글(Google) - 계정 관리

1 설정 앱 열고 구글을 선택해요.

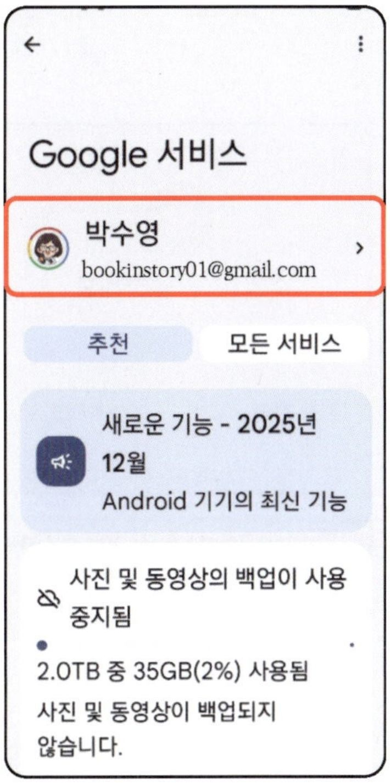

2 내 이름 아래 구글 주소 눌러요.

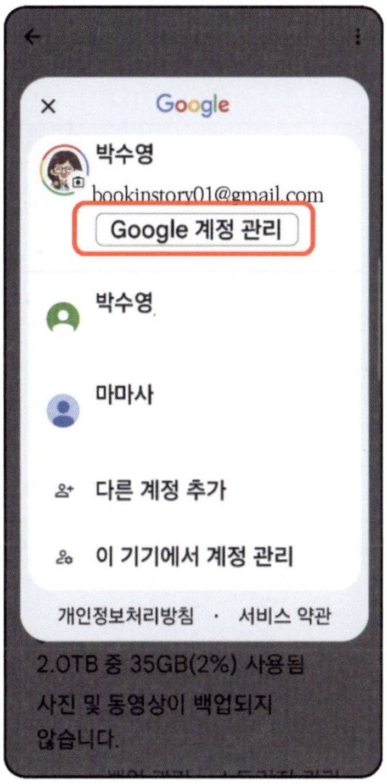

3 Google계정 관리 눌러요.

5 결재 및 구독을 눌러요.

6 결제 수단 과 구독을 확인할 수 있어요.

4 개인 정보를 누르면 등록한 나의 개인정보를 확인할 수 있어요.
Google 비밀번호를 누르면 비밀번호를 변경할 수 있어요.
화면을 위로 밀어 올리면 추가 정보를 볼 수 있습니다.

플레이 스토어 – 삭제한 앱 확인하기

플레이스토어에서 '앱 및 기기 관리' 기능을 사용해 설치된 앱과 삭제한 앱을 확인하는 방법입니다.

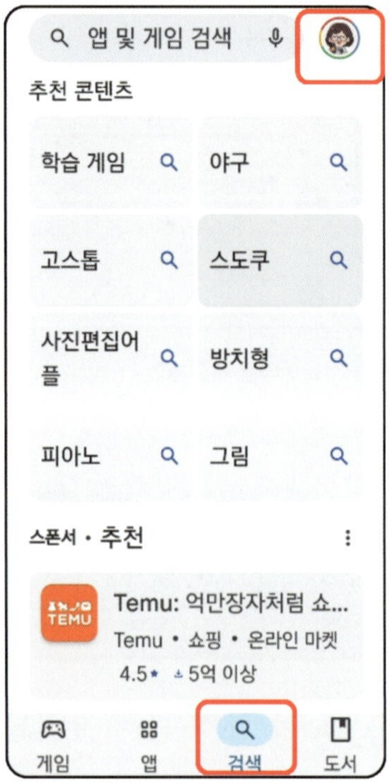

1 플레이스토어에서 하단 검색탭을 선택하고 우측 상단 나를 눌러요.

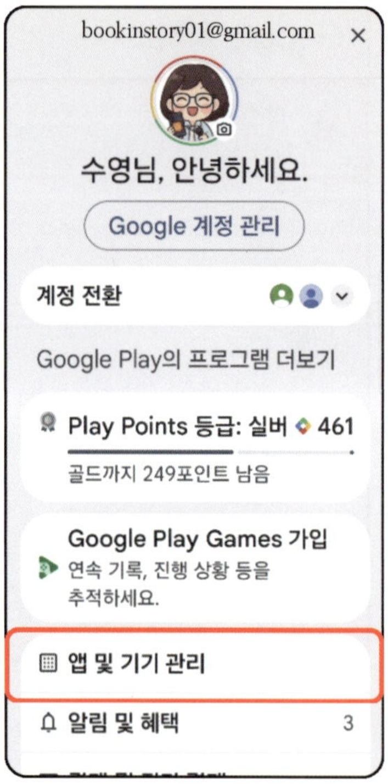

2 앱 및 기기 관리를 눌러요.

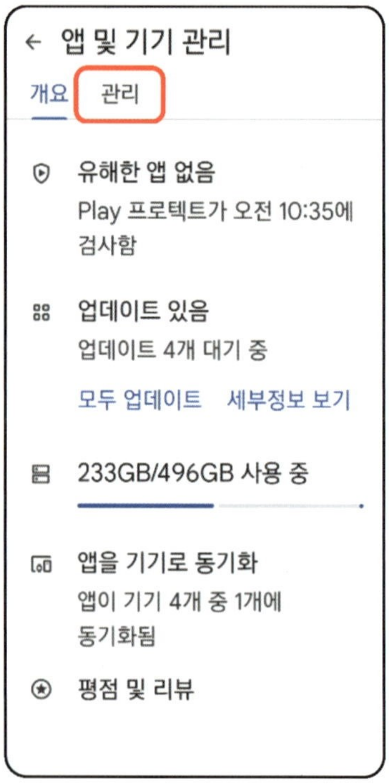

3 관리를 눌러요.

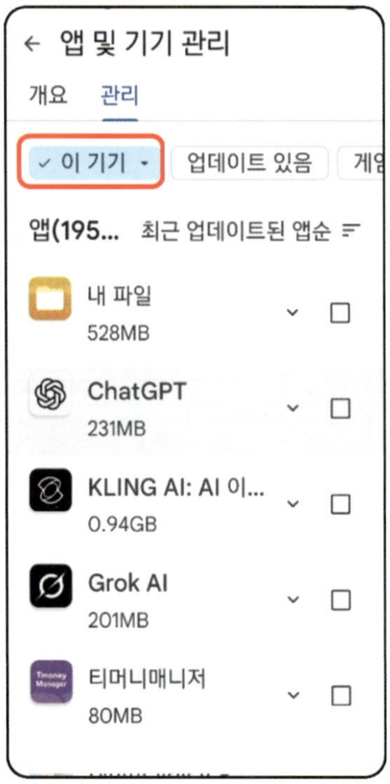

4 이 기기를 눌러요.

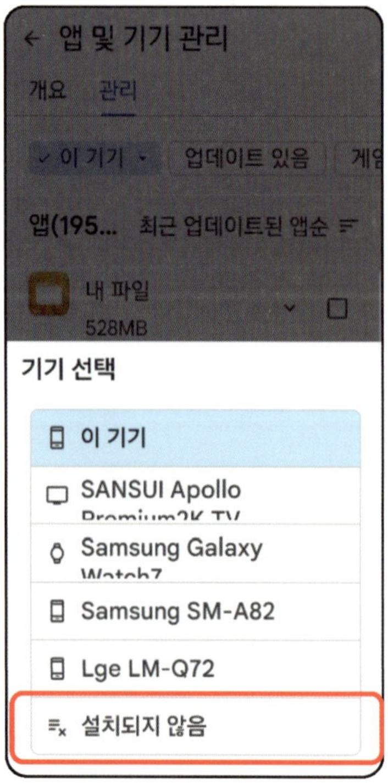

5 설치되지 않음을 눌러요.

6 내가 설치하고 삭제했던 앱들을 볼 수 있어요.

7장
캘린더. 메모

캘린더 – 메뉴 살펴보기

\+ 일정 추가하기

☰ 달력설정 메뉴보기

🔍 찾기 - 일정을 찾아 볼 수 있어요.

4 숫자를 누르면
오늘 날짜로 돌아와요.

캘린더 – 일정을 등록해 봐요

1 + 을 눌러요

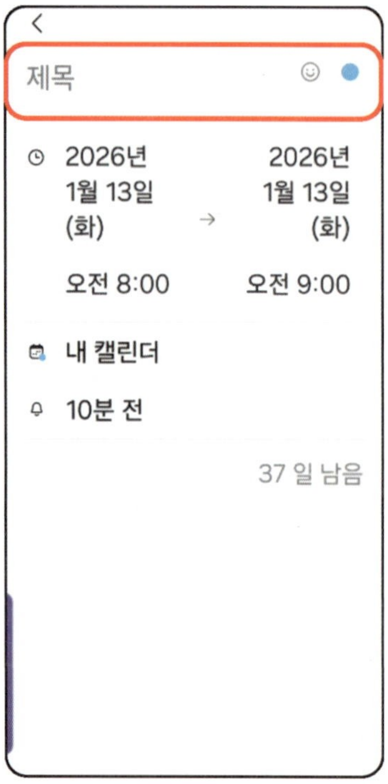

2 제목 입력 창을 눌러요.

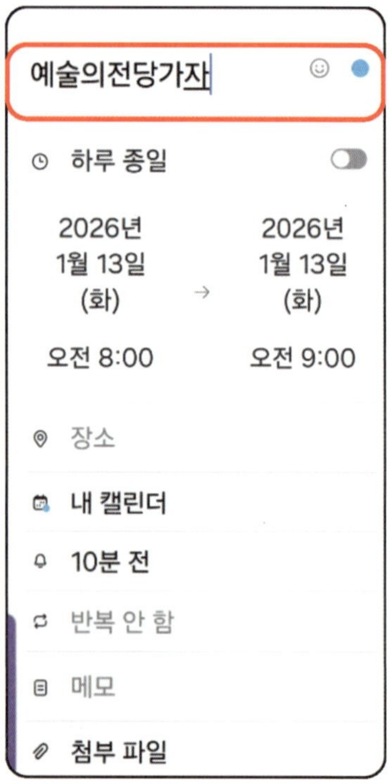

3 일정의 제목을 입력해요.

캘린더 - 일정을 등록해 봐요

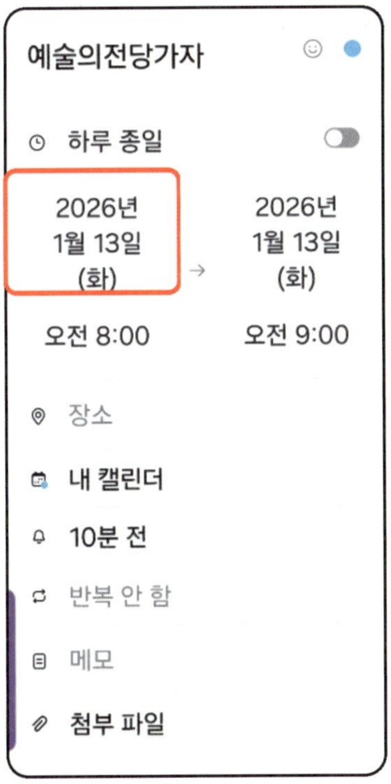

4 날짜를 눌러요.

5 달력에서 원하는 날짜를 눌러요.

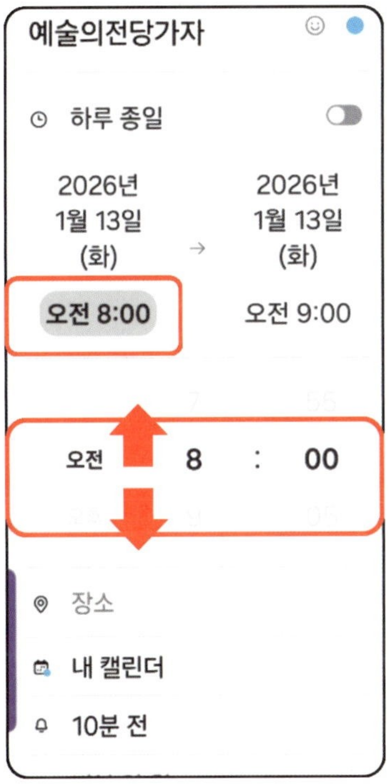

6 시간을 선택 후 '오전/시간/분'을 위,아래로 드래그해서 시간을 선택해요.

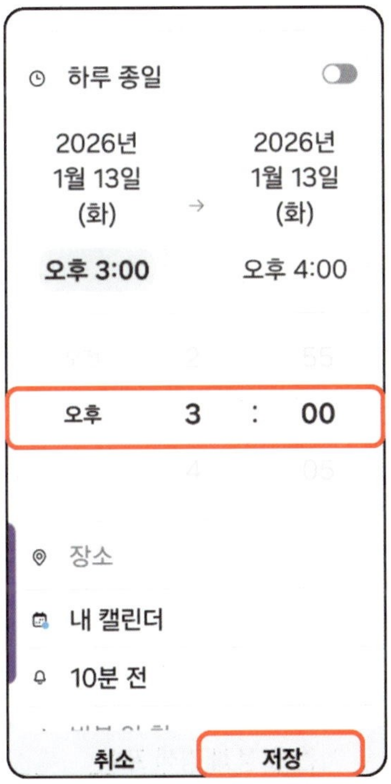

7 시작과 끝의 시간을 정했다면 저장을 눌러요.

8 캘린더에 일정이 추가 되었어요.

9 같은 날에 추가 일정(제목, 시간)을 입력해요.

캘린더 - 글자크기, 음력설정

1 ☰을 눌러요.

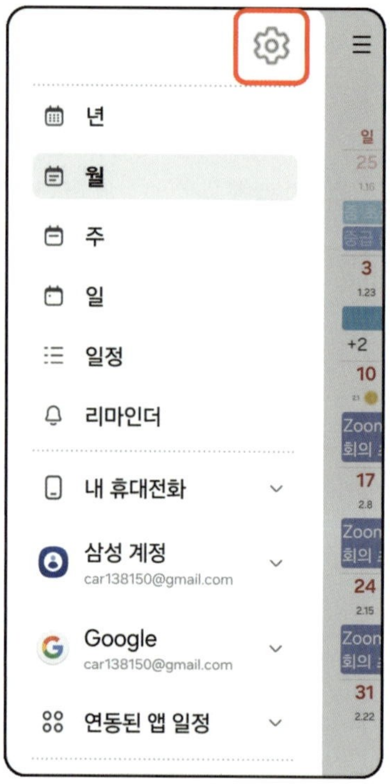

2 ⚙을 눌러요.

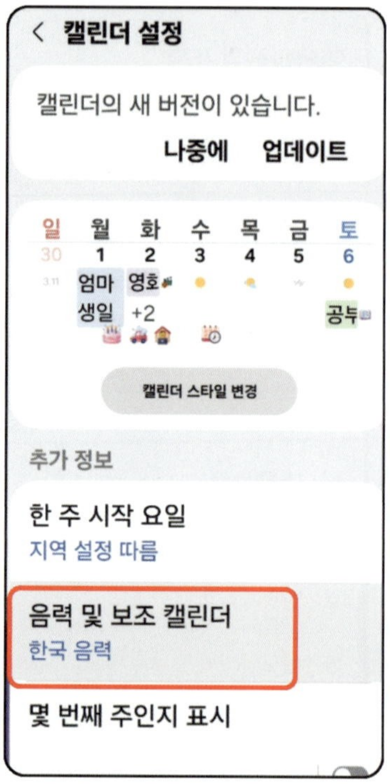

3 음력 및 보조 캘린더를 선택해요.

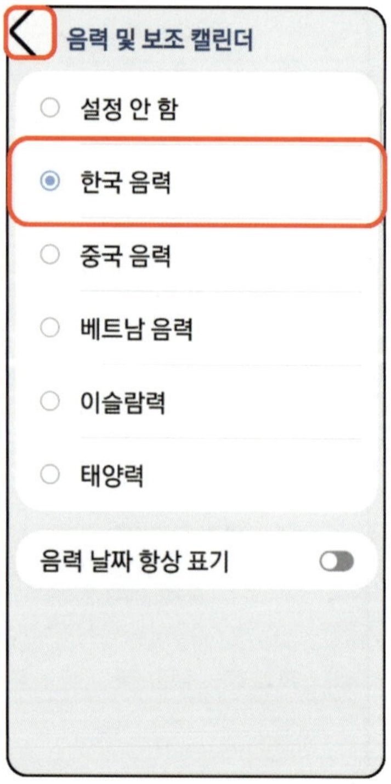

4 한국 음력을 눌러요.

5 〈 를 눌러요.

6 캘린더 스타일 변경을 눌러요.

7 글자크기, 일정 색상을 바꿀 수 있어요. 〈를 눌러 앞으로 돌아옵니다.

캘린더 – 매주 반복되는 일정을 등록해요

1 + 을 눌러요.

2 일정 제목을 쓰고, ∨ 를 눌러 키보드를 내려둡니다.

3 반복 안 함을 눌러요.

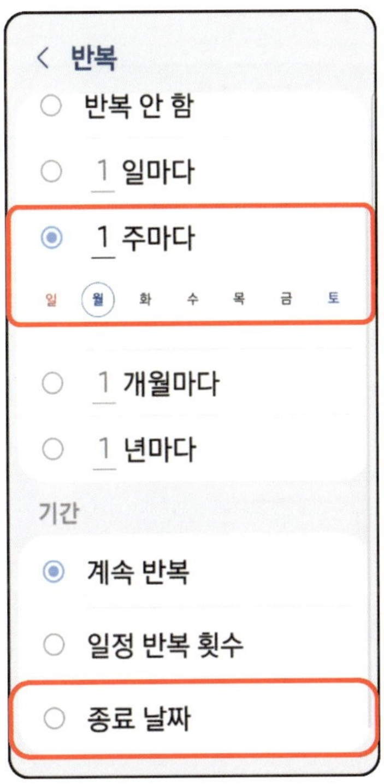

4 1주마다, 요일을 눌러요.

5 종료 날짜를 눌러요.

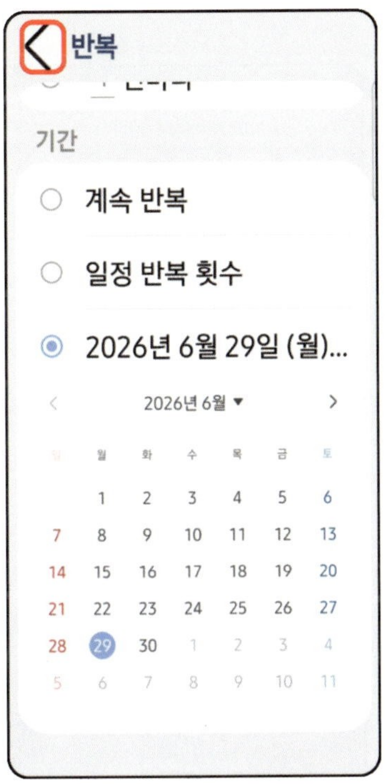

6 종료날짜 확인 후 〈 를 눌러요.

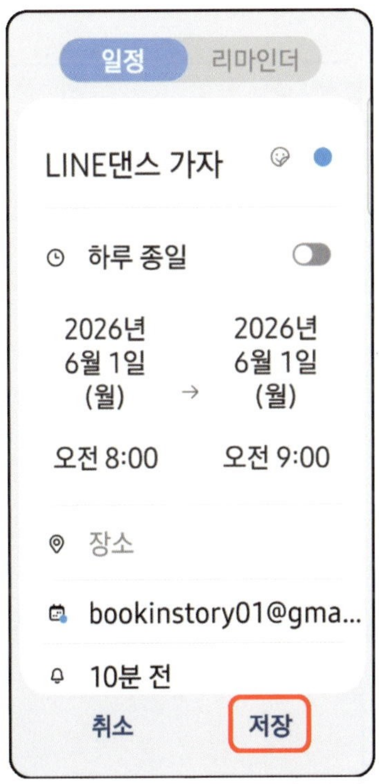

7 저장을 눌러 반복 일정이 등록된 것을 확인합니다.

노트 – 메모해 봐요

삼성노트는 스마트폰에서 전화 메모, 약 복용 일정, 병원 예약, 사진 기록 등을 한 곳에 쉽게 정리할 수 있습니다. 기록한 내용은 자동 저장 됩니다.

1 를 눌러요.

2 제목을 눌러요.

3 일정 제목을 입력 해요.
를 눌러요.

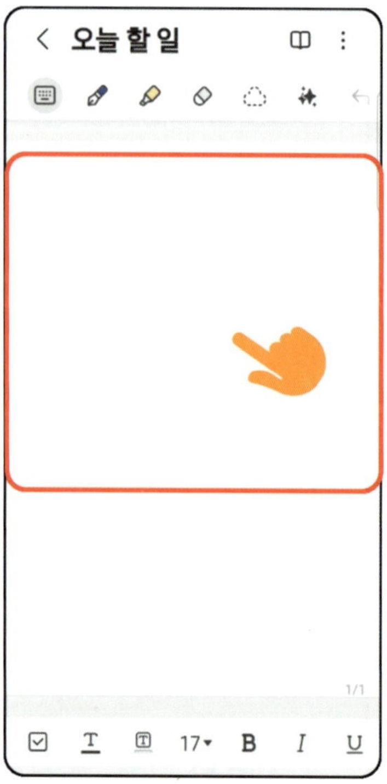

4 빈 공간을 눌러요.

5 를 선택하고 내용을 입력해요.

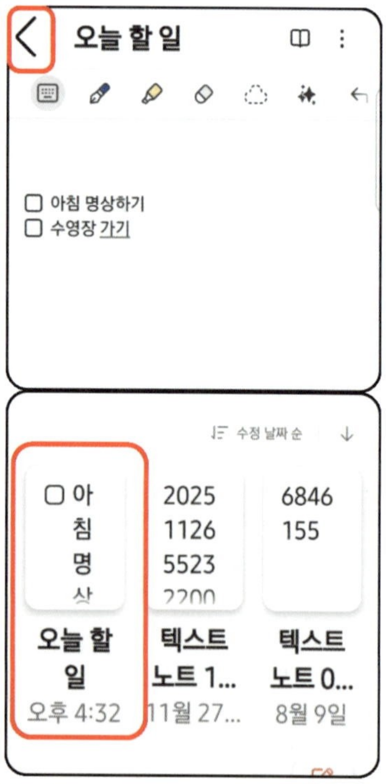

6 를 눌러요. 입력한 내용이 자동 저장됩니다.

노트 - 배경색상을 변경해 봐요

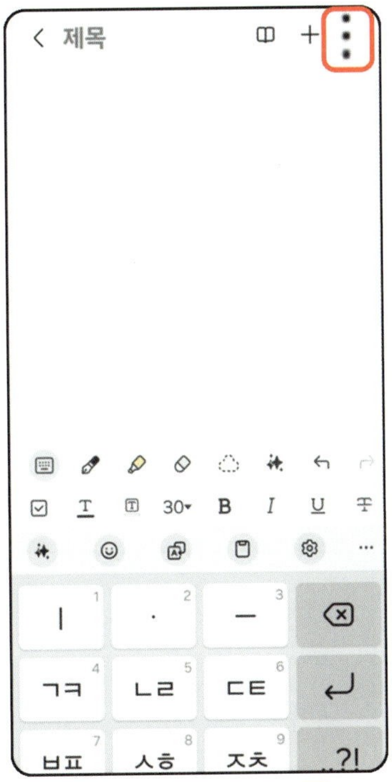

1 새 메모를 연 다음 ⋮ 를 눌러요.

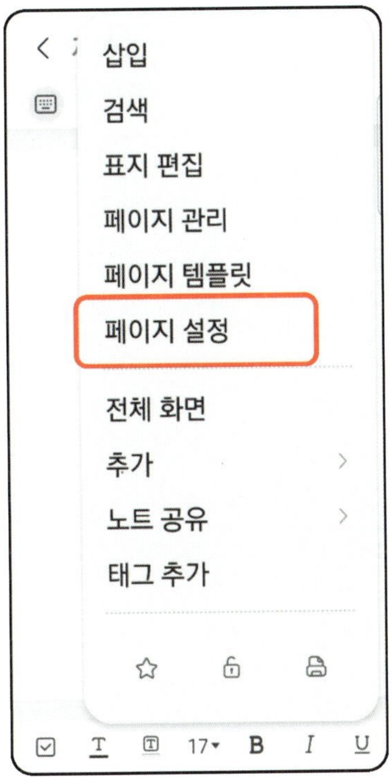

2 페이지 설정을 눌러요.

3 배경 색상을 선택해요.

노트 - 메모삭제하기

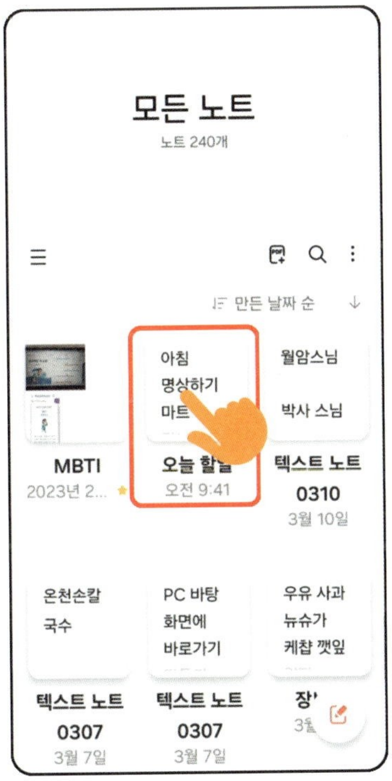

1 삭제할 메모을 꾸~욱 눌러요.

2 체크된 목록을 확인 후 삭제를 눌러요.

3 휴지통으로 이동을 눌러요.

노트 – 사진을 첨부해요

1 새 메모를 연 다음 ＋를 눌러요.

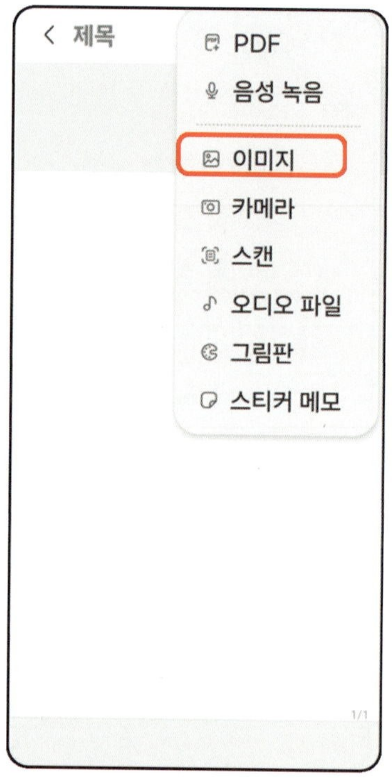

2 이미지를 눌러요.

3 사진 및 동영상을 선택해요.

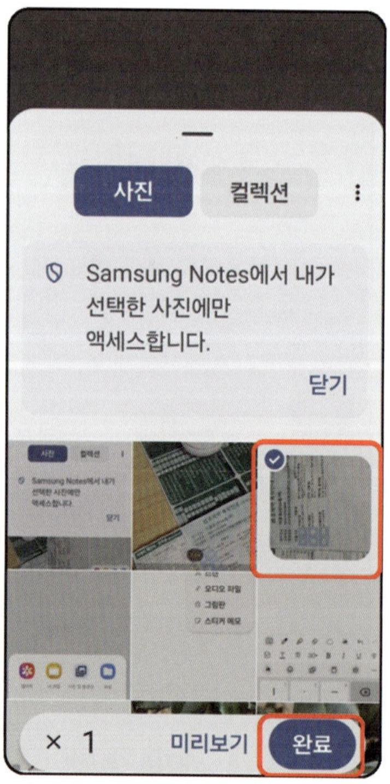

4 사진을 선택하고 완료를 눌러요.

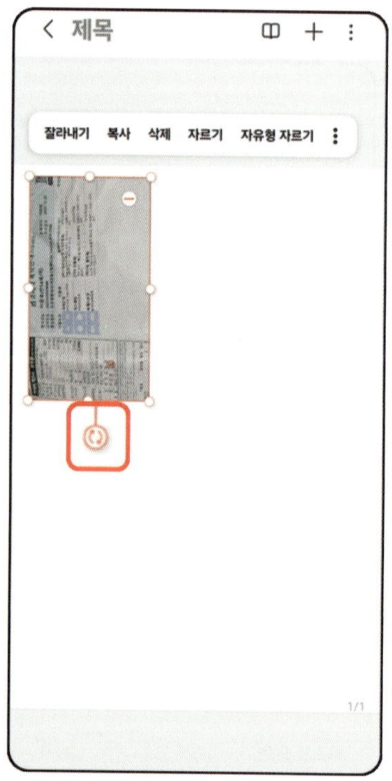

5 삽입된 사진을 수정할 수 있어요. ◎ 상,하,좌,우로 회전하여 이미지의 위치를 고정해요.

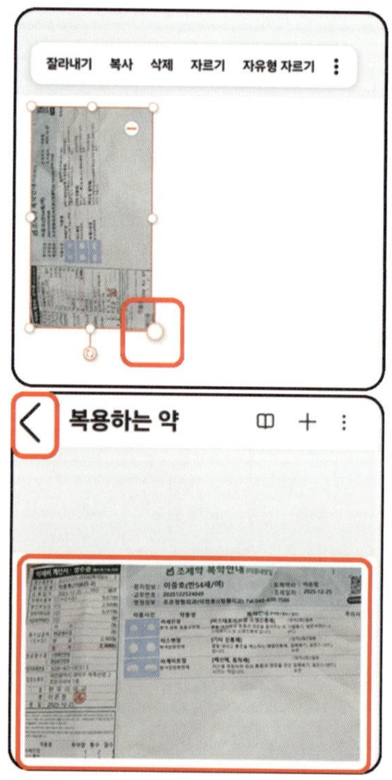

6 ○ 모양을 눌러 크기를 조절해요. ＜를 눌러서 홈으로 돌아가요.

8장
길찾기.지도앱.카카오T

길찾기 - 네이버 지도

네이버 지도앱은 길 찾기, 장소 검색, 대중교통·자동차·도보 안내를 한 번에 할 수 있는 지도 서비스입니다.

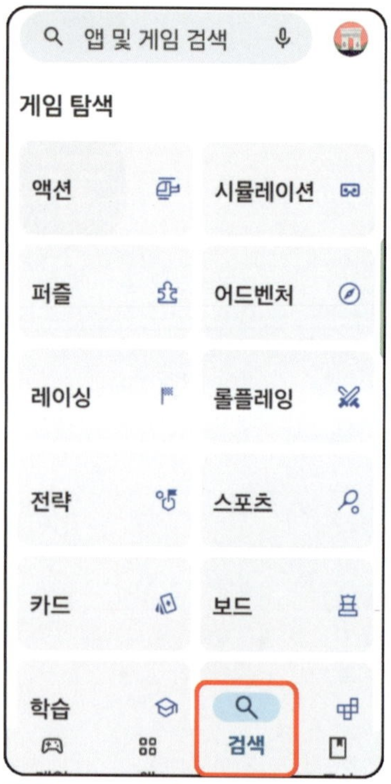

1 에서 을 눌러요.

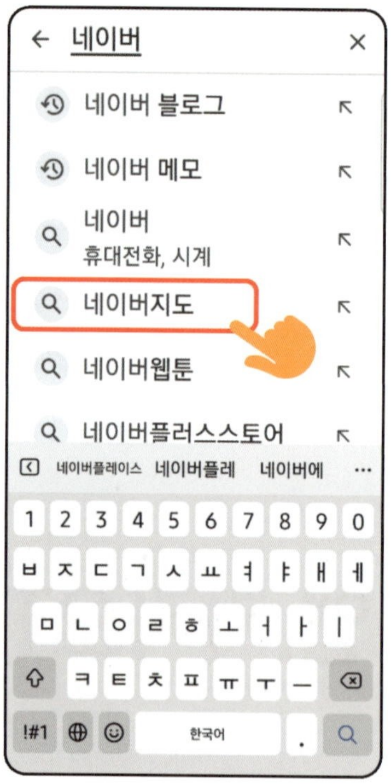

2 네이버입력 후 목록에서 네이버지도 눌러요.

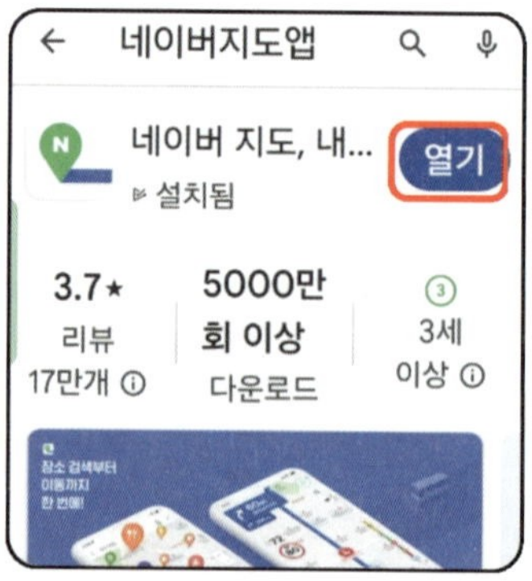

3 설치를 누른 후 열기를 눌러요.

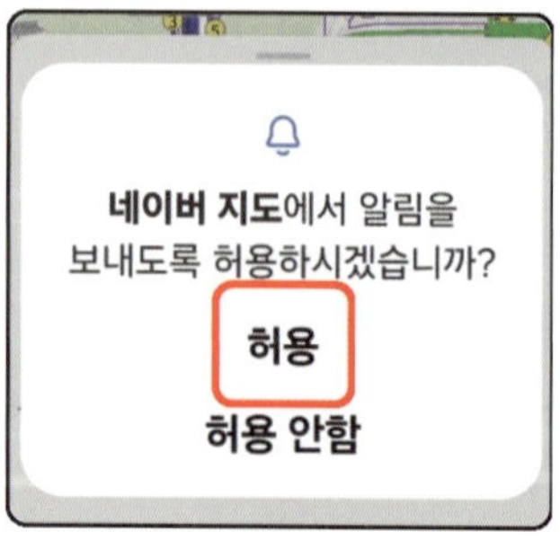

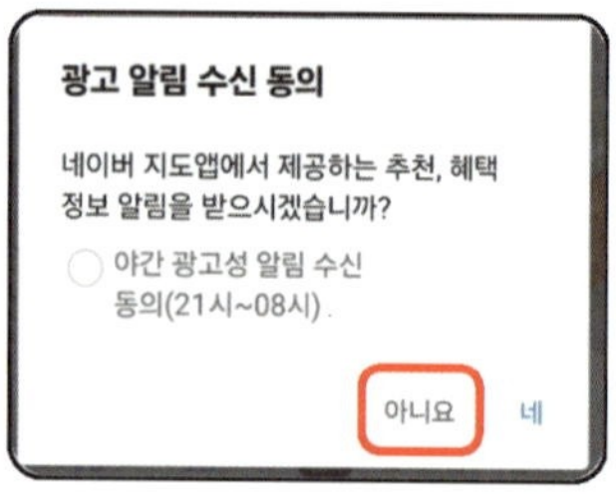

4 네이버 지도가 보내는 알림을 받기 위해 허용을 눌러주세요.

5 앱 사용 중에만 허용 눌러요.

6 야간에는 광고 알림을 받지 않기 위해서 아니오를 눌러주세요.

7 광고문을 더이상 보지 않으려면 다시 보지 않기를 누르고 닫기를 눌러요.

길찾기 – 네이버 지도

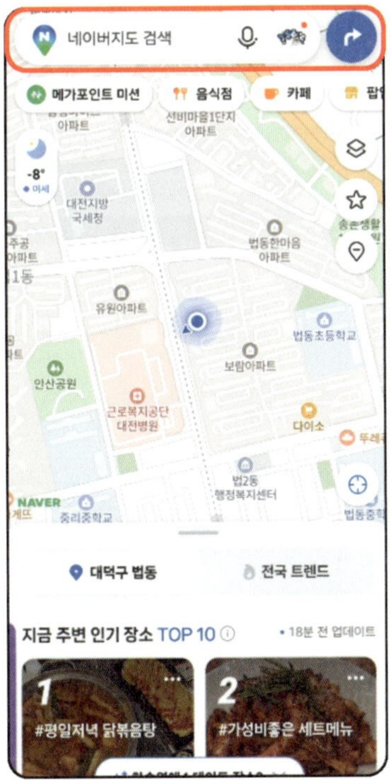

1 검색창에 목적지를 입력해요.

2 목적지를 입력 후 목록에서 선택해요.

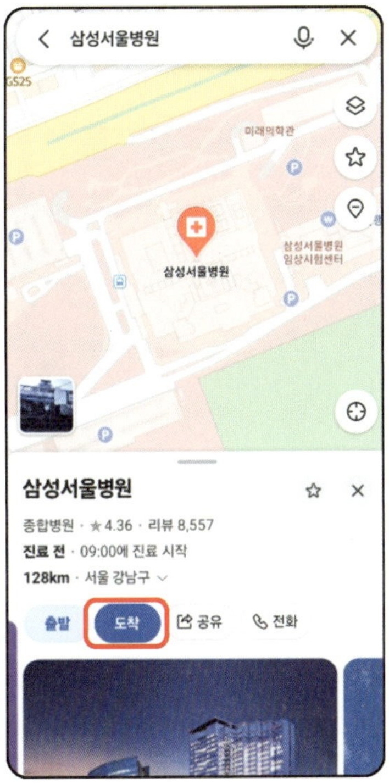

3 도착을 눌러요.

4 출발지와 목적지를 확인 후 (24분 버튼)를 눌러요.

5 교통편 목록을 확인해요.

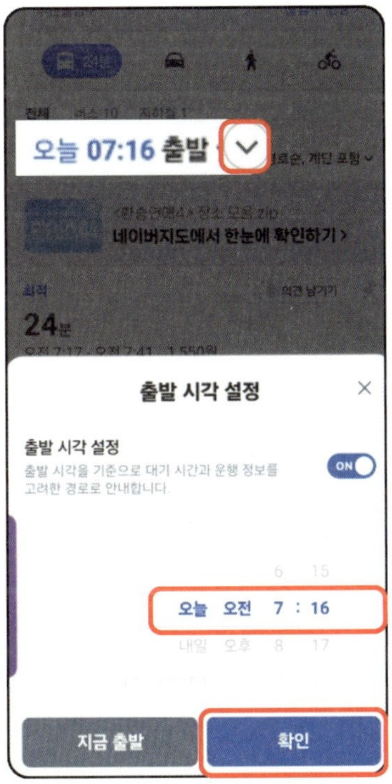

6 출발시간 옆의 (∨)를 선택하면 출발 시각을 설정할 수 있어요. 확인 눌러요.

7 추천 교통편 아래 바로 안내시작을 눌러요.

길찾기 - 네이버 지도

네이버 지도앱은 소리로 환승할 때, 내릴 때 목소리로 알려줍니다.
소리 크기를 미리 확인하세요.

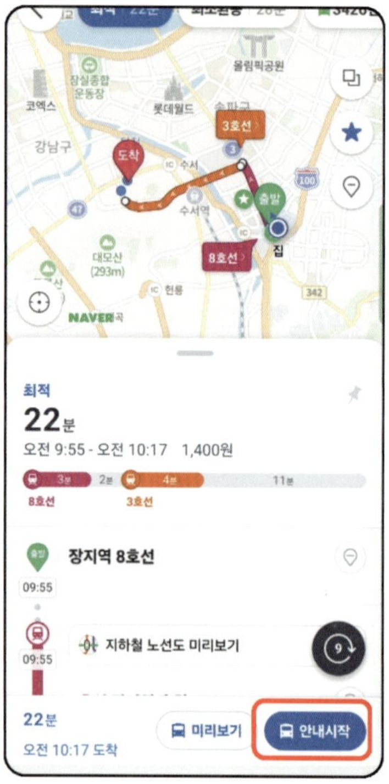

8 안내시작을 눌러요.

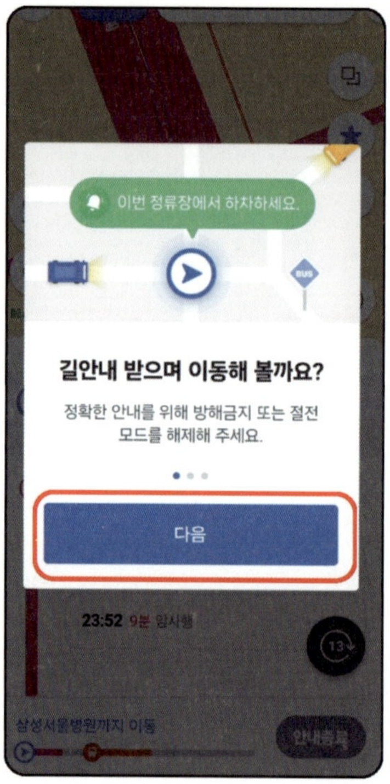

9 다음을 눌러요.

10 (—)을 눌러 위로 올려 보세요. 대중교통 경로를 자세히 볼 수 있어요.

11 목적지를 눌러요. .

12 파란색 점을 따라 목적지까지 걸어가요.

만약 지도의 글씨가 작아서 잘 보이지 않는다면, 지도 위에 두 손가락으로 폈다(화면확대) 오므리면(화면축소)됩니다.

13 소리로 경로를 알려줍니다. 혹시 (음소거 아이콘) 로 되어 있다면 한번 더 눌러서 켜주세요.

길찾기 - 카카오맵

카카오맵은 카카오톡을 통해 회원가입이 간편합니다.
아래 순서를 차례대로 따라가 보시겠어요? 목적지까지 쉽게 찾아가도록 안내합니다.

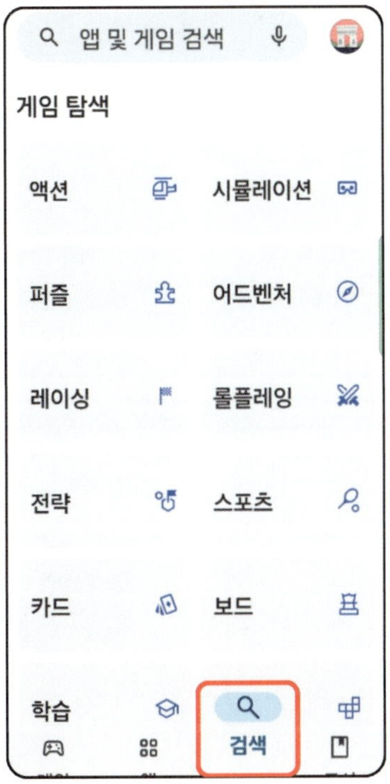

1 에서 을 눌러요.

2 목록에서 '카카오맵'을 눌러요.

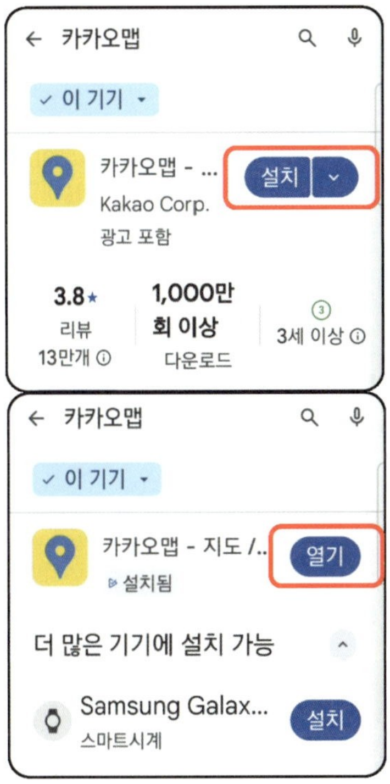

3 설치를 누른 후 열기를 눌러요.

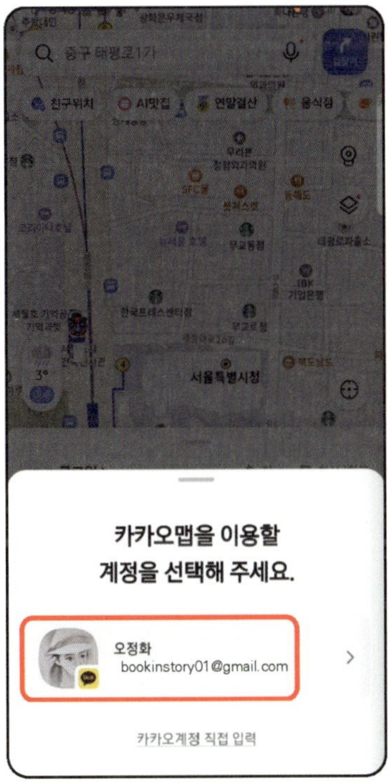

4 계정을 선택해요.

5 알림은 허용, 위치 정보는 앱 사용 중에만 허용을 눌러요.

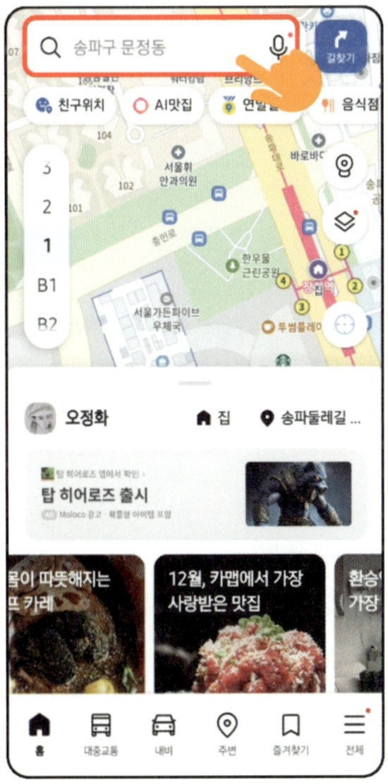

6 검색창을 눌러요.

길찾기 - 카카오맵

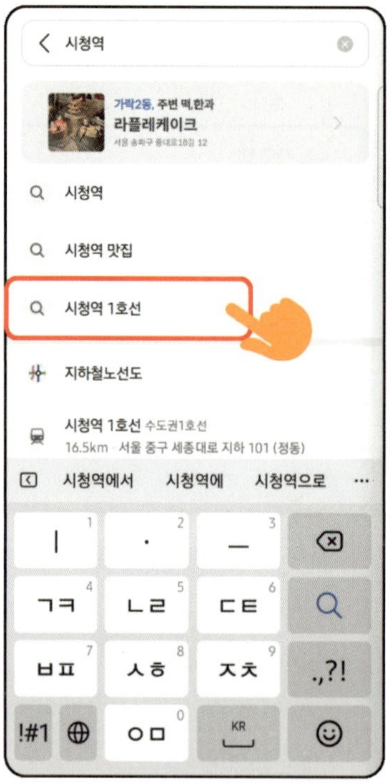

7 목적지를 입력 후 목록에서 선택해요.

8 연관 목록 중에서 목적지를 최종 선택해요.

9 도착을 눌러요.

10 안내시작을 눌러요.

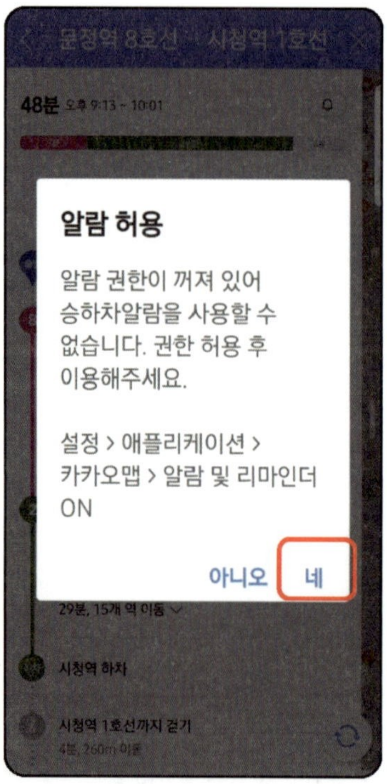

11 알람 권한을 허용 요청에 네를 눌러요.

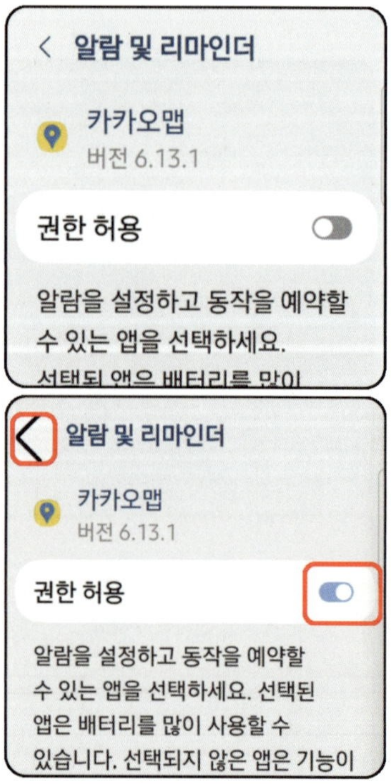

12 권한 허용 버튼을 켜고, < 를 눌러요.

길찾기 – 카카오맵

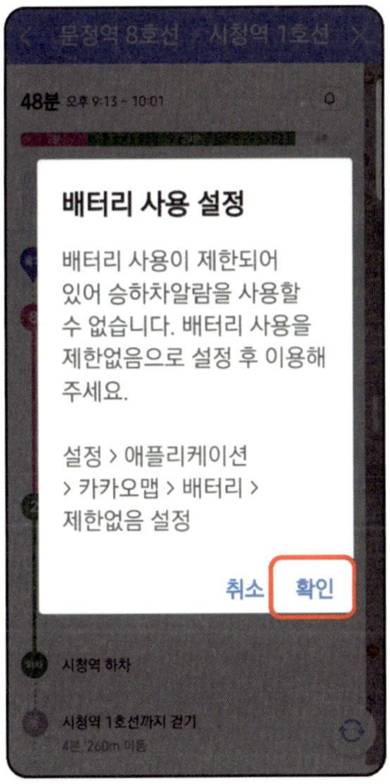

13 확인을 눌러요.

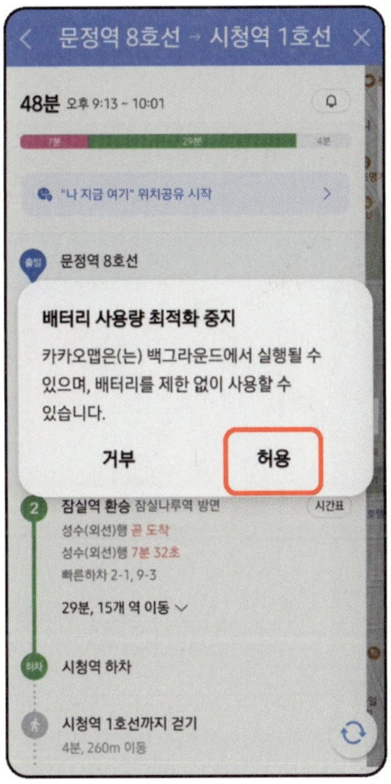

14 허용을 눌러요.

15 닫기를 눌러요.

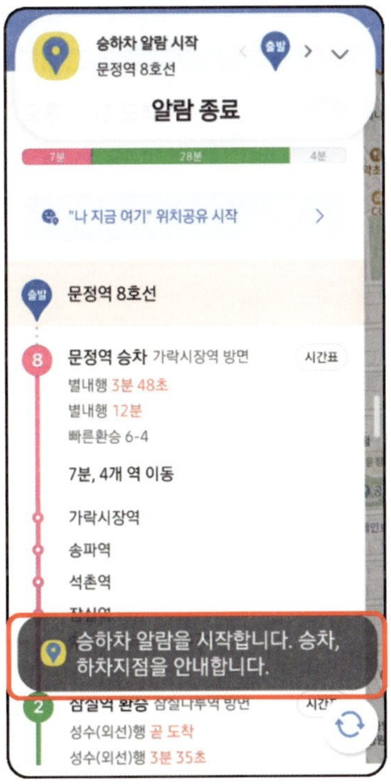

16 승하차 알림을 시작한다는 메시지가 나옵니다.

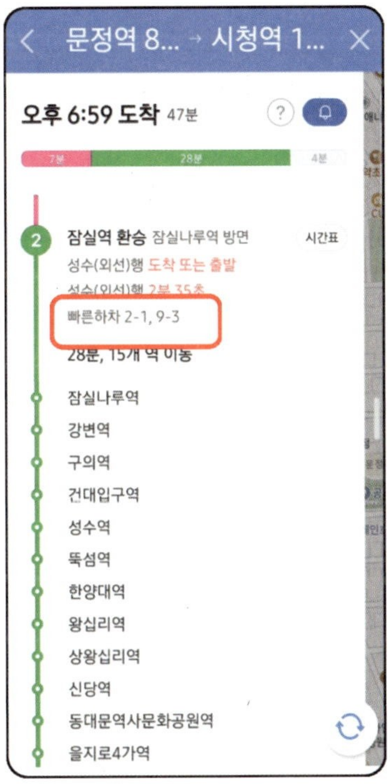

17 빠른 환승과 하차를 위한 탑승위치를 알려 줍니다.

18 하차 위치와 도보 시간을 알려줍니다.

길찾기 - 카카오맵

카카오맵 길찾기에서 신체활동 허용 요청은 실시간 위치 기반 서비스의 정확성과 앱의 원활한 기능 제공을 위한 필수 조건이라고 합니다.

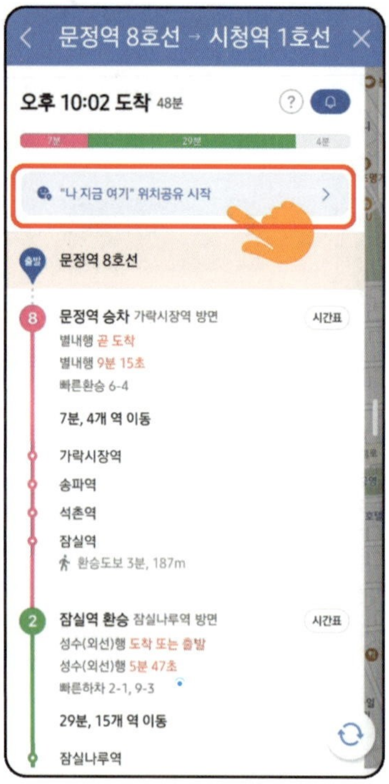

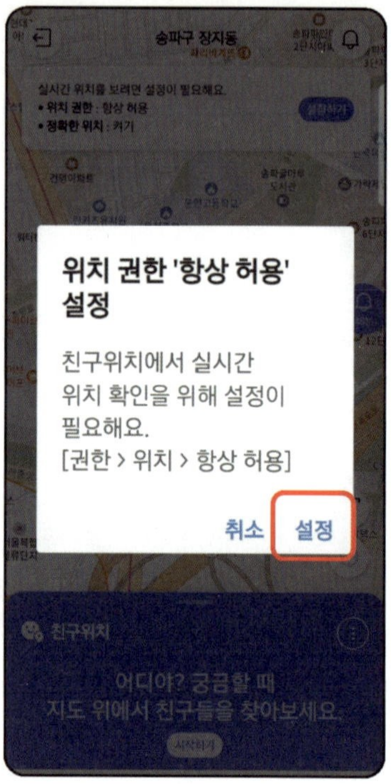

1 "나 지금 여기"위치공유 시작을 눌러요.

2 X를 눌러요.

3 설정을 눌러요.

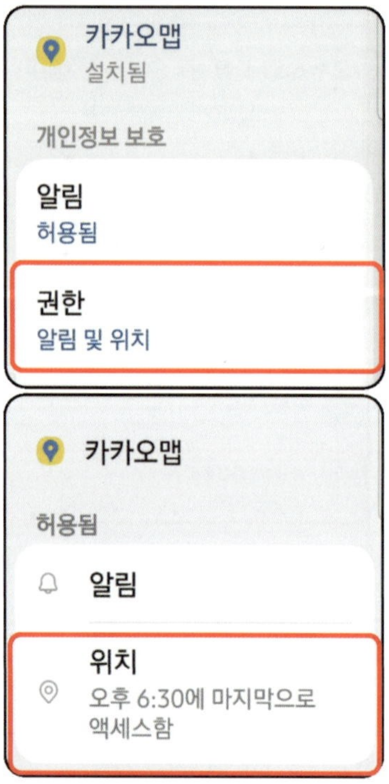

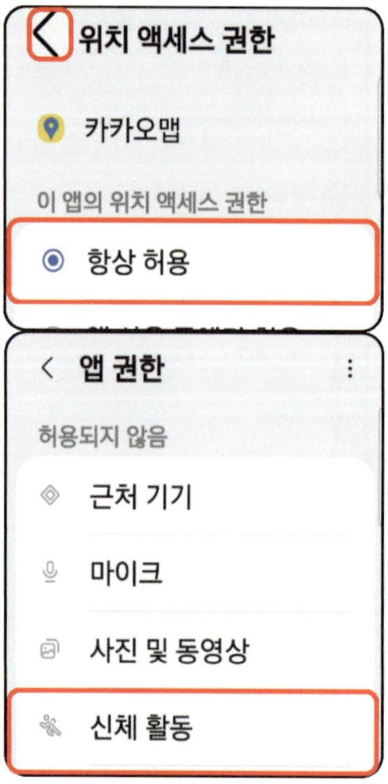

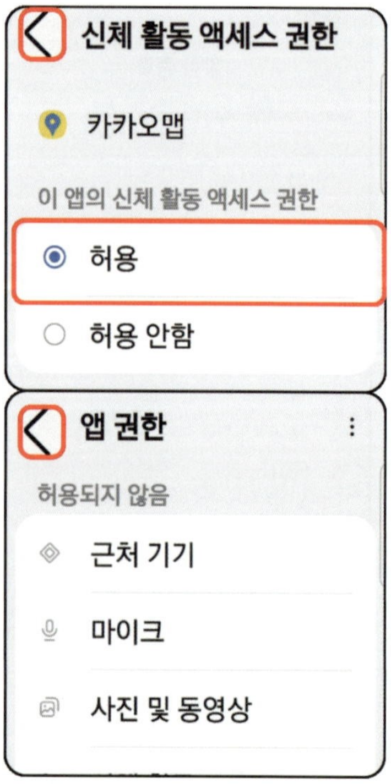

4 권한을 눌러요.

5 위치를 눌러요.

6 항상 허용을 눌러요.

7 신체 활동을 눌러요.

8 허용을 선택 후 〈 를 눌러요. 〈 를 두 번 더 눌러주세요.

길찾기 – 카카오맵

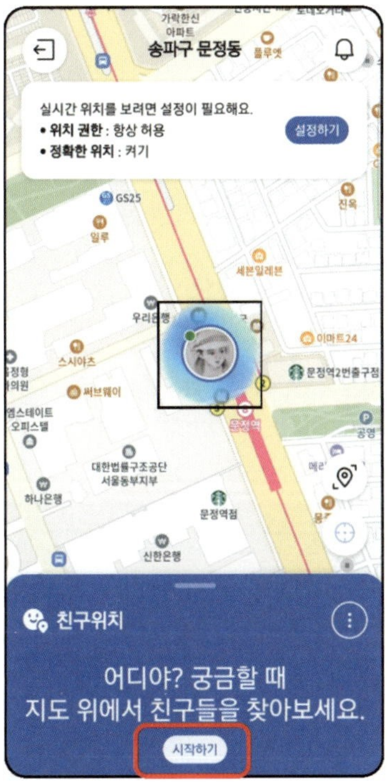

1 시작하기를 눌러요.

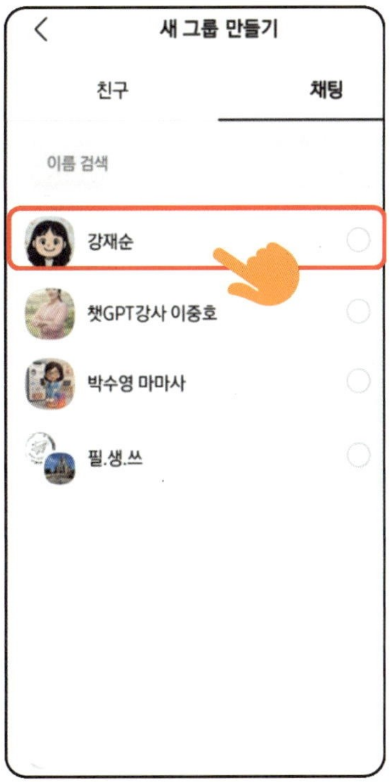

2 공유할 대상을 선택해요.

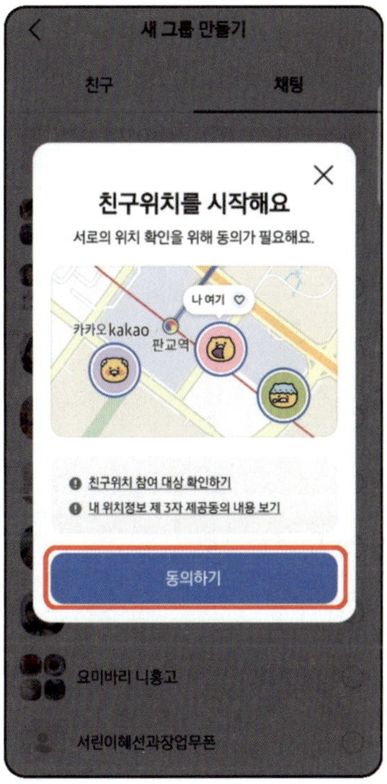

3 동의하기를 눌러요.

4 저장하고 초대 메시지 보내기를 눌러요.

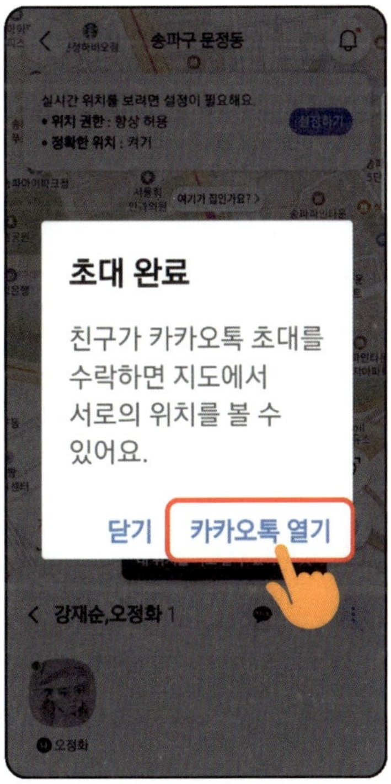

5 카카오톡 열기를 눌러요. 친구가 초대를 수락해야 해요.

6 초대한 친구가 나의 위치를 확인할 수 있습니다.

카카오T – 집에서 편하게 택시 호출하기

카카오T앱은 스마트폰으로 택시를 직접 호출하고 출발지·도착지를 미리 지정해 이용할 수 있는 앱입니다. 길에서 택시를 잡지 않아도 됩니다.

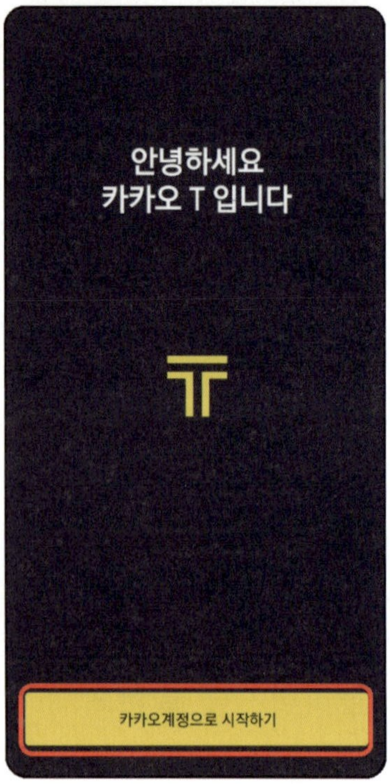

1 카카오계정으로 시작하기 눌러요.

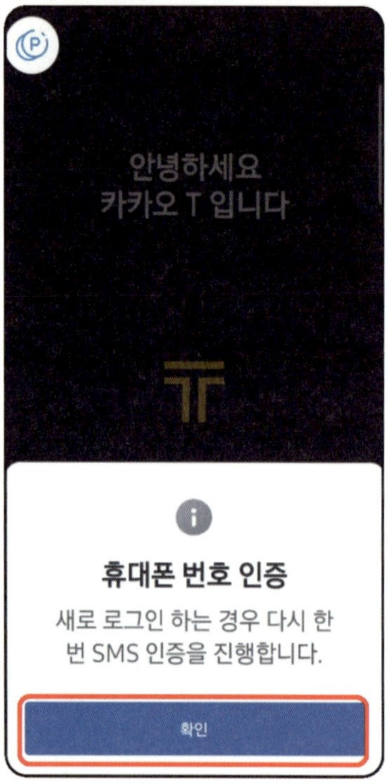

2 확인을 눌러요.

3 휴대폰 번호를 입력 후 다음을 눌러요.

4 문자메시지로 발송된 인증번호를 입력해요.

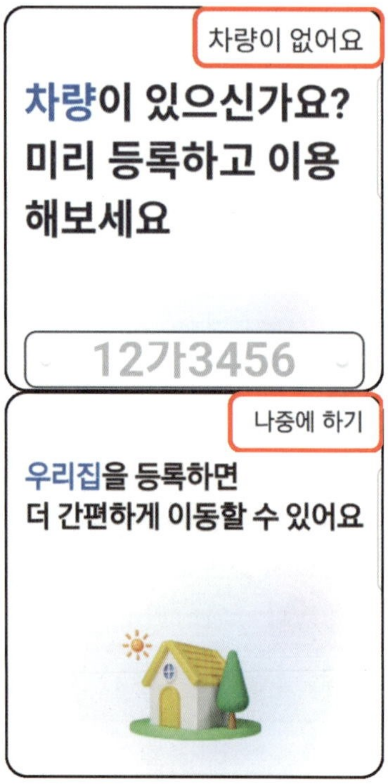

5 차량이 없어요, 나중에 하기를 눌러요.

6 이동할 때를 누르고, 택시를 눌러요.

카카오T - 집에서 편하게 택시 호출하기

택시가 연결되면 택시번호, 기사님의 사진, 기사님에게 전화하기를 확인할 수 있습니다. 탑승할 때 꼭 택시 번호를 확인해주세요.

1 출발지로 설정을 눌러요.

2 목적지를 입력 후 목록에서 선택하세요.

3 탑승 위치를 확인하고 확인을 눌러요.

4 일반호출을 눌러요.

5 결제수단 선택을 눌러요.

6 화면을 위로 드래그 하여 다른 결제수단을 눌러요.

카카오T – 택시 호출 하기 / 호출 취소하기

호출 후 즉시 배차되니 택시 호출은 신중하게 선택하여야 합니다.
택시를 호출한 후 부득이하게 취소해야 할 경우 취소사유를 등록해야 합니다.

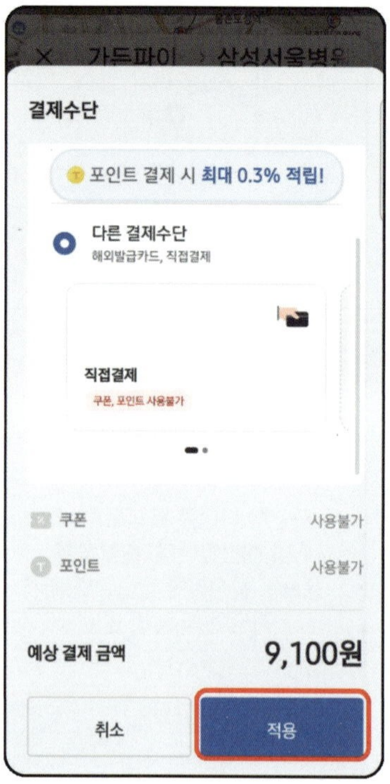

7 적용을 눌러요.

8 호출하기 눌러요.

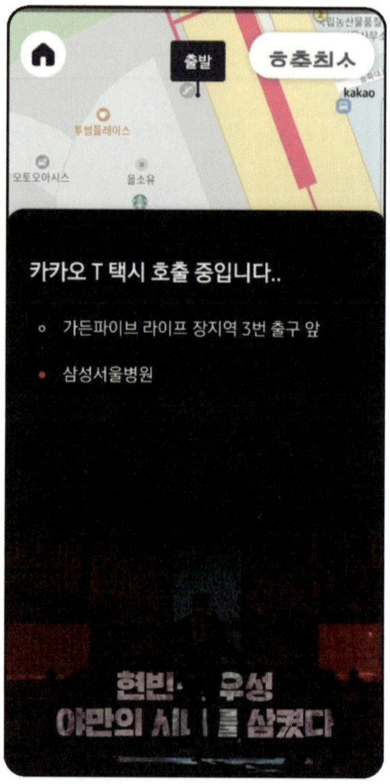

9 택시가 호출 중입니다.

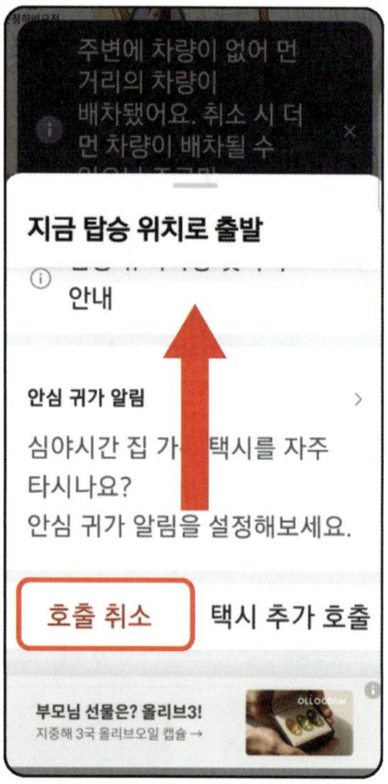

10 화면을 위로 드래그 하세요. 호출 취소를 눌러요.

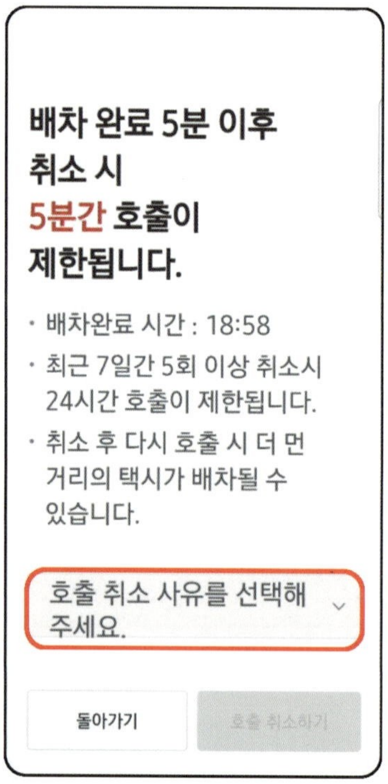

11 호출 취소 사유를 선택해 주세요.

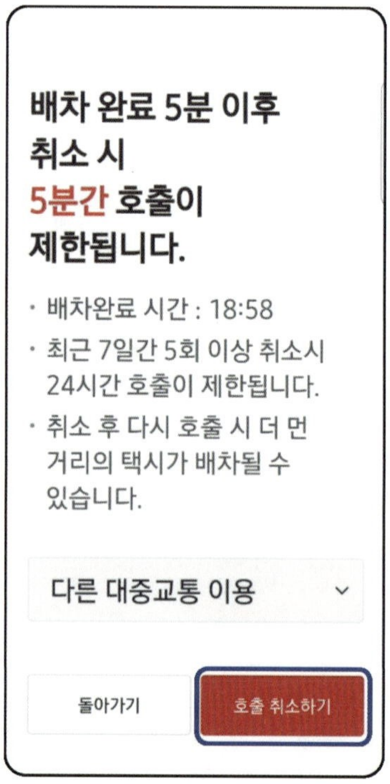

12 호출 취소하기를 눌러요.

9장
키오스크

키오스크란 무엇인가요?

키오스크는 터치스크린을 통해 정보를 얻고 상품을 주문하거나 구매할 수 있는 기기입니다. 주로 음식점, 카페, 영화관, 은행, 병원 등 다양한 곳에서 사용됩니다.

사용 방법은 화면에 표시되는 안내에 따라 진행하면 됩니다.

먼저 시작 버튼을 터치하고, 원하는 메뉴를 선택합니다. 추가 옵션(사이즈나 수량 등)을 선택 후 결제를 하면 됩니다.

바코드를 스캔하거나 카드 또는 현금을 투입하여 결제를 완료할 수 있습니다.

조금씩 연습하면서 익숙해지시면 더욱 쉽게 사용하실 수 있을 거예요!

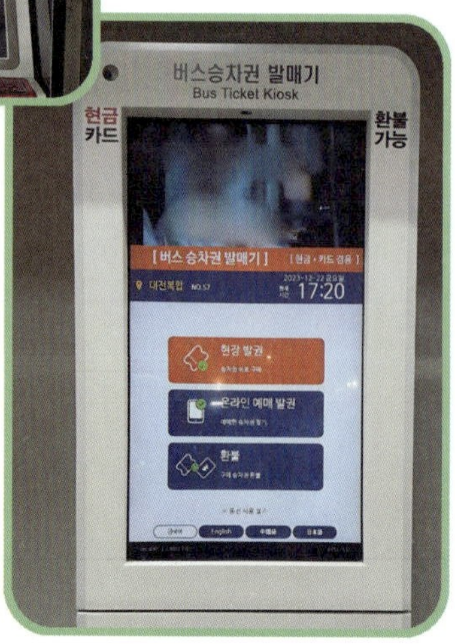

에프엔제이 kiosk

화면을 터치해서 스스로 주문하거나, 신청할 수 있게 만든 앱입니다.
예) 햄버거, 영화관, 병원, 카페, 공항에서 접수할 때

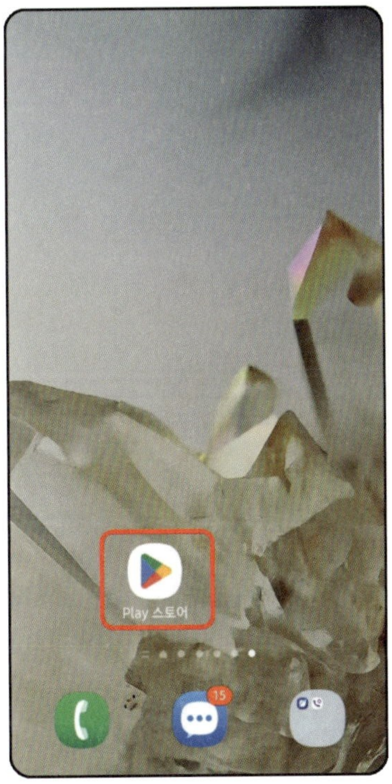

1 플레이스토어를 눌러요.

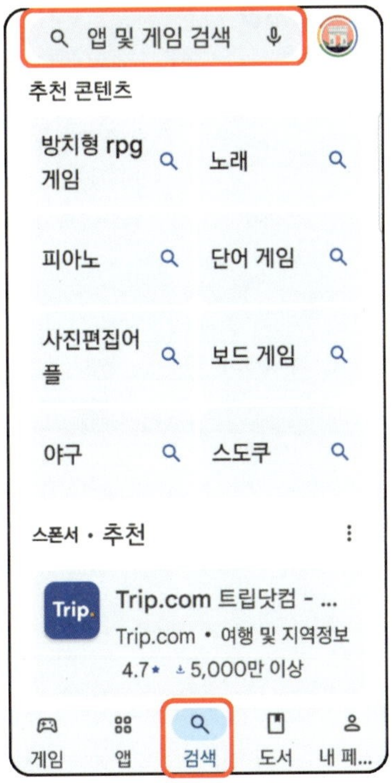

2 검색탭을 눌러요.
3 앱 및 게임 검색을 눌러요.

4 에프앤제이 키오스크를 눌러요.

5 설치를 눌러요. 설치가 끝나면 열기를 눌러요.

6 돋보기를 누르고 화면을 누르면 돋보기가 나와요.

7 돋보기를 손가락으로 이동하면 큰 글자로 볼 수 있어요.

7 돋보기를 다시 눌러 돋보기를 닫아요.

에프엔제이 kiosk - 테이블 오더

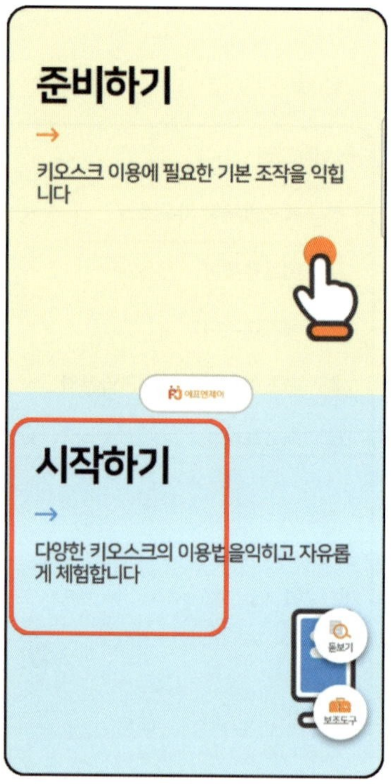

1 시작하기를 눌러요.

2 테이블오더를 눌러요.

홈: 선택한 키오스크의 첫화면으로 돌아가요.
홈 화면 한 번 더 누르면 키오스크의 첫화면으로 돌아가요.

뒤로: 이전화면으로 되돌아 가요.

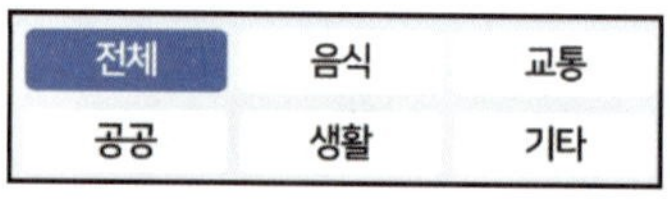

키오스크 종류를 구분했습니다.
각 이름을 누르면 연관된 키오스크만 따로 볼 수 있어요.

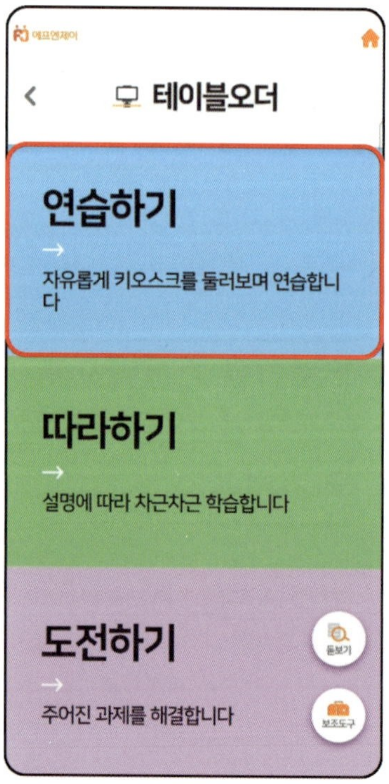

3 연습하기를 눌러요. 자유롭게 연습하기 모드입니다.

4 터치하여 시작하기를 눌러요.

5 화면을 위아래로 드래그해요. 음식을 선택해요.

에프엔제이 kiosk - 테이블 오더

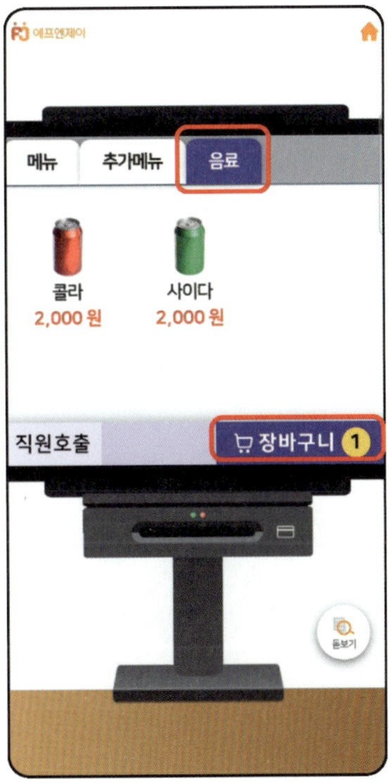

6 +/- 를 눌러 수량을 정해요. 장바구니 담기를 눌러요.

7 음료탭도 눌러 선택해요. 장바구니를 눌러요.

8 결제하기를 눌러요.

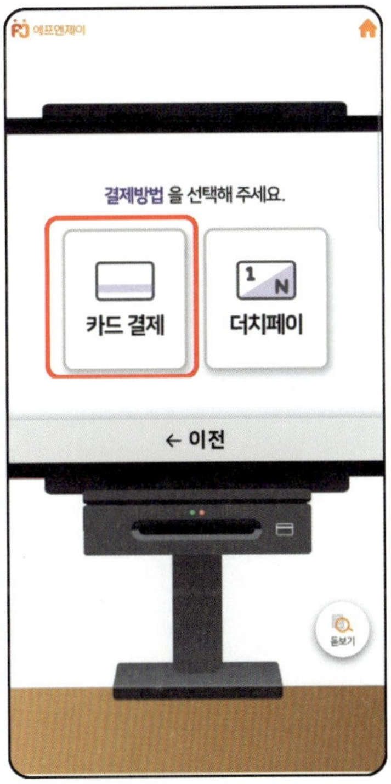

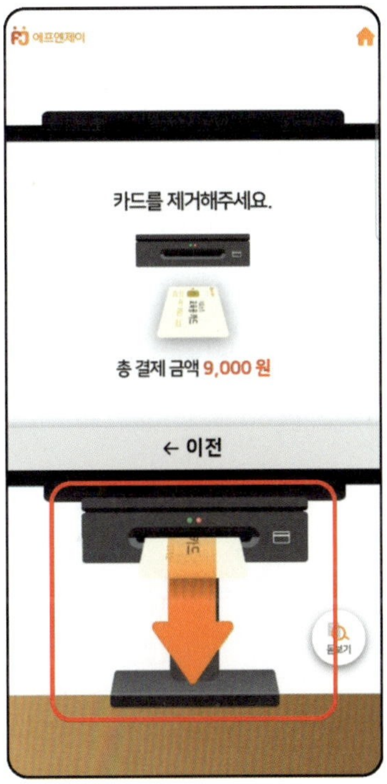

9 결제방법 중 카드 결제를 눌러요.

10 화면의 카드를 밀어요.

11 화면의 카드를 화살표 방향으로 뺍니다.

"주문이 완료 되었습니다" 라는 메시지가 나옵니다. 확인을 눌러 또 연습해 보세요.

에프엔제이 kiosk - 공항

공항에서 셀프 체크인 기계를 이용하여 간편하게 비행기 좌석 선택 및 항공 발권을 할 수 있습니다.

1 공항을 눌러요.

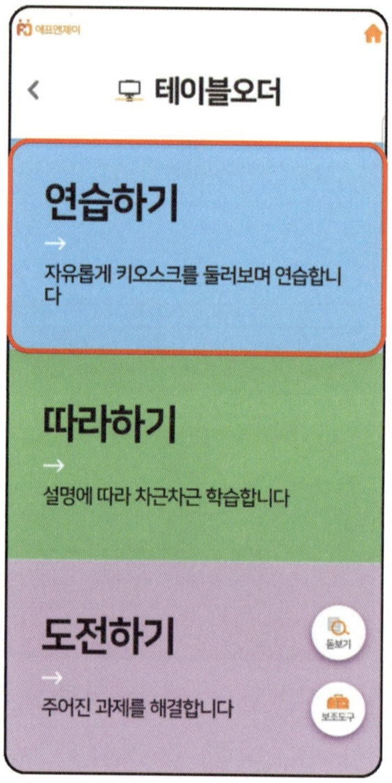

2 연습하기를 눌러요.

3 터치하여 시작하기를 눌러요.

4 항공사(예시)를 선택해요.

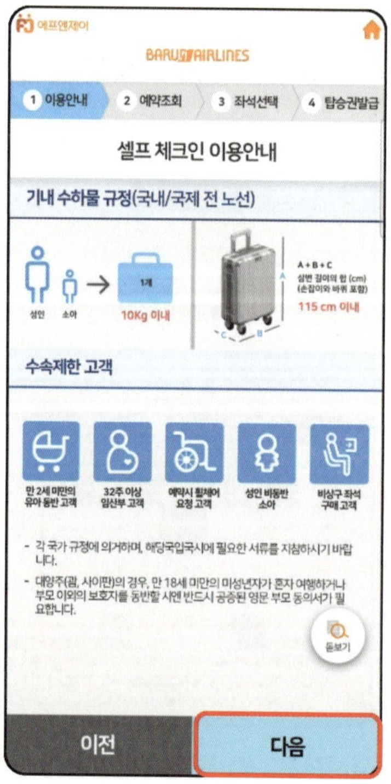

5 규정을 잘 읽어본 후 다음을 눌러요.

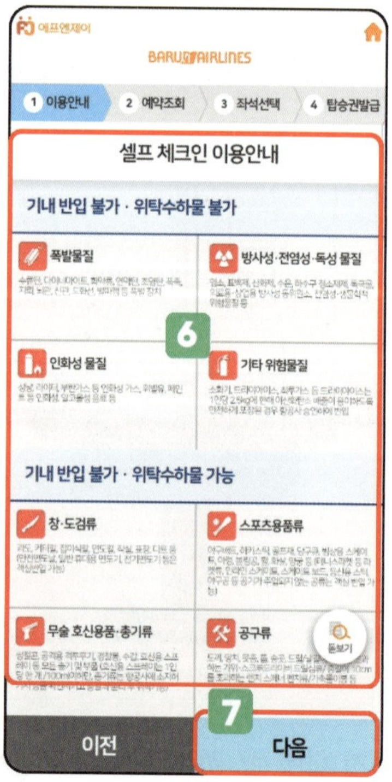

6 이용안내를 읽어보아요.
7 다음을 눌러요.

에프엔제이 kiosk - 공항

8 예약 조회를 위해 여권스캔을 눌러요.

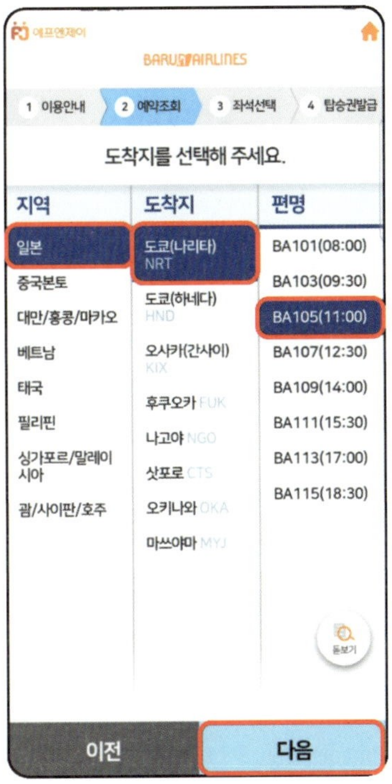

9 도착지 선택 후 다음을 눌러요.

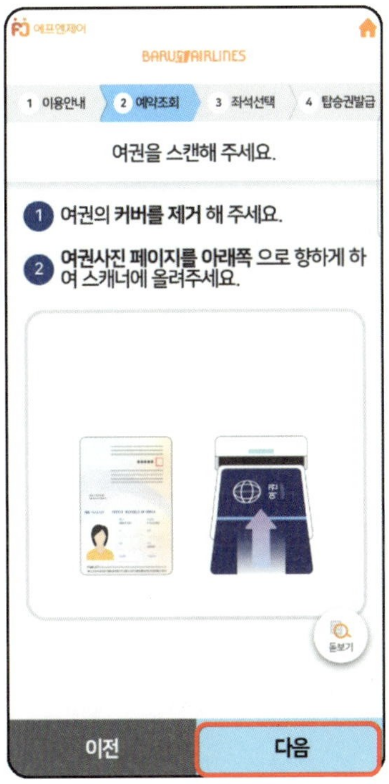

10 여권의 방향을 확인하고 다음을 눌러요.

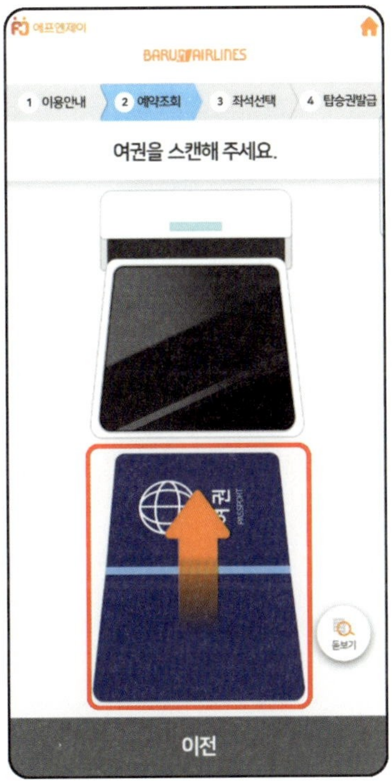

11 화살표 방향으로 여권을 밀어넣고 2초간 기다려 주세요.

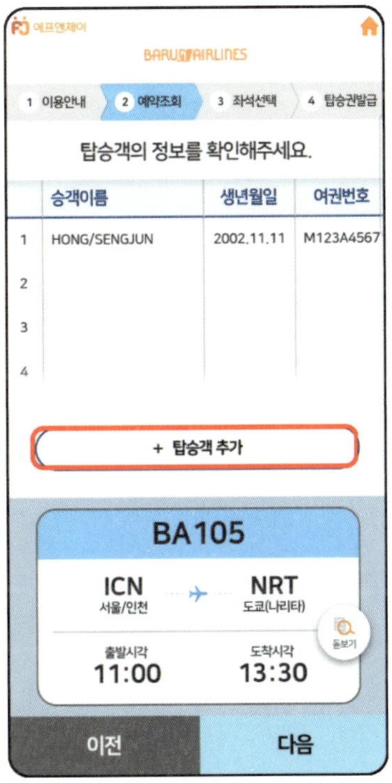

12 탑승객 추가를 눌러요. 다른 여권을 밀어넣어요.

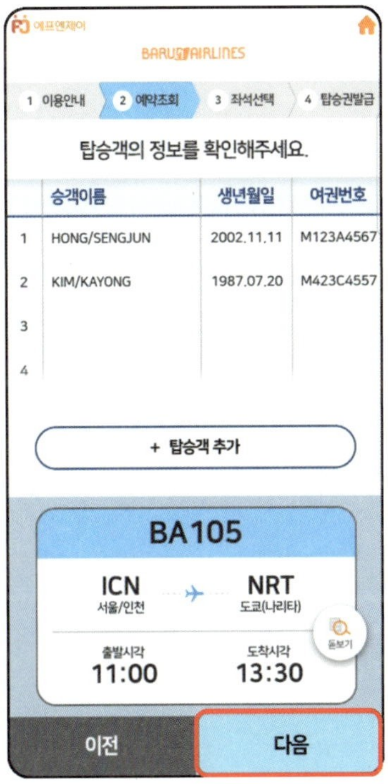

13 다음을 눌러요.

에프엔제이 kiosk – 공항

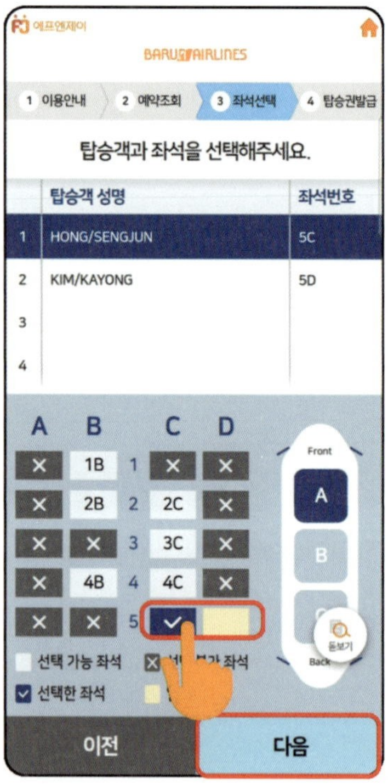

14 좌석을 선택해요. 탑승객 옆에 좌석번호가 생겼어요. 다음을 눌러요.

15 항공권이 발권됩니다.(실제는 인쇄되어 나옵니다.) 닫기를 눌러요.

16 주요 내용을 확인 후 종료를 눌러요.

17 공항 연습 홈으로 돌아옵니다.

에프엔제이 kiosk - 카페

카페를 체험할 수 있는 키오스크 화면입니다.

1 카페를 선택해요.

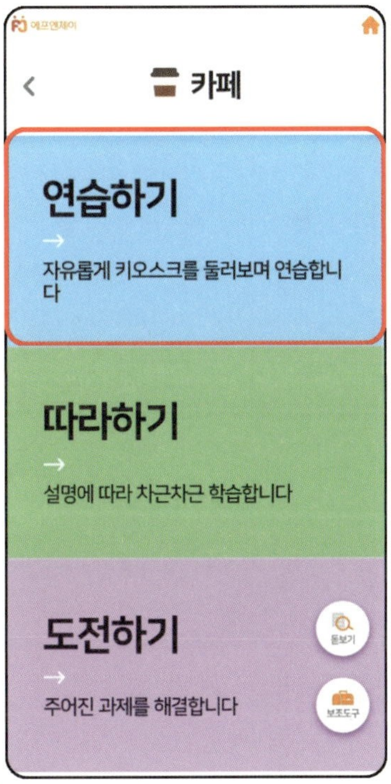

2 연습하기를 눌러요.

3 터치하여 시작하기를 눌러요.

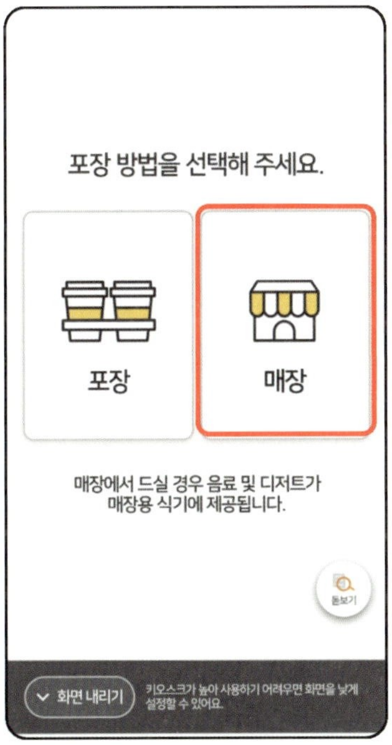

4 매장을 선택해요.

5 아메리카노를 선택해요.

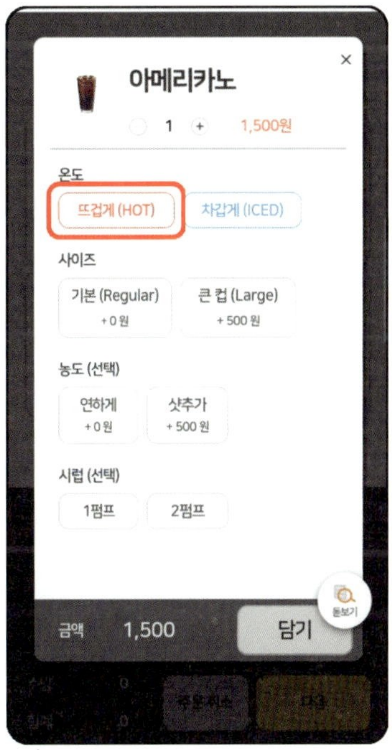

6 온도는 뜨겁게를 선택해요.

에프엔제이 kiosk - 카페

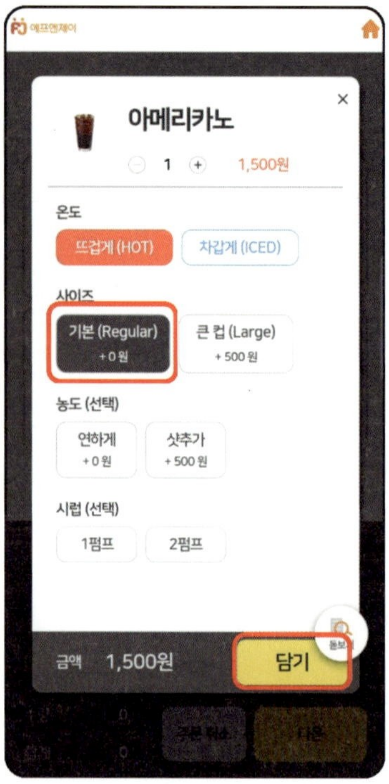

7 사이즈는 기본 누르고 담기 눌러요.

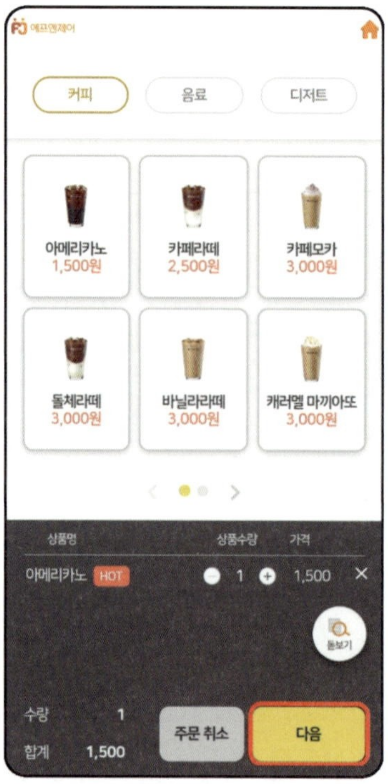

8 주문내용 확인 후 다음 눌러요.

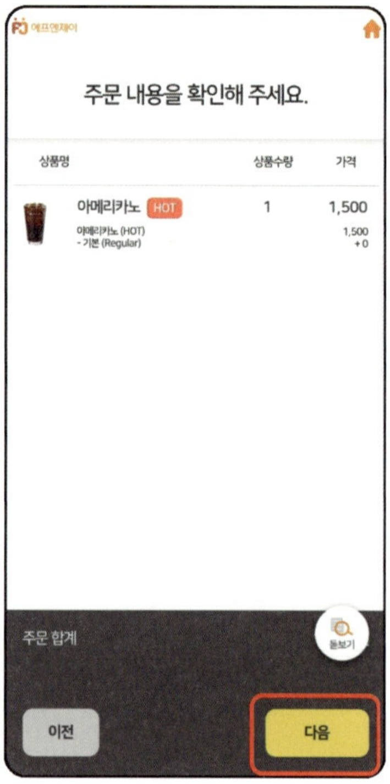

9 이전을 눌러서 더 주문할 것이 없다면 다음 눌러요.

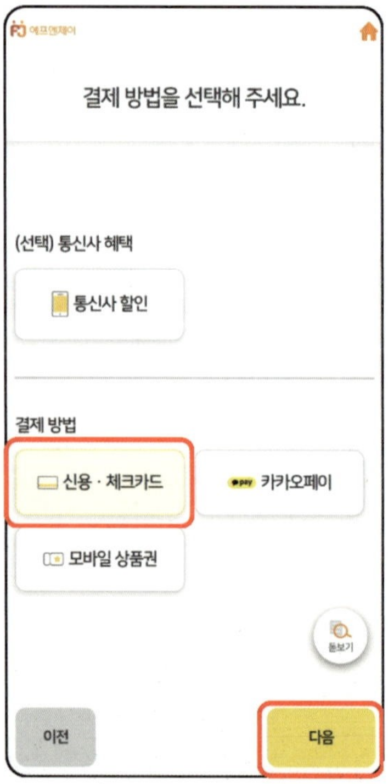

10 신용.체크카드 선택 후 다음 눌러요.

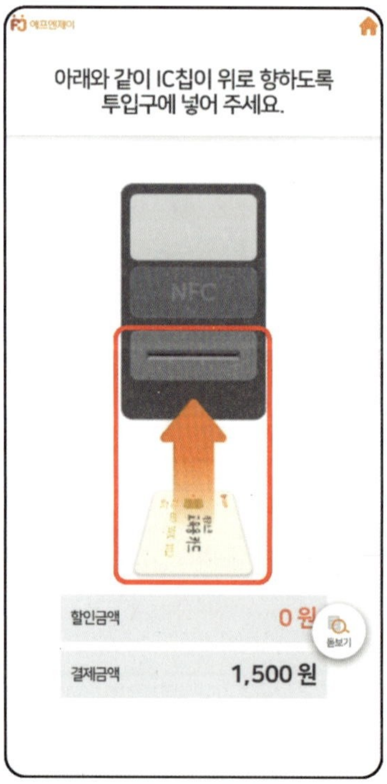

11 신용카드 이미지를 투입구쪽으로 끌어올려요.

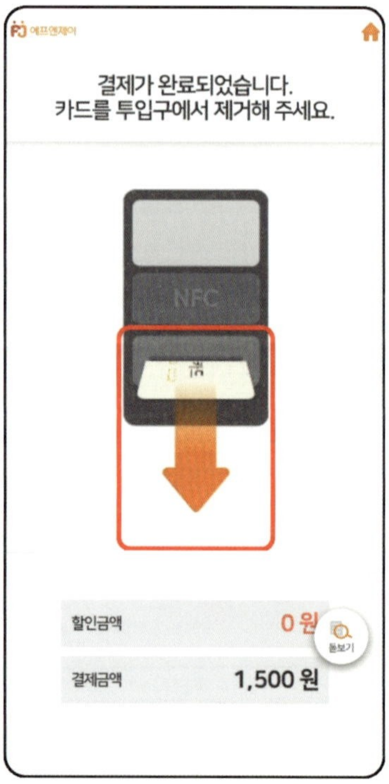

12 신용카드 이미지를 끌어서 내려요.

에프엔제이 kiosk - 카페

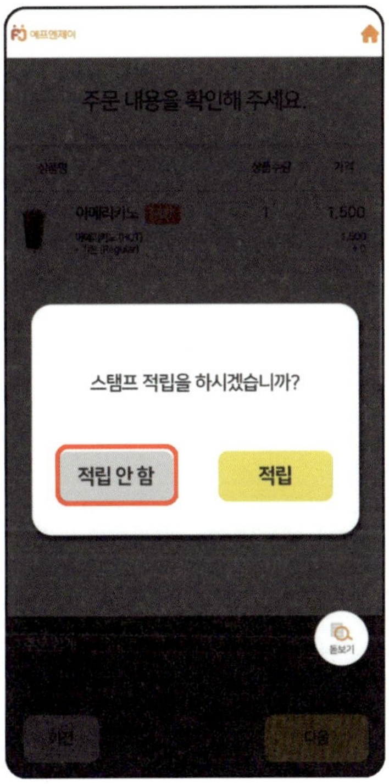

13 스탬프 적립 안 함 눌러요.

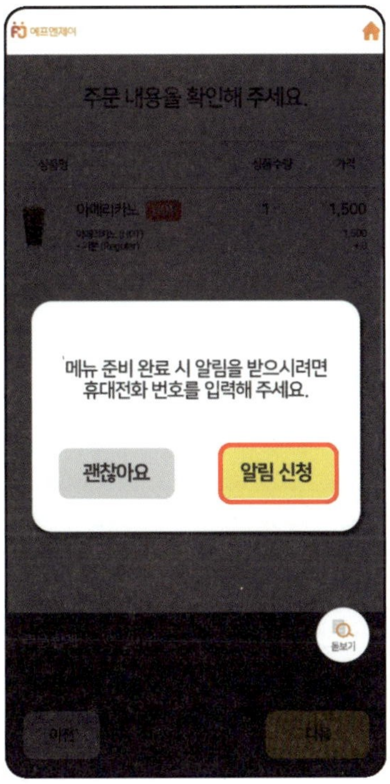

14 알림 신청을 눌러요.

15 전화번호 입력해요.

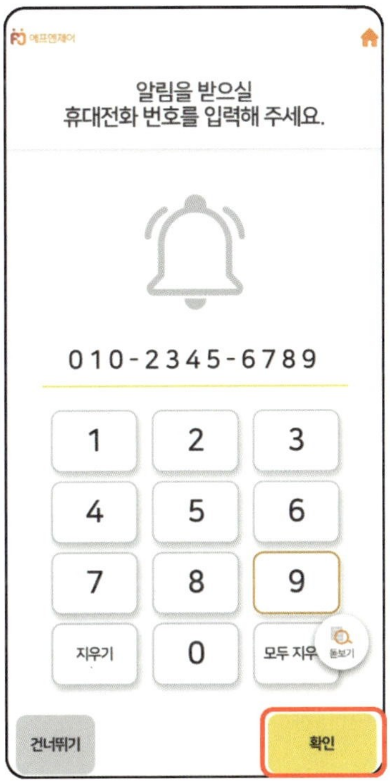

16 확인을 눌러요.

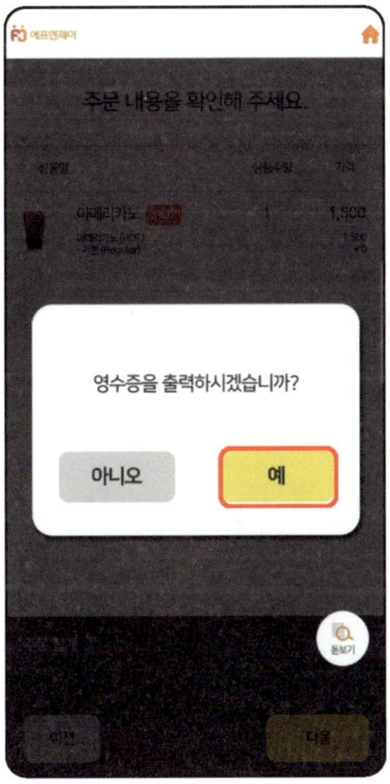

17 영수증출력 예 눌러요.

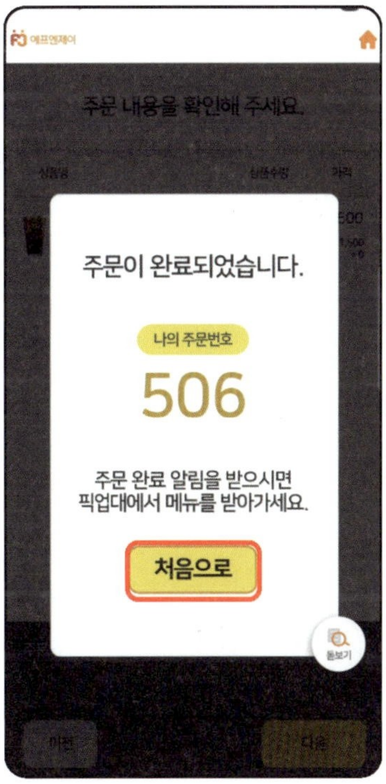

18 주문이 완료 되었어요! 처음으로 눌러요.

에프엔제이 kiosk - 카페

1 을 눌러서 첫화면으로 가요.

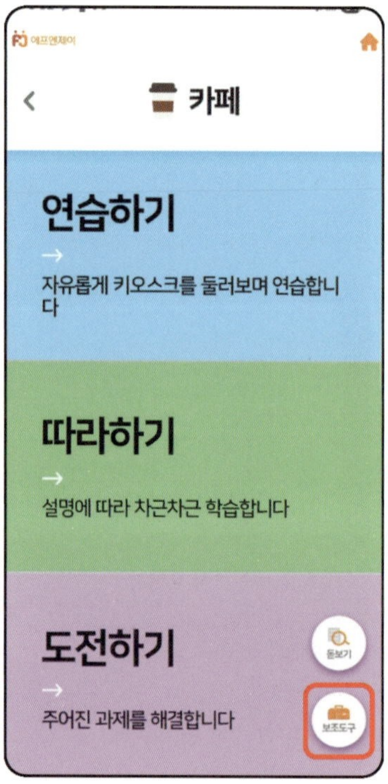

2 보조도구 눌러요.

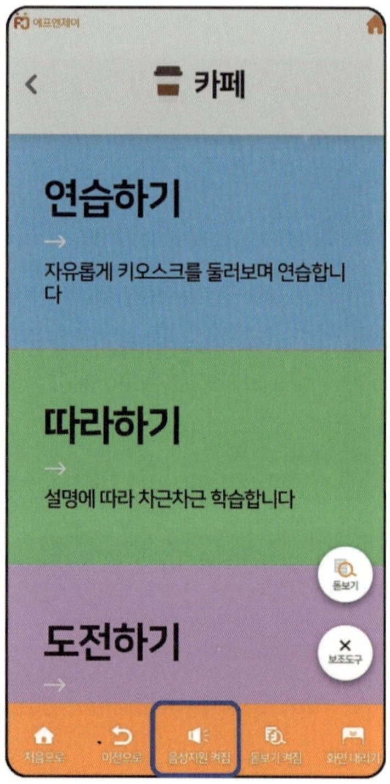

3 따라하기 연습일 때 음성지원 켜짐을 눌러서 음성을 끌 수 있어요.

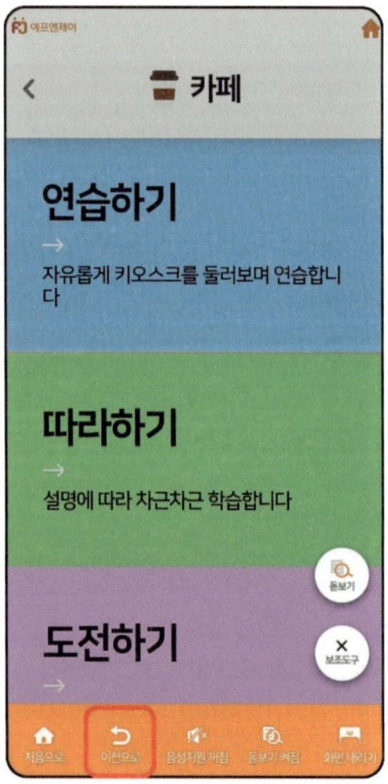

4 이전으로 눌러요.

5 홈으로 눌러요.

6 시작하기를 눌러서 다시 연습할 수 있어요.
보조도구 눌러요.

10장
스마트한 추천 앱

디지털 문해

디지털 문해 기초 학습 6가지 입니다. 터치배우기, 누름과 드래그, 디지털 서명 연습, 디지털 기호, 기초 키보드 연습할 수 있습니다.

1 플레이스토어를 눌러요.
2 검색탭을 눌러요.

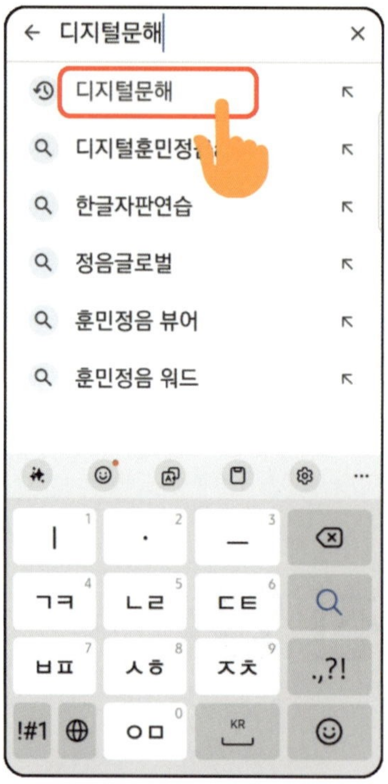

3 디지털문해를 눌러요.

4 디지털훈민정음을 눌러요.

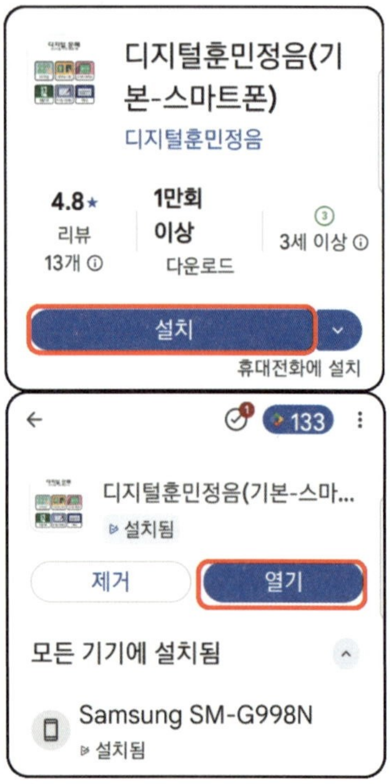

5 설치를 눌러요.
6 열기를 눌러요.

7 터치연습을 눌러요.

터치연습
: 스마트폰 화면을 터치하는 연습(같은 숫자 찾기)

터치연습(그림)
: 스마트폰 화면을 터치하는 연습(같은 그림 찾기)

동작연습(드래그)
: 앱을 옮기거나 화면을 위/아래, 좌/우로 이동하는 연습

키보드
: 스마트폰의 키보드를 연습할 수 있습니다.

디지털 문해

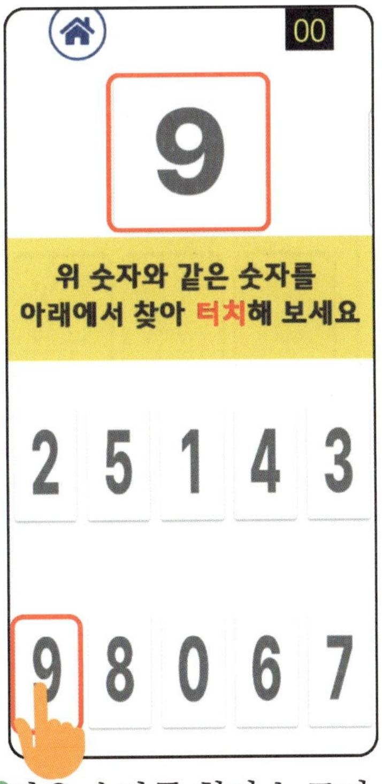

1 같은 숫자를 찾아 누르기 (터치)합니다.

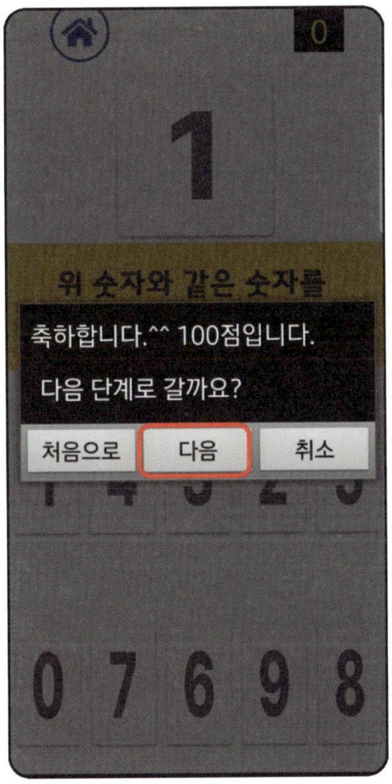

2 다음을 눌러요.

3 같은 그림을 찾아 누르기 (터치)합니다.

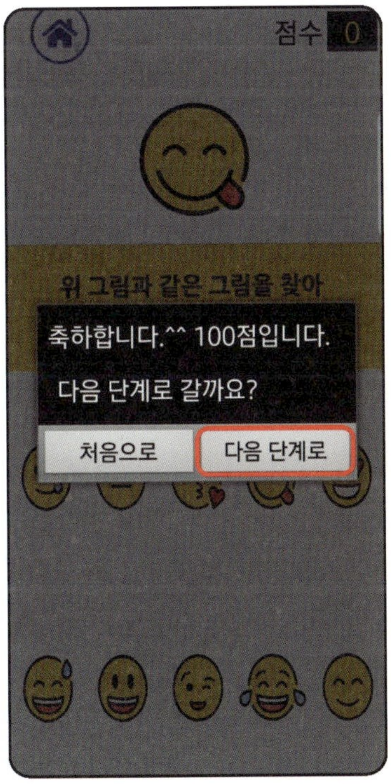

4 다음 단계로 눌러요.

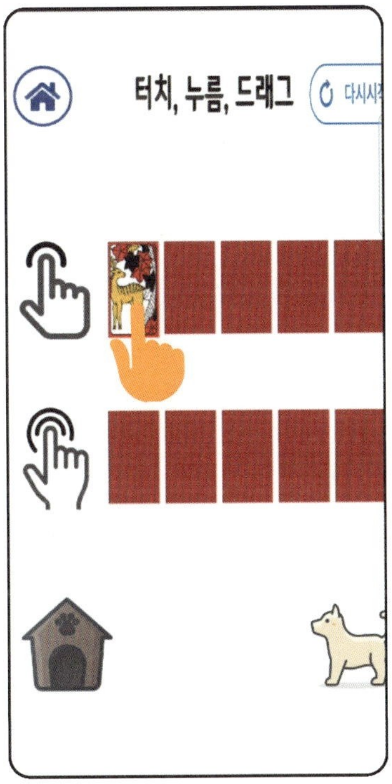

5 한번만 가볍게 누르기 (터치)

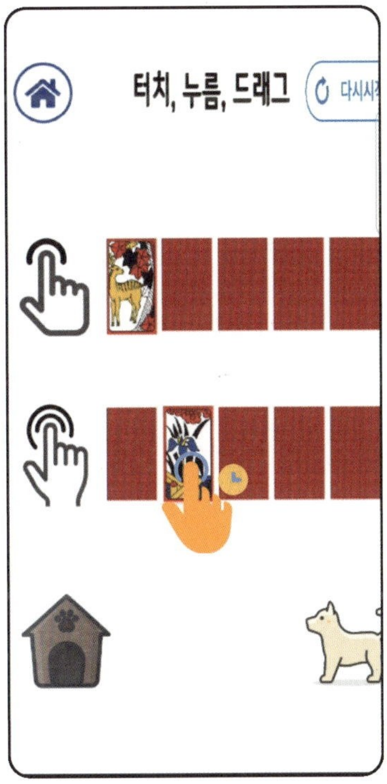

6 살짝 길게(1-2초) 누르기

디지털 문해

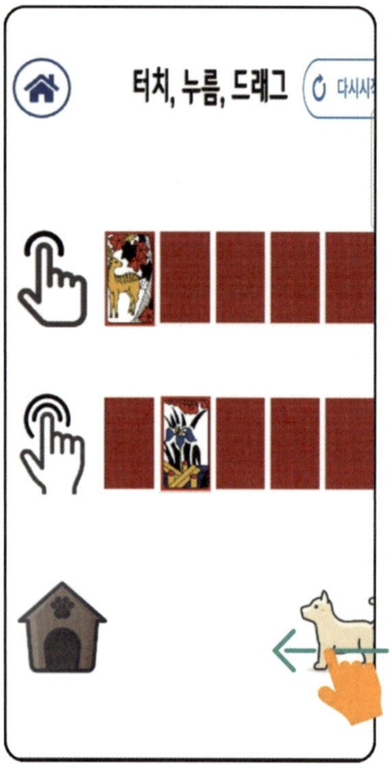

7 강아지를 눌러 개집까지 옮겨보세요. (드래그)

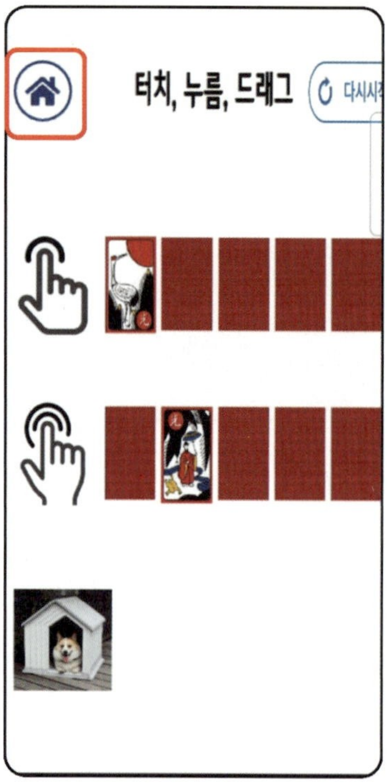

8 왼쪽 위 집을 눌러요.

9 키보드를 눌러요.

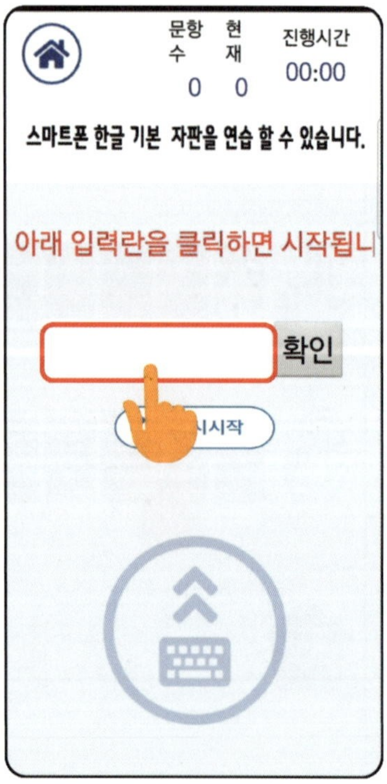

10 글씨 입력창을 눌러요.

11 제시한 글자를 따라 입력 후 확인을 눌러요.

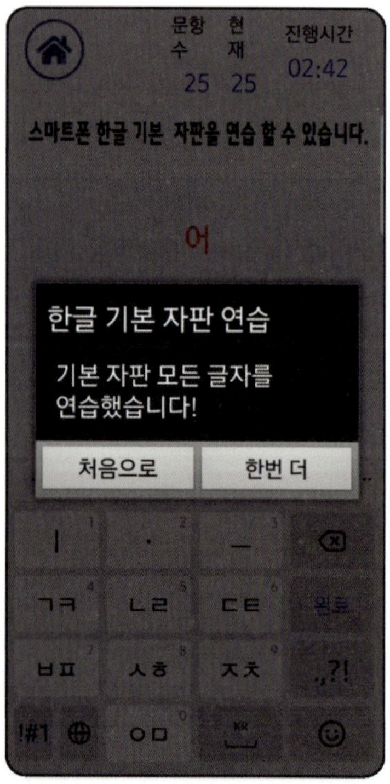

12 처음으로: 첫화면 이동
한번 더: 자판 입력 다시 연습

감성공장 - 캘리그라피

자신만의 캘리와 글씨를 사진/GiF/동영상에 합성해 감성 넘치는 작품을 만들 수 있습니다.

1 플레이스토어를 눌러요. 검색탭을 눌러요.

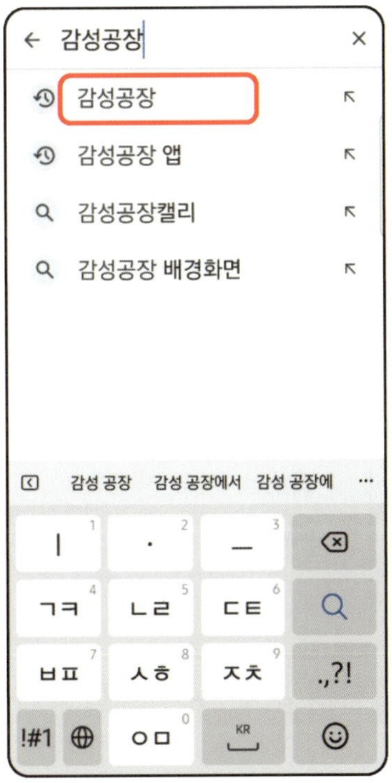

2 감성공장을 입력 후 목록에서 감성공장을 눌러요.

3 설치를 눌러요. 열기를 눌러요.

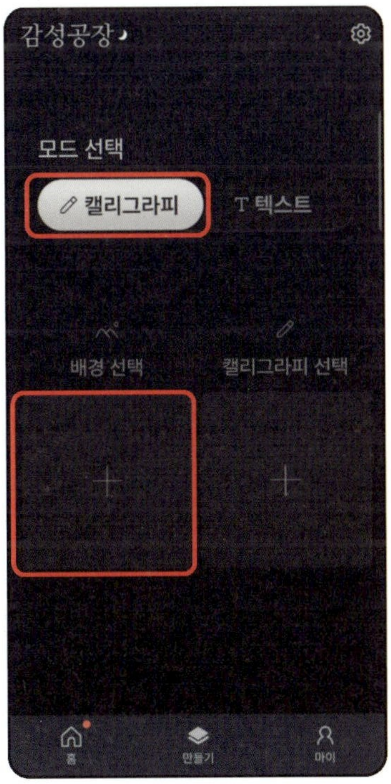

4 캘리그라피를 선택해요. 배경 선택(+)를 눌러요.

5 원하는 이미지를 눌러요.

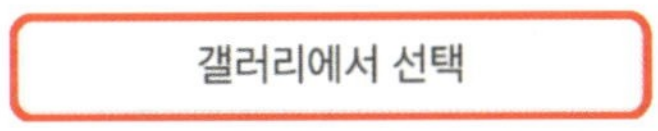

스마트폰의 갤러리앱에 있는 내 사진을 사용하고 싶을 때

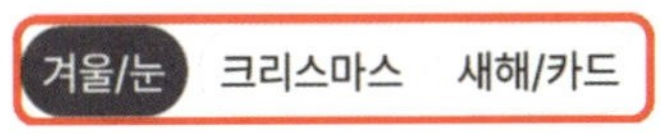

좌우로 드래그하면 다양한 테마를 볼 수 있어요.

동영상이라는 표시입니다. 숫자는 영상의 시간입니다.

감성공장 - 캘리그라피

6 캘리그라피 아래의 + 를 선택해요.

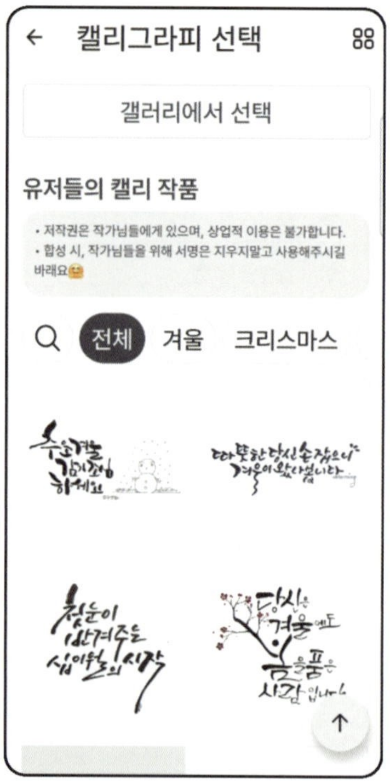

7 캘리 작품을 선택합니다.

8 합성하기를 눌러요.

9 검정 혹은 컬러를 눌러 색을 선택해요.

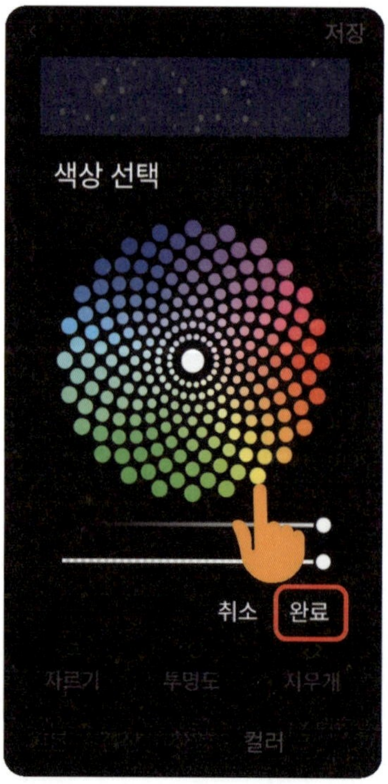

10 색을 선택 후 완료를 눌러요.

11 두 손가락으로 크기와 위치를 정한 후 저장을 눌러요.

감성공장 - 캘리그라피

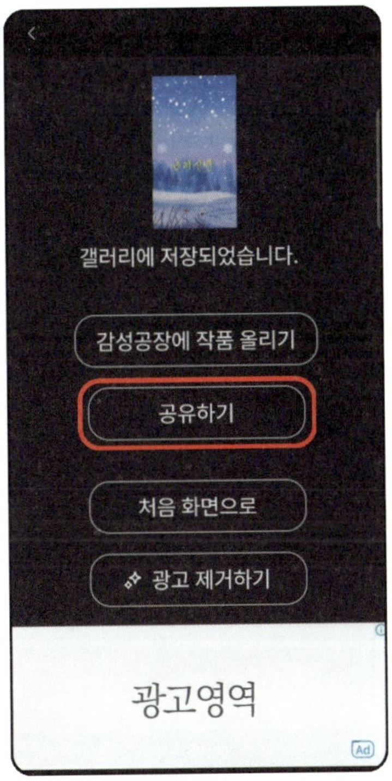

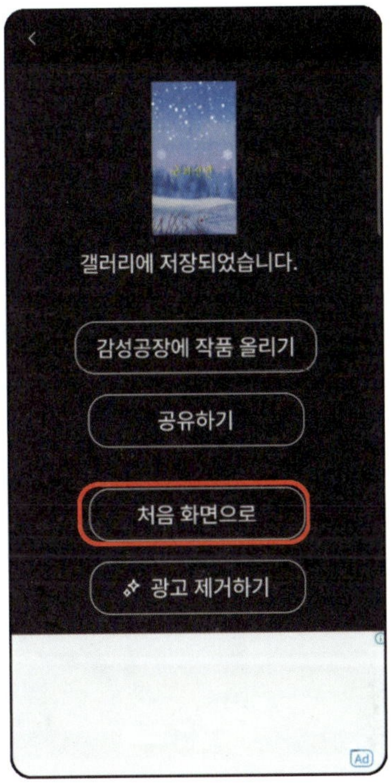

12 광고가 나오면 X를 눌러요.
공유하기를 눌러요.

13 카톡을 눌러 나에게 혹은 지인에게 공유합니다.

14 처음 화면으로 눌러요.

감성공장 - 텍스트

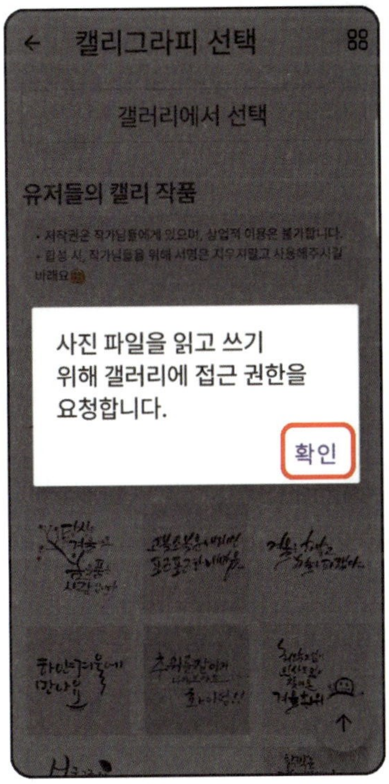

1 텍스트(모드)를 눌러요.
배경이미지를 눌러요.

2 갤러리에서 선택을 눌러요.
(내 사진 꺼내기)

3 확인을 눌러요.
(접근 허용)

감성공장 - 텍스트

4 사진을 선택해요.

5 텍스트 입력하기 눌러요.

6 감성글을 눌러요.

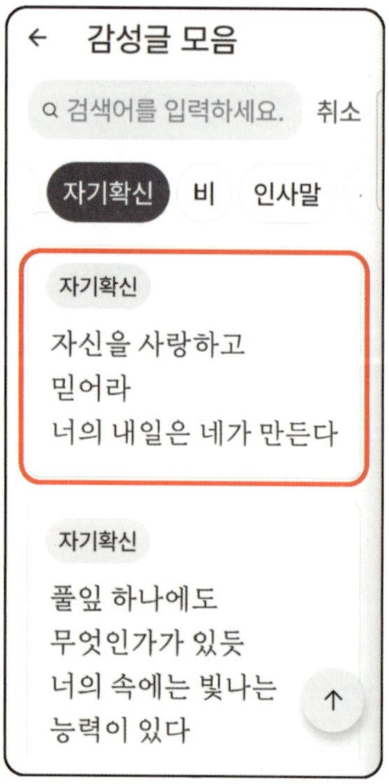

7 감성글을 선택해요.

8 글꼴을 눌러요.

9 폰트 전체 보기를 눌러요.

감성공장 - 텍스트

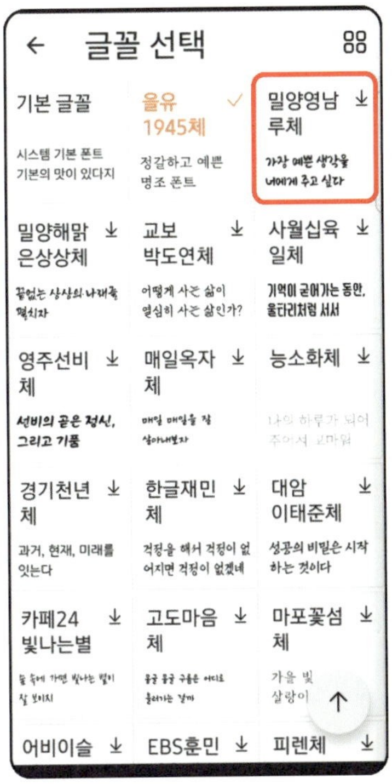

10 글꼴을 선택해요.

11 색상 눌러요.

12 색을 선택하고 ✓ 눌러요.

13 ●로 문구의 크기를 조절해요.

14 원하는 위치로 옮겨요.

15 저장을 누르면 갤러리에 저장됩니다.

캡컷 – 가입하기

스마트폰 하나로 폰 안에 있는 사진과 영상을 엮어 한 편의 멋진 영상 편지나 일기를 만들 수 있는 영상 편집 및 템플릿 앱입니다.

1 플레이스토어에서 검색 탭을 눌러요.

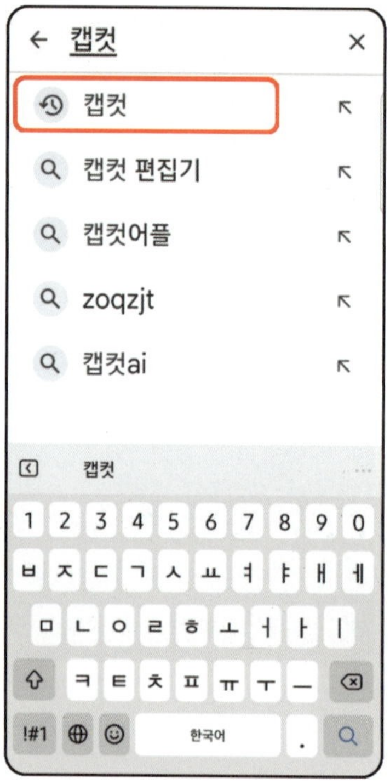

2 캡컷을 입력 후 목록에서 캡컷을 눌러요.

3 설치를 눌러요.

4 열기를 눌러요.

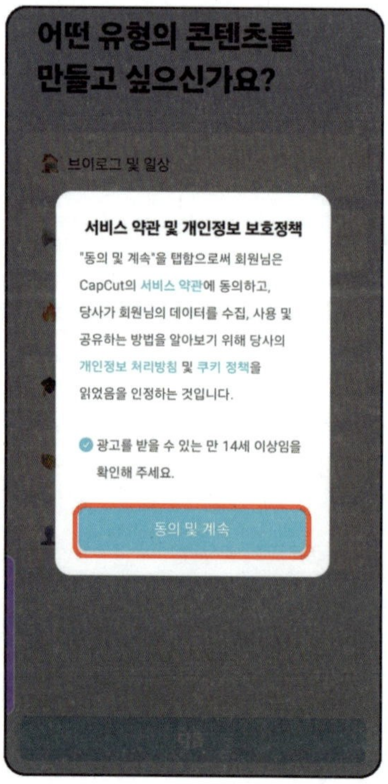

5 동의 및 계속을 눌러요.

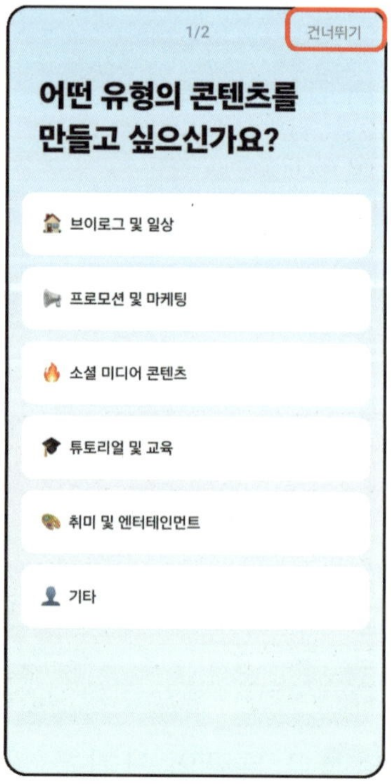

6 건너뛰기를 눌러요.

캡컷 – 가입하기

전문가 수준의 비디오를 빠르고 쉽게 만들기 위해 미리 만들어진 템플릿 라이브러리를 배워봅니다.

7 X를 눌러요.

8 를 눌러요.

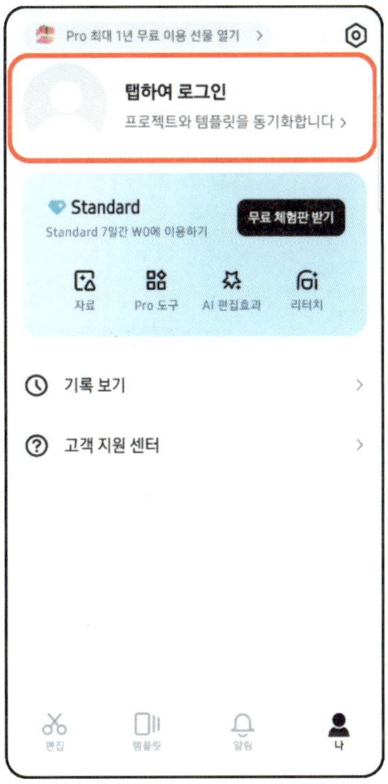

9 탭하여 로그인을 눌러요.

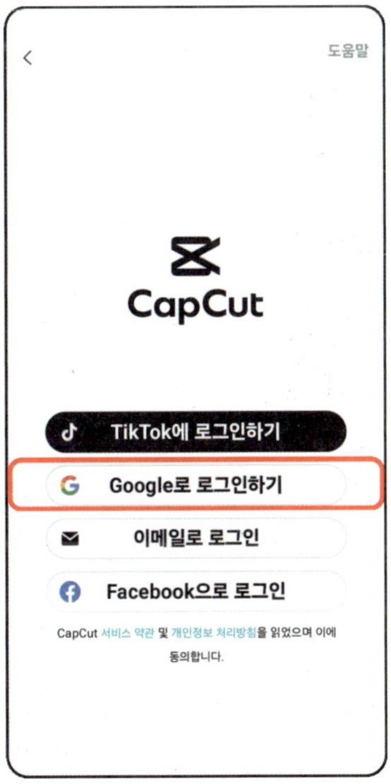

10 Google로 로그인하기를 눌러요.

11 구글계정으로 계속을 눌러요.

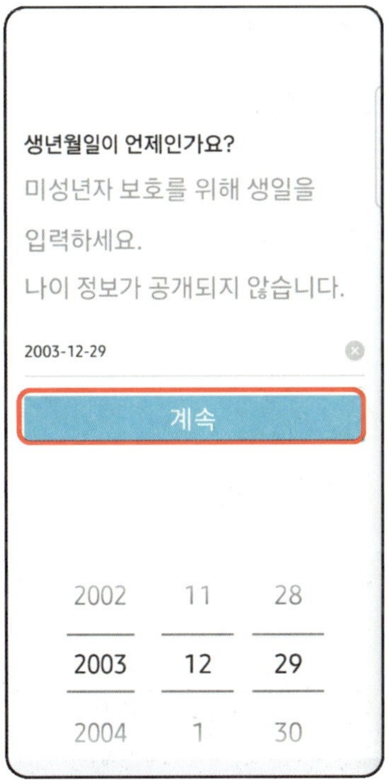

12 생년월일을 맞춘 후 계속을 눌러요.

캡컷(템플릿) - 영상 만들어 공유하기

템플릿 중 Standard 표시가 있는 것은 Pro(유료)사용자 용입니다.
영상 공유시 결제 요청창이 나올 수 있습니다.

1 마음에 드는 영상 템플릿을 눌러요.

2 템플릿 사용을 눌러요. 7 는 필요한 사진의 갯수입니다.

3 모두 허용을 눌러요.

4 사진을 모두 선택한 후 다음을 눌러요.

5 내보내기를 눌러요.

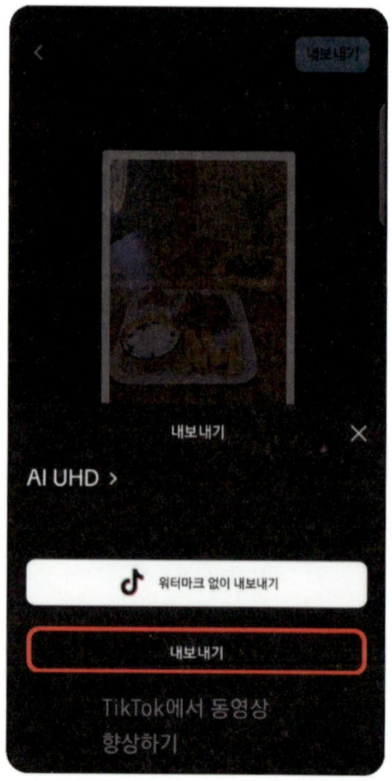

6 내보내기를 누르면 갤러리앱으로 저장됩니다.

전광판 플러스

내가 쓰고 싶은 글자를 입력하면 스마트폰 화면 가득 글자가 나타나고, 실제 전광판처럼 반짝거리거나 옆으로 흘러가게 할 수 있습니다.

1 플레이스토어를 눌러요.
2 검색탭을 눌러요.

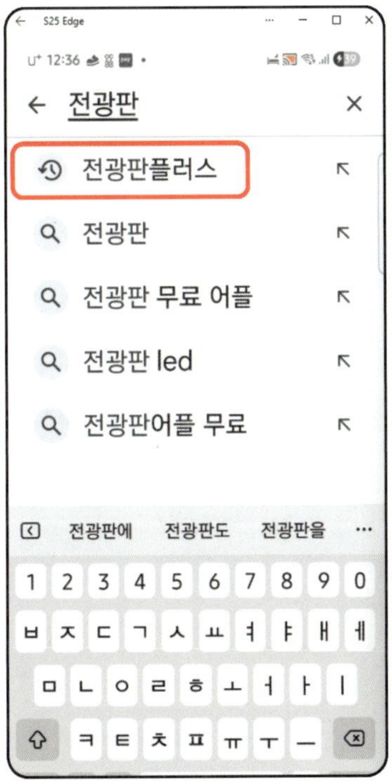

3 전광판 플러스를 입력 후 목록에서 선택해요.

4 설치를 눌러요.
5 열기를 눌러요.

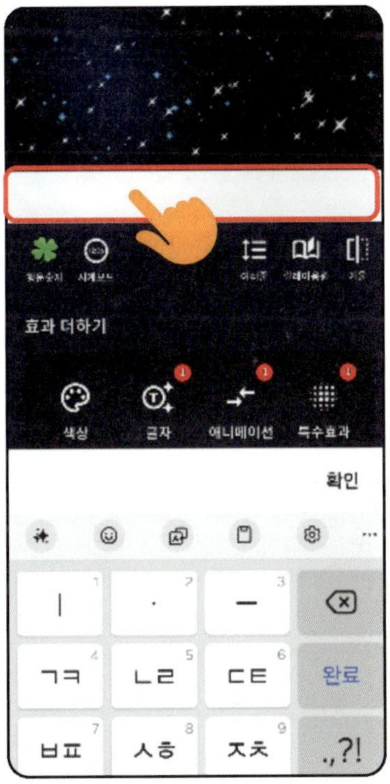

6 입력창을 눌러요.

7 원하는 문구를 입력 후 확인을 눌러요.

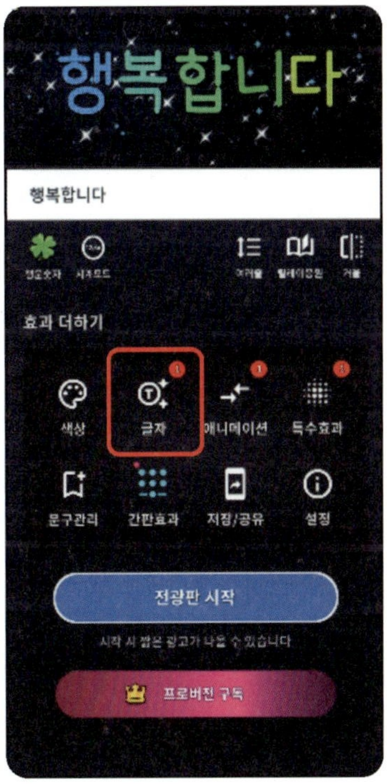

8 글자를 눌러요.

전광판 플러스

전광판의 효과를 하나씩 확인해 보세요.
원하는 효과를 중복으로 선택할 수도 있습니다.

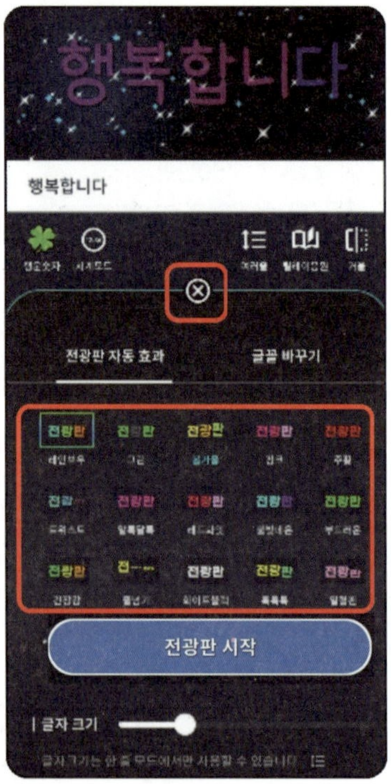

9 전광판 자동효과를 누른후 ⊗를 눌러요

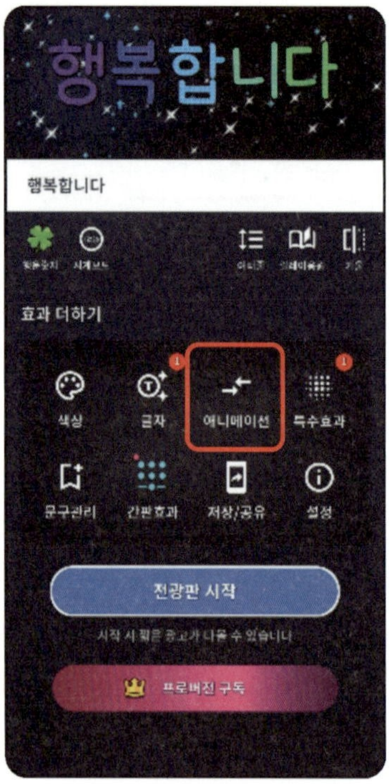

10 애니메이션을 눌러요.

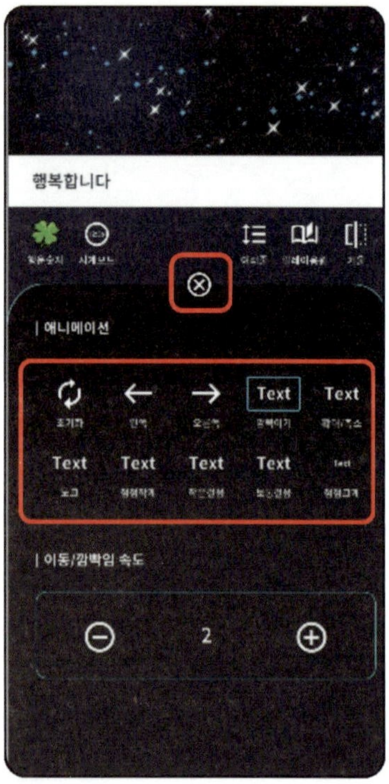

11 애니메이션을 선택 후 ⊗를 눌러요.

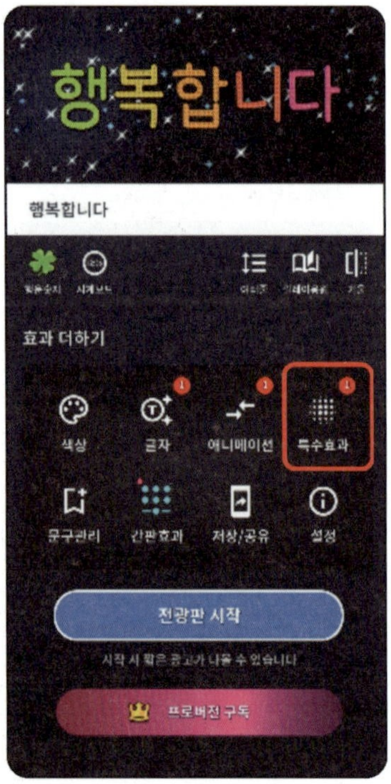

12 특수효과를 눌러요.

13 효과를 선택해요. ⊗로 닫아요.

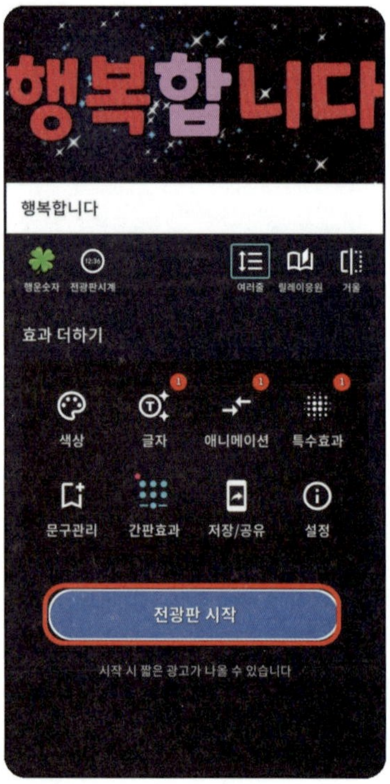

14 전광판 시작을 눌러요.

전광판 플러스

화면이 가로로 바뀌면서 글씨가 반짝거리며 보여집니다.

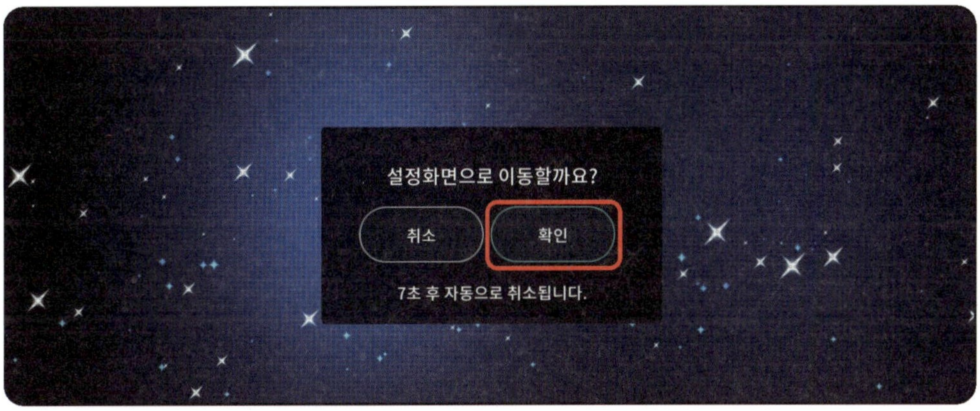

종료할때는 화면을 터치하고 확인을 누릅니다.

확인을 누르면 광고가 나옵니다. 광고를 보고 우측 상단의 x나 닫기를 눌러주세요. 전광판 플러스 홈으로 이동 합니다.

응급의료정보제공

병의원, 약국, 응급실, 심장자동충격기, 응급실조건을 찾을 수 있어요.
명절, 휴일 지킴이 ,응급의료기관을 찾을 수 있어요.

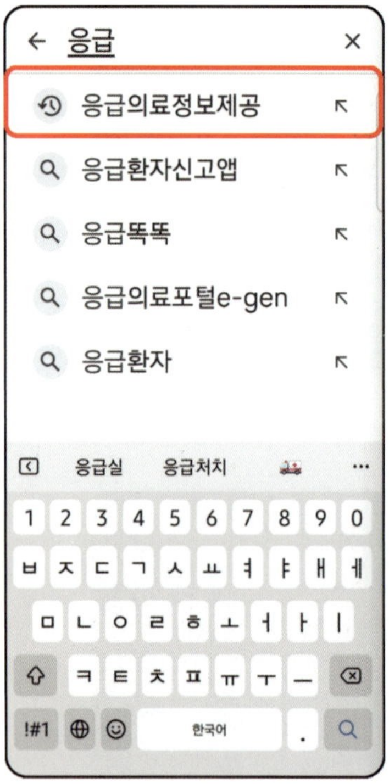

1 플레이스토어에서 응급의료정보제공을 검색해요.

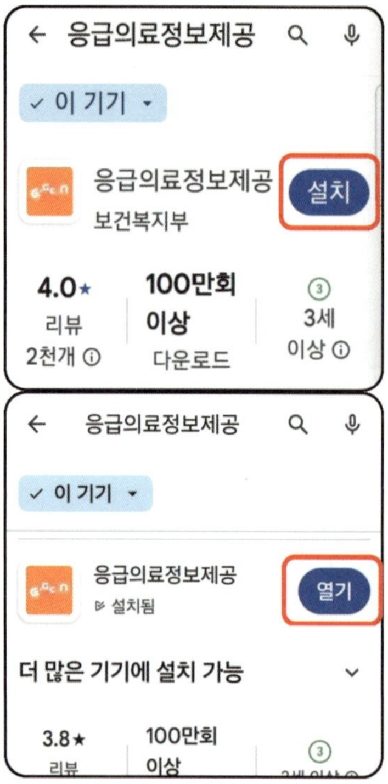

2 설치를 누르고 열기 눌러요.

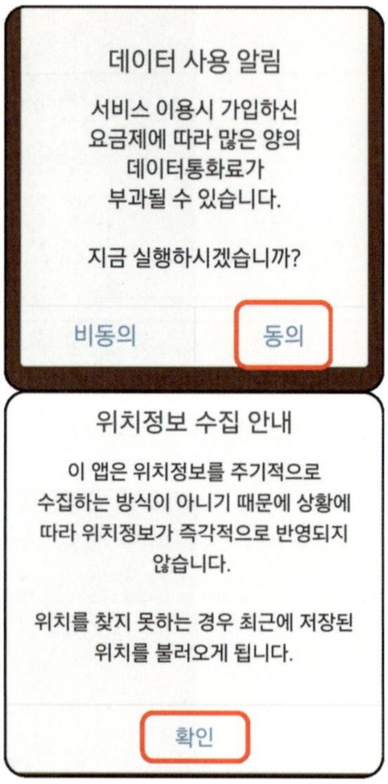

3 동의, 확인을 눌러요.

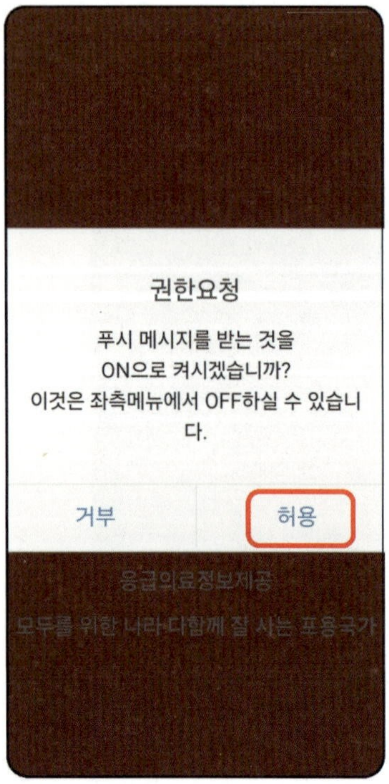

4 앱 사용을 위한 권한요청 허용을 눌러요.

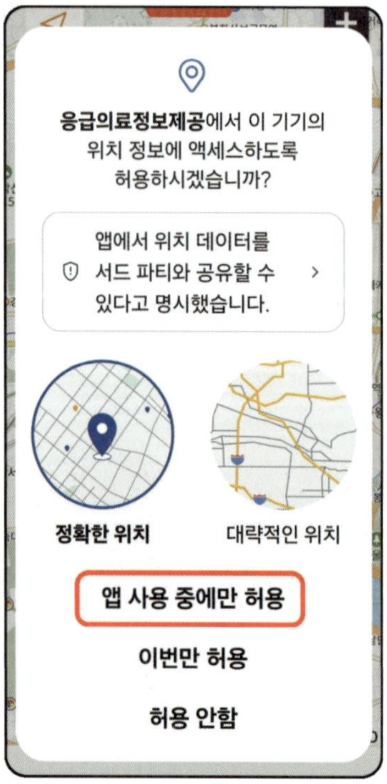

5 앱 사용 중에만 허용을 눌러요.

6 모두 허용을 눌러요.

응급의료정보제공 - 응급실

1 응급실을 눌러요.

2 병원을 눌러요.

3 응급실 운영 현황이 보여요.
← 눌러 나가요.

응급의료정보제공 - 병의원

1 병의원을 눌러요. 내 주변의 병의원을 볼수 있어요.

2 진료중인 병의원을 눌러요.

3 병원의 정보를 확인해요.
← 를 눌러 이전(화면)으로

응급의료정보제공 - 약국

1 약국을 눌러요.

2 운영중인 약국을 눌러요.

3 전화를 눌러 문의할 수 있습니다. ←를 눌러요.

응급의료정보제공 - 자동심장충격기

1 자동심장충격기를 눌러요. 위치를 안내합니다.

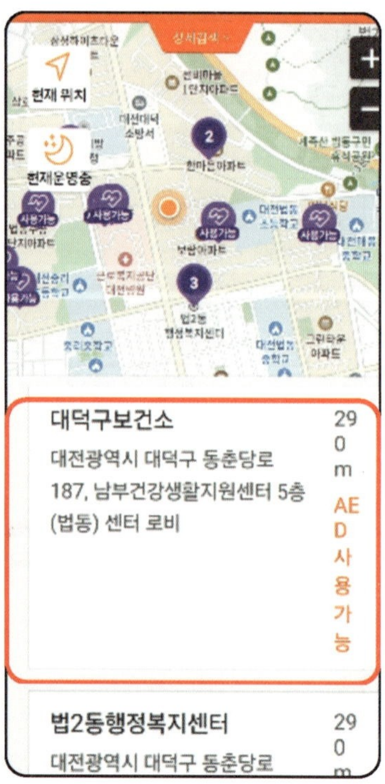

2 장소의 상세정보를 확인해요.

3 별표를 눌러 즐겨찾기에 추가 해요. ← 눌러요.

응급의료정보제공 - 기본 응급처치요령

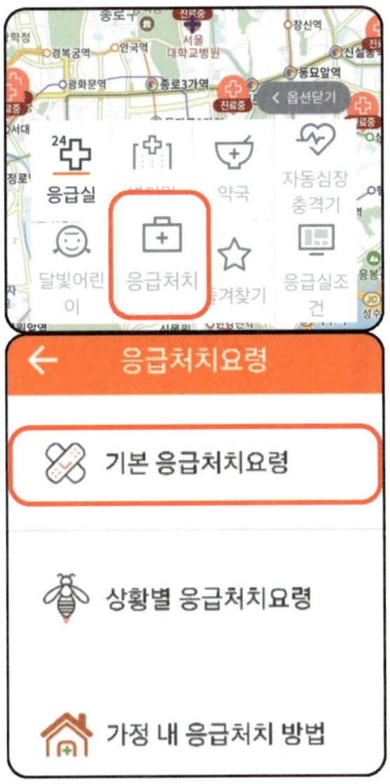

1 응급처치를 눌러요.
2 기본 응급처치요령을 눌러요.

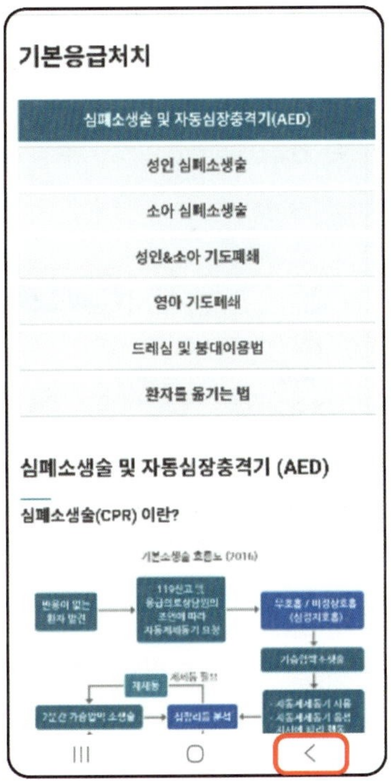

3 응급처치 요령을 보고 배워요. ＜를 눌러요.

4 상황별 응급처치요령을 눌러요.

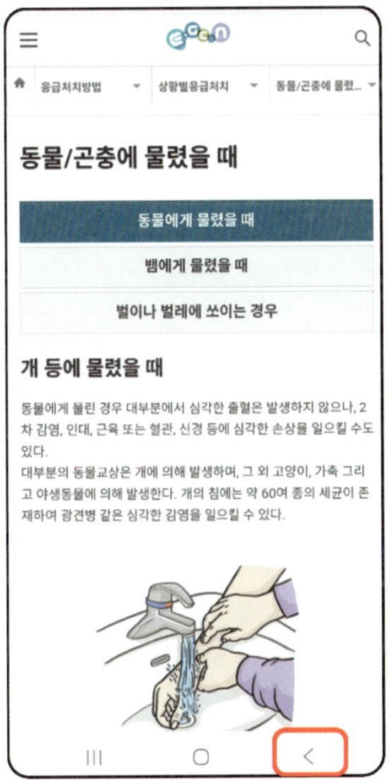

5 상황별 응급처치 요령을 보고 배워요. ＜눌러 홈으로 돌아와요.

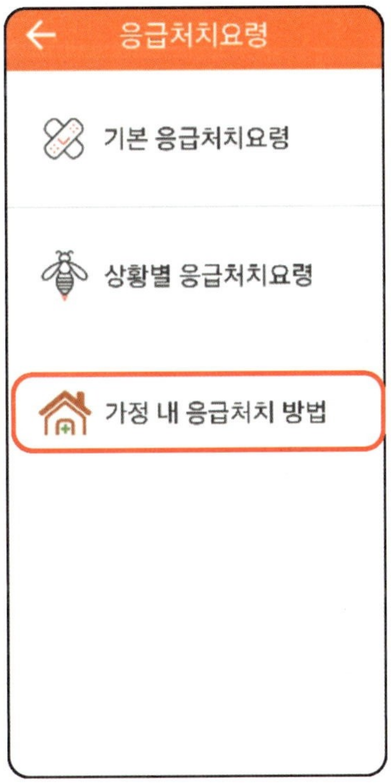

6 가정 내 응급처치 방법을 눌러요.

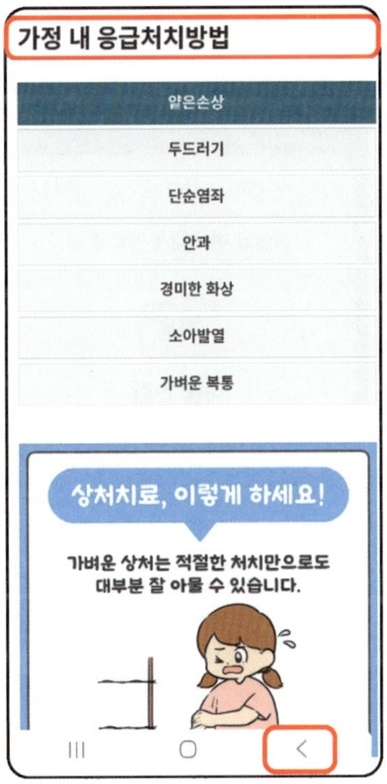

7 가정 내 응급처치 방법을 보고 배워요. ＜눌러요.

긴급신고 바로앱 – 설치

위급한 순간에 112나 119를 따로 누를 필요 없이, 한꺼번에 신고할 수 있는 '통합 안전 비서'입니다. **(주의! 실제 신고 기능이므로 신고하기 누르면 바로 신고됩니다.)**

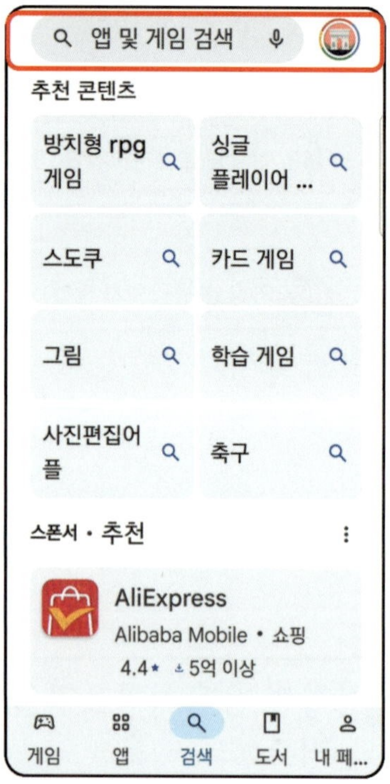

1 긴급신고바로앱을 검색해요.

2 설치, 열기를 눌러요.

3 앱 사용 중에만 허용을 눌러요.

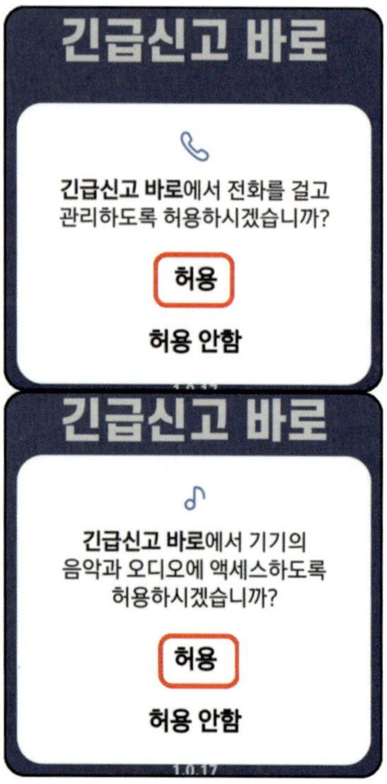

4 허용을 눌러요.

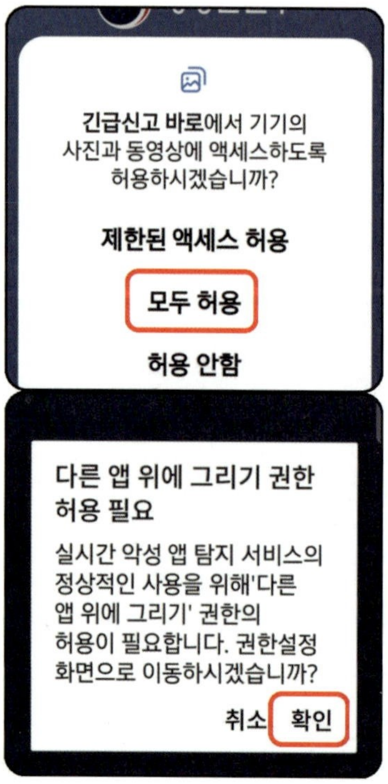

5 모두허용, 확인을 눌러요.

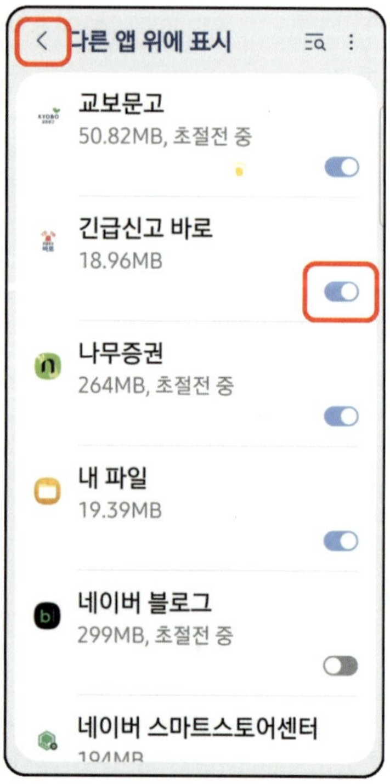

6 다른 앱 위에 표시를 켜요 〈를 눌러요.

긴급신고바로앱 - 등록

나와 주변에 닥친 긴급상황에서의 대처유형 선택 및 신고기능으로 빠른 신고와 대처를 할 수 있습니다. **단, 신고시 실제 신고로 이어지므로 실제상황에만 사용해야 합니다.**

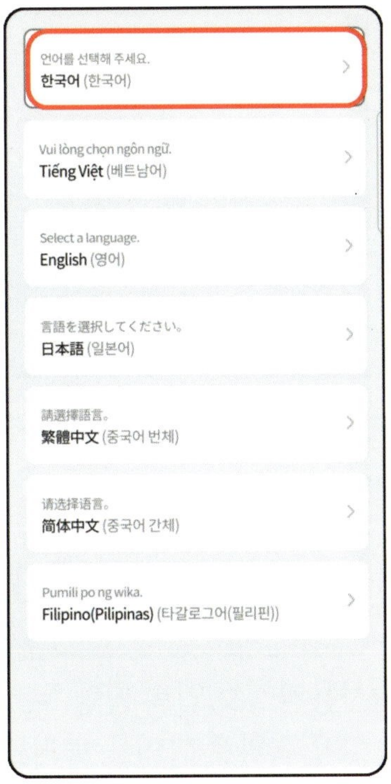

1 한국어 선택해요.

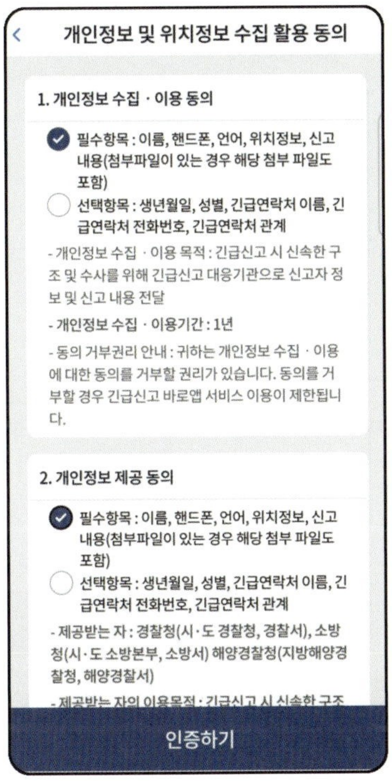

2 인증하기 필수 항목을 체크해요.

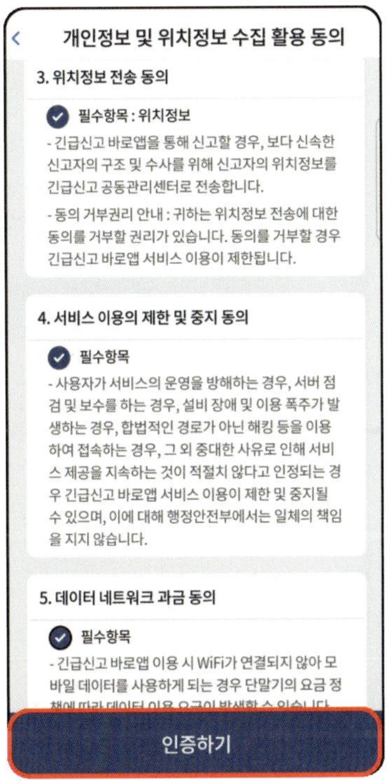

3 인증하기를 눌러요.

4 이름, 전화번호 입력하고 인증번호받기를 눌러요.

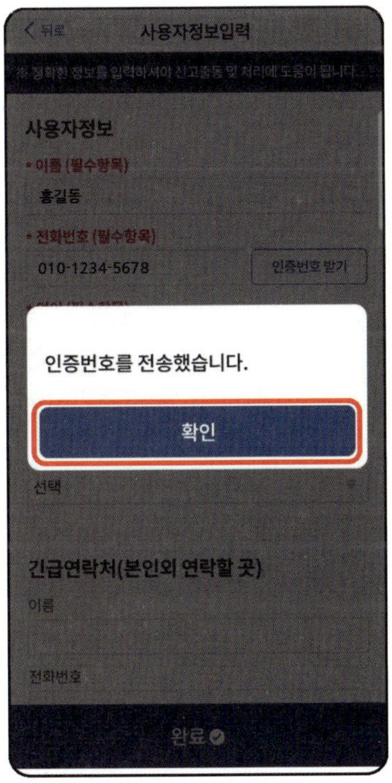

5 확인을 눌러요.

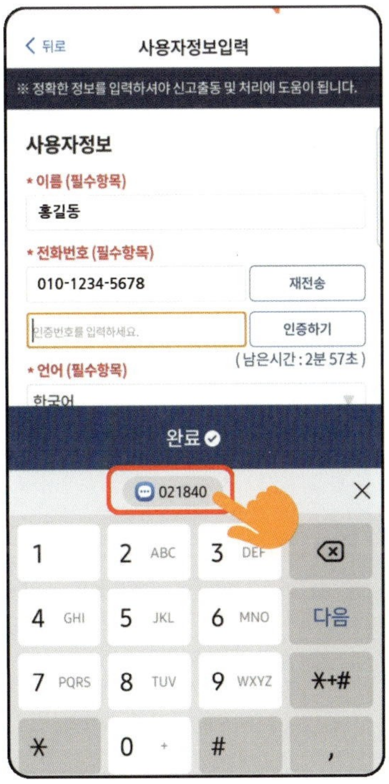

6 전송된 인증번호를 눌러요.

긴급신고바로앱 - 등록

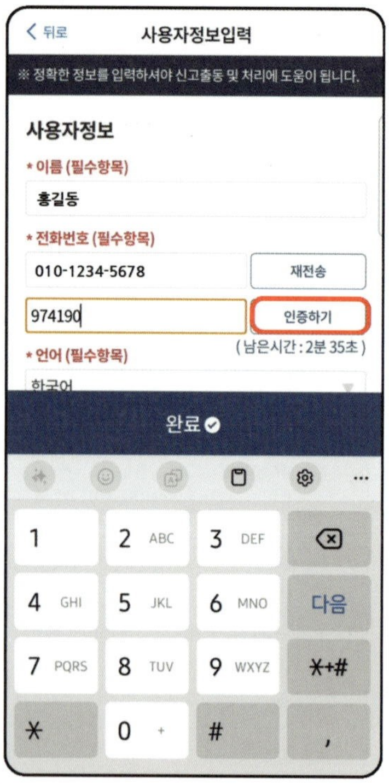

7 인증번호를 입력하고 인증하기 눌러요.

8 완료를 눌러요.

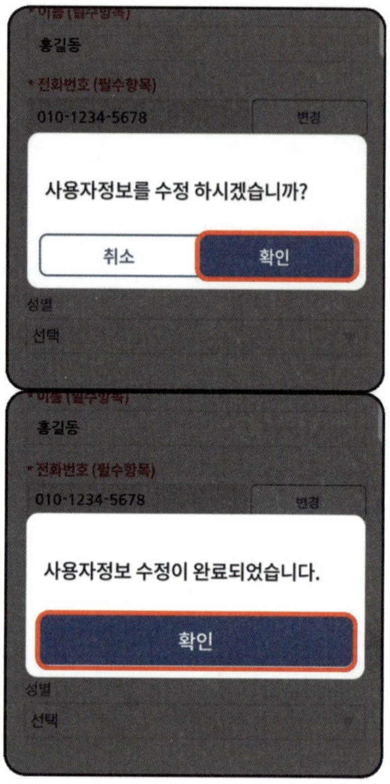

9 사용자정보 입력 확인 누르고 입력완료 확인을 눌러요.

긴급신고바로앱 - 신고유형

5초간 녹음 후 112자동 신고

민원상담은110

신고유형
범죄, 화재, 구조/구급, 해양사고

5초간 녹음 후 112 자동신고
: 녹음된 오디오 파일로 신고

민원상담은 꼭 110
: 민원 신청이나 공공 서비스 안내가 필요할 때 가장 빠르게 도움을 받을 수 있습니다.

112, 119 전화신고
: 버튼을 누르면 바로 신고할 수 있는 전화 앱이 열립니다.

긴급신고바로앱 - 신고 방법 안내(주의! 실제 신고)

112(경찰), 119(소방), 해경 등 여러 기관에 전화 없이도 신속하게 신고할 수 있는 통합 서비스입니다. 음성통화 곤란시 체크 기능은 전화를 걸 수 없거나 위협받는 상황에서 이 기능을 활성화하면 신고자의 위치와 미리 등록한 정보가 자동으로 전송됩니다.

1 범죄를 눌러요.

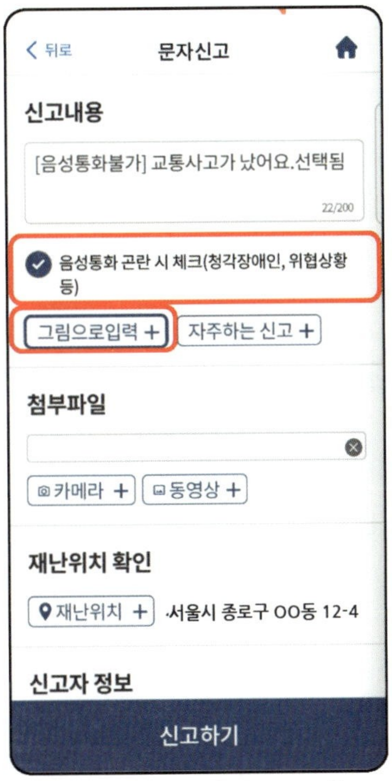

2 그림으로 입력을 눌러요.

3 신고유형을 선택 후 입력을 눌러요.

4 범죄현장 사진이 있다면 카메라를 눌러요.

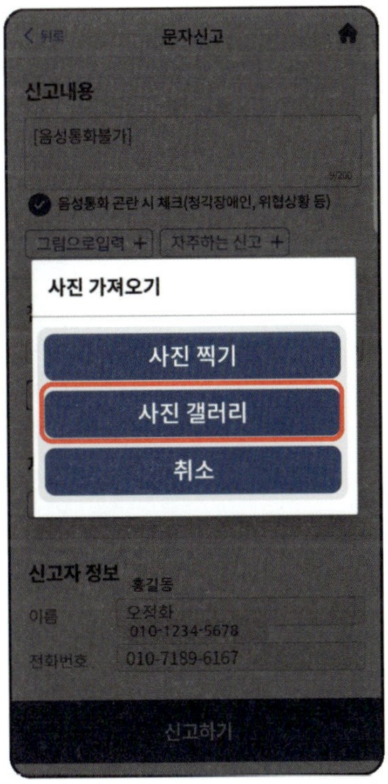

5 사진 갤러리를 눌러 내 갤러리의 사진을 선택합니다.

6 신고하기를 눌러요. (실제 상황에서만 신고하기를 눌러야 합니다.)

긴급신고바로앱 - 허위 신고 유의 / 호루라기

1 를 눌러요.

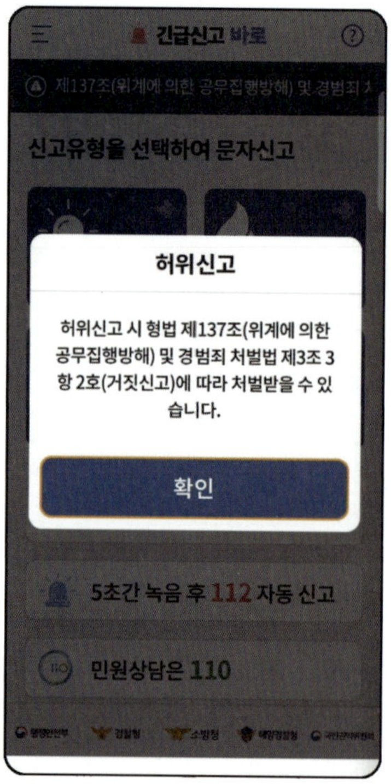

2 확인을 눌러요.

허위신고 / 연습 신고

허위 신고를 하게 되면 강한 처벌규정이 있습니다.
방법은 알아두고, 실제 상황이 발생될 때 신고하기 를 눌러야 합니다.

연습이어도 허위신고로 신고내역이 남을 수 있습니다.

'호루라기' 기능은 위급 상황 시 주변에 도움을 요청하거나 가해자를 위협하기 위해 설계된 부가 기능으로 강력한 사이렌 소리를 즉시 출력합니다.

1 을 눌러요.

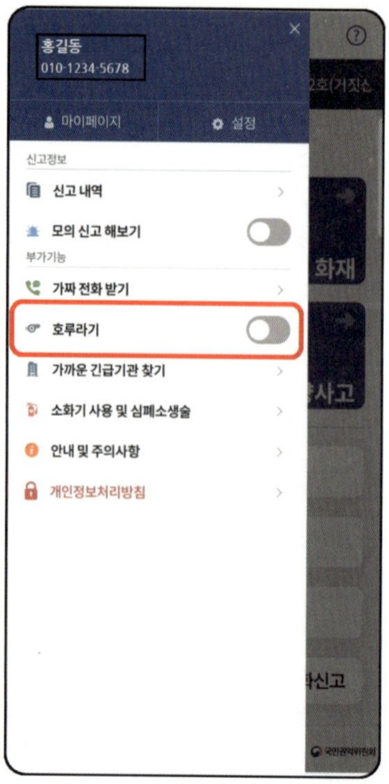

2 비상시 호루라기를 켜요.

긴급신고바로앱 - 가짜 전화 받기

가짜 전화 받기는 미리 설정한 시간에 실제 전화가 온 것처럼 진동과 벨소리가 울리게 하여, 누군가와 통화하는 척하며 범죄를 예방할 수 있습니다.

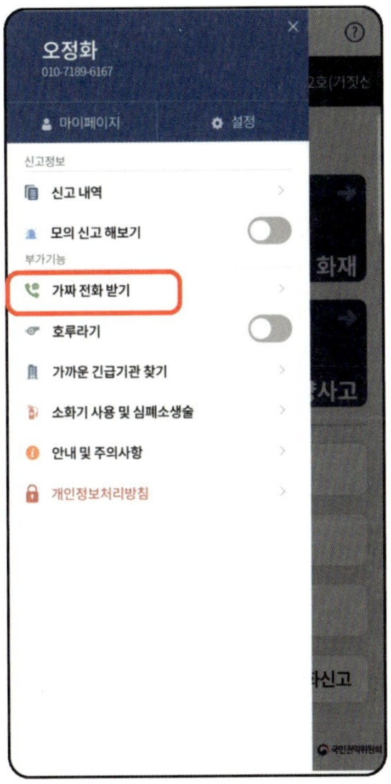

1 가짜 전화 받기를 눌러요.

2 이름을 눌러요.

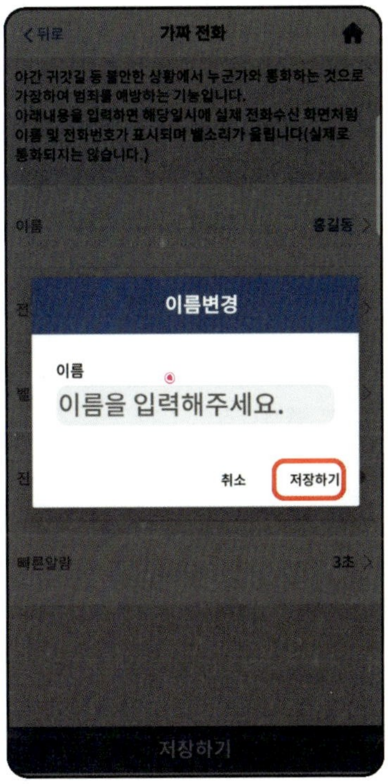

3 저장하기를 눌러요.

4 저장하기를 누른 후 잠시 기다려 보세요.

5 확인을 눌러요.
통화를 눌러보세요.

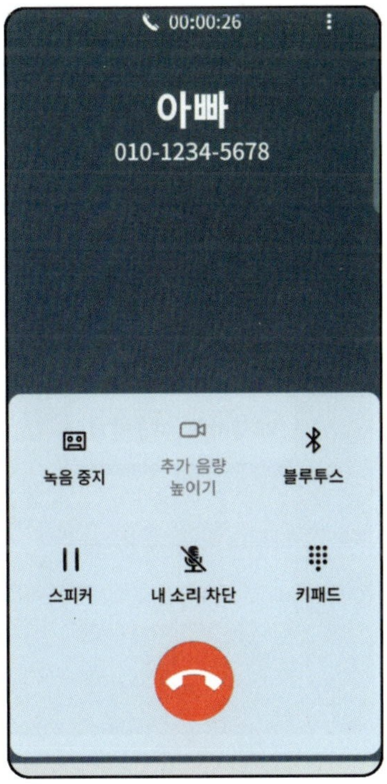

6 실제처럼 통화 화면이 보입니다. (위기 모면)

글씨팡팡

움직이는 사진(gif)·이미지 위에 말풍선과 글자를 쉽게 추가해 공지, 카드뉴스, 안내 이미지를 빠르게 만드는 스마트폰 앱입니다.

1 글씨팡팡을 설치 후 열기를 눌러요.

2 사진에 글쓰기 눌러요.

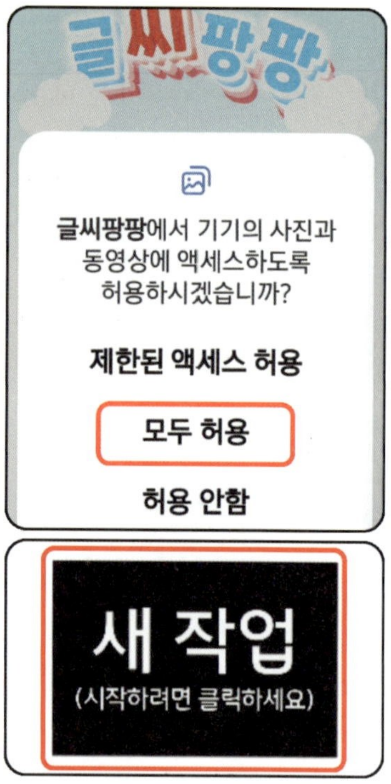

3 모두 허용을 누른 후 새 작업을 눌러요.

4 갤러리에서 불러오기 눌러요.

5 갤러리 선택 후 한 번만 눌러요. 사진을 선택해요.

6 이모티콘 선택하고 확인 눌러요.

글씨팡팡 - 사진에 글쓰기

7 이모티콘 위치를 잡아요. 빈공간 터치해요.

8 연필모양 누르고 글씨를 입력해요.

9 글씨를 수정할 수 있어요.

10 글씨체,크기,색상을 변경하고, 글씨 위치를 정해요.

11 애니 를 누르고 애니메이션효과를 선택해요. 저장 을 눌러요.

12 (저장)을 눌러요. 광고가 나오면 아래 닫기를 눌러요. 갤러리에 저장되었어요.

마음을 담아

연말연시를 위한 특별한 모바일 연하장과 인사 메시지를 쉽고 빠르게 만들 수 있는 앱입니다. 평범한 문자 대신 움직이는 GIF 카드로 감동과 즐거움을 전해 보세요.

1 마음을담아 검색하고 설치 후 열기를 눌러요.

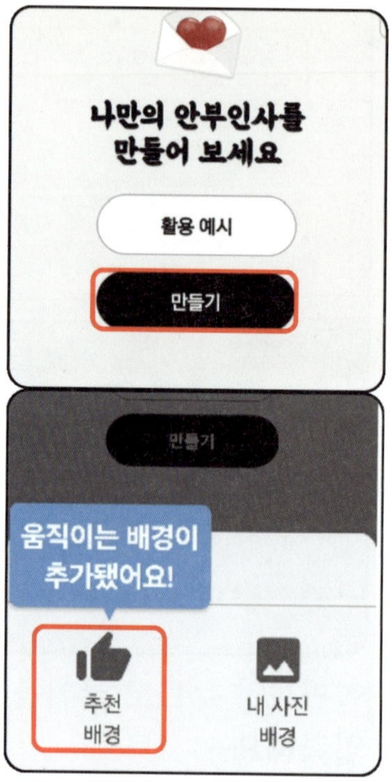

2 만들기를 눌러요.
3 추천배경을 눌러요.

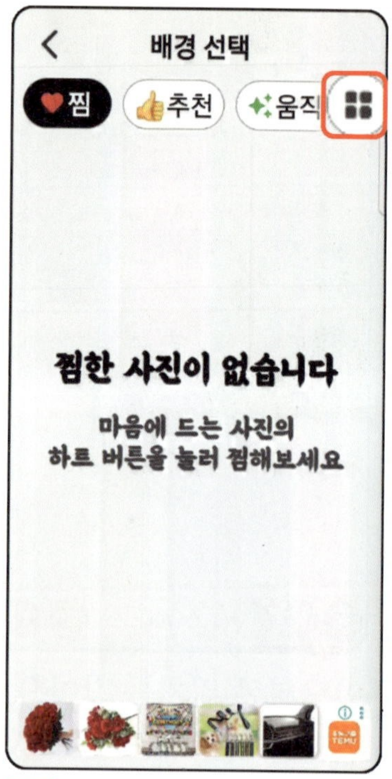

4 를 눌러 배경 주제를 선택해요.

5 화면을 위로 밀어올리고 배경 주제를 선택해요.

6 원하는 이미지를 선택해요.

7 만들기를 눌러요.

마음을 담아

8 를 선택해요.

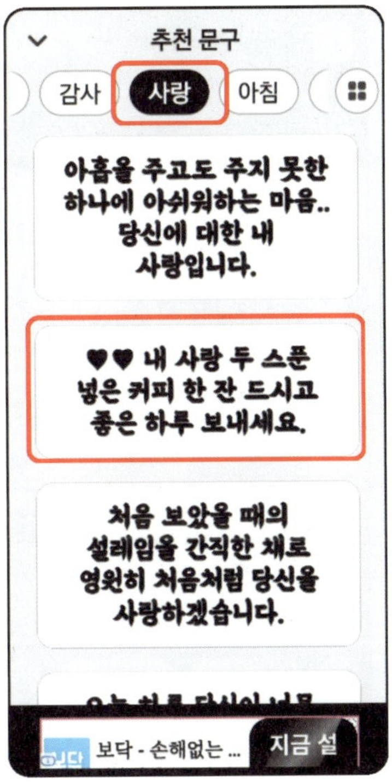

9 추천 문구를 선택해요.

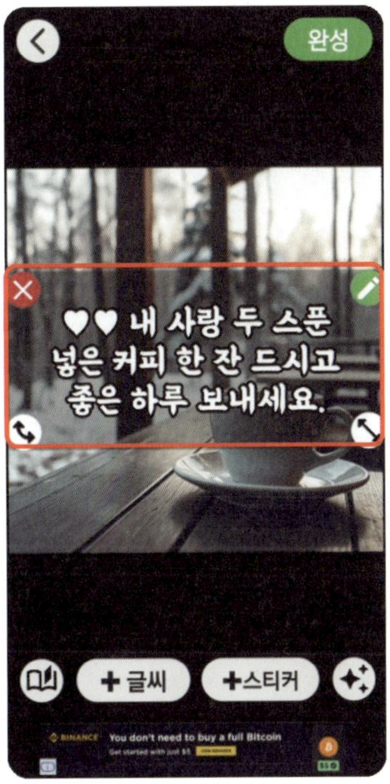

10 문구가 삽입되었어요.
위치를 조정할 수 있어요.

11 를 눌러요.

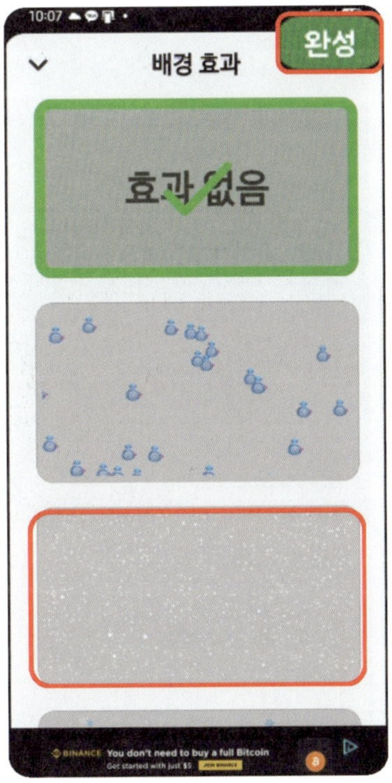

12 배경 효과를 선택해요.

13 배경 효과가 적용되었어요.
스티커를 눌러요.

마음을 담아

14 스티커를 선택하고 X를 눌러요.

15 스티커를 눌러요.

16 스티커의 위치를 잡아요. 완성 을 눌러요.

17 공유 및 저장을 눌러요.

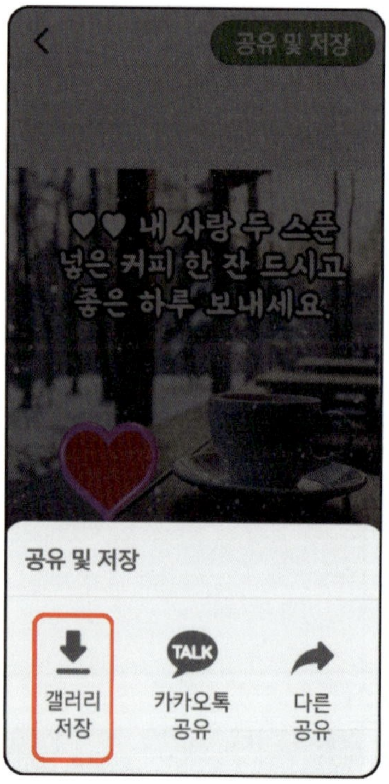

18 갤러리에 저장을 눌러요.

19 고치기를 눌러서 수정이 가능합니다.

11장 ASKUP(아숙업)

AskUp(아숙업) 채널추가하기

인공지능 챗봇 서비스입니다. 카카오톡을 통해 누구나 쉽고 편리하게 최신 AI 기술을 경험할 수 있습니다.

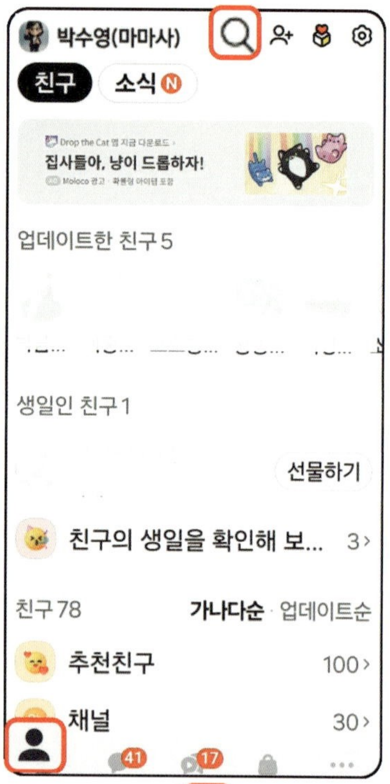

1 친구탭에서 [검색]를 눌러요.

2 아숙업 입력해요.

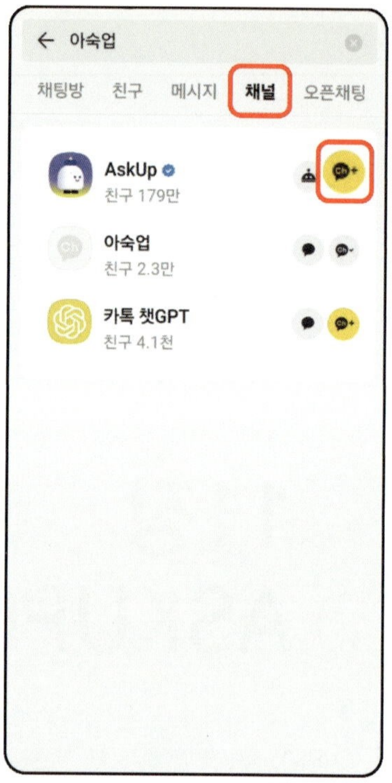

3 상단 채널을 누른 후 [채널추가]을 눌러요.

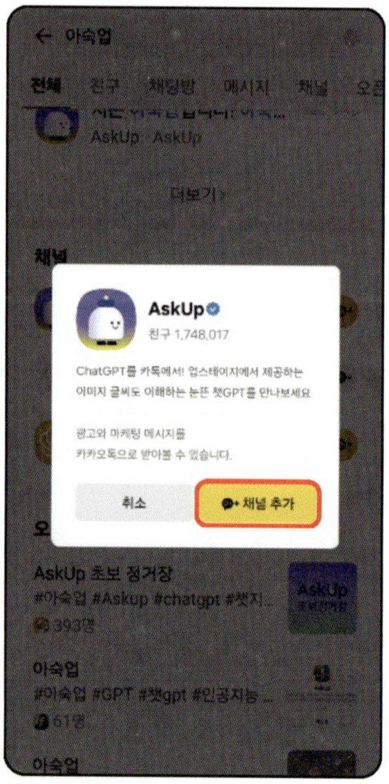

4 채널추가를 눌러요.

5 [챗봇]을 누르면 아숙업 채팅창이 열려요.

6 아숙업 대화창 첫 화면입니다.

AskUp (아숙업) 새로운 대화 시작

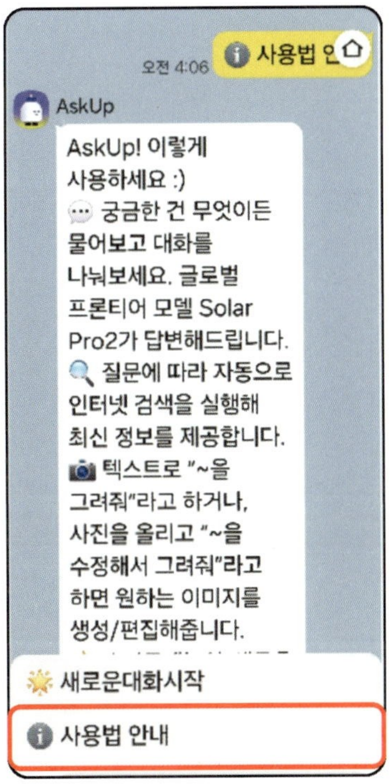

1 사용법 안내를 눌러서 사용법을 확인해요.

2 새로운 대화시작을 눌러요.

3 채팅창에 질문을 입력해요.

AskUp(아숙업) 무엇이든 물어보고 이야기 나눠요

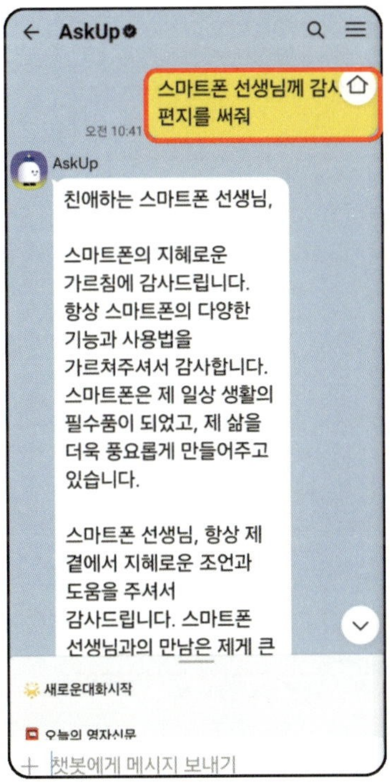

'편지를 써줘'라고 요청해 보세요.

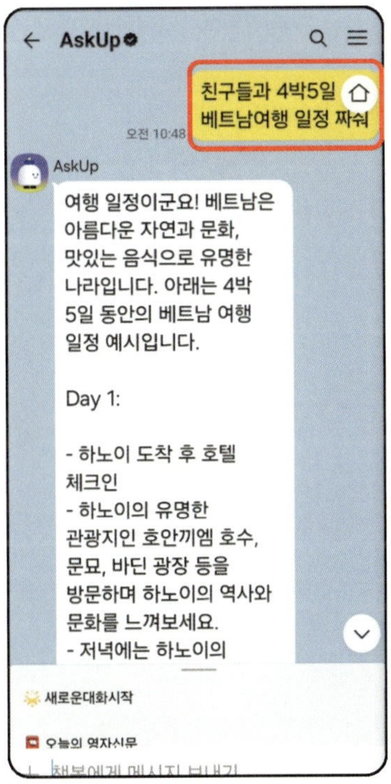

'여행 일정을 짜줘'라고 요청해 보세요.

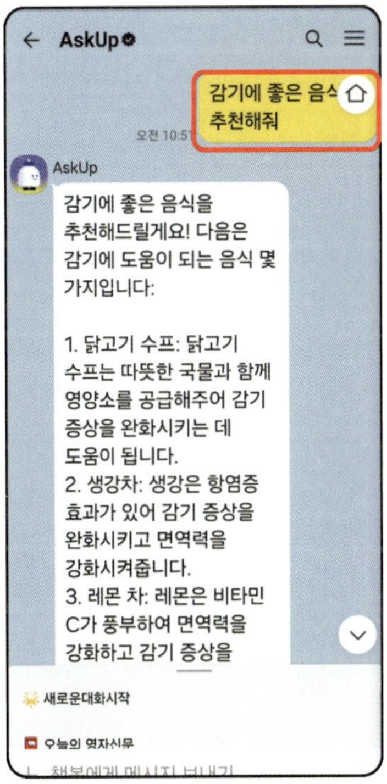

건강에 관련된 질문을 해보세요.

AskUp(아숙업) 무엇이든 물어보고 이야기 나눠요

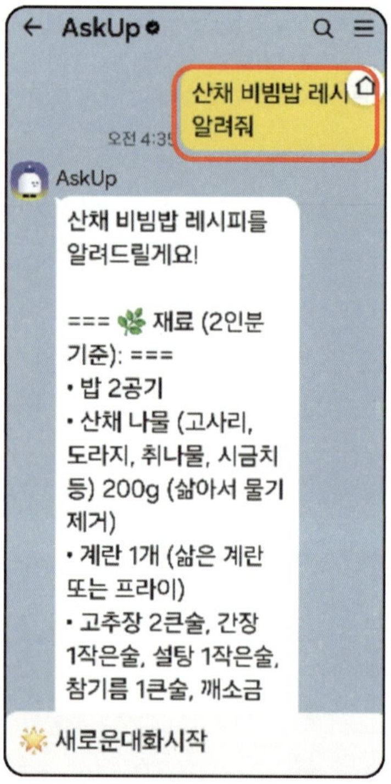

'요리 레시피'를 요청해요.

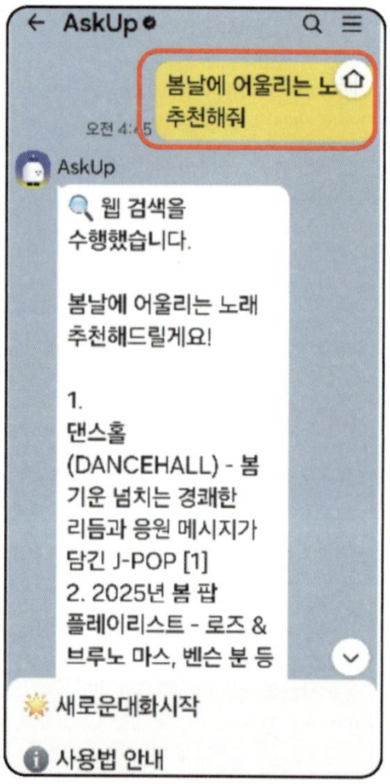

주제에 맞는 노래를 추천 받아 보세요.

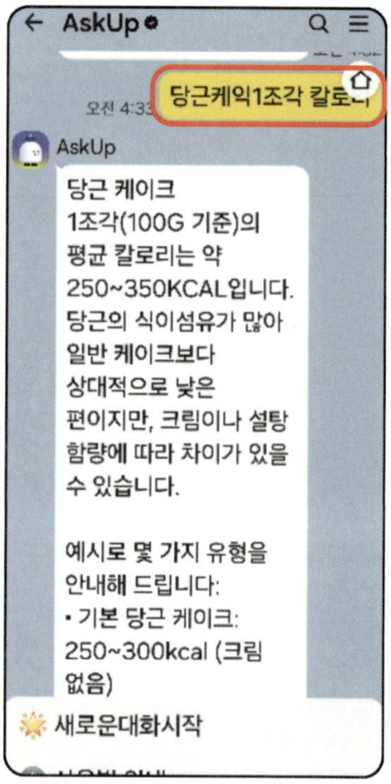

음식의 정보를 알수 있어요.

AskUp(아숙업) 텍스트 추출

1 ＋를 누르고 앨범을 선택해요.

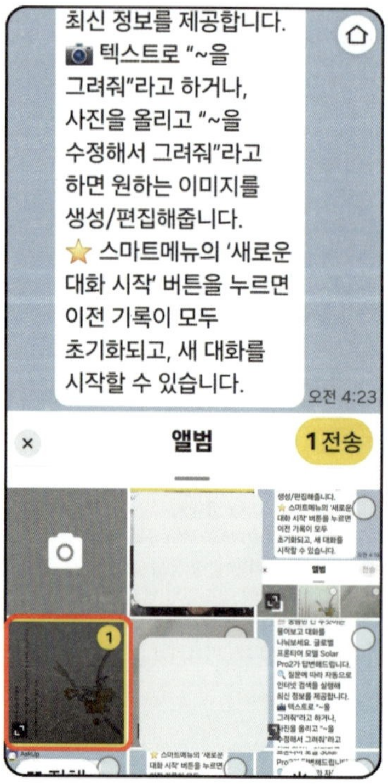

2 앨범에서 사진을 선택해요.

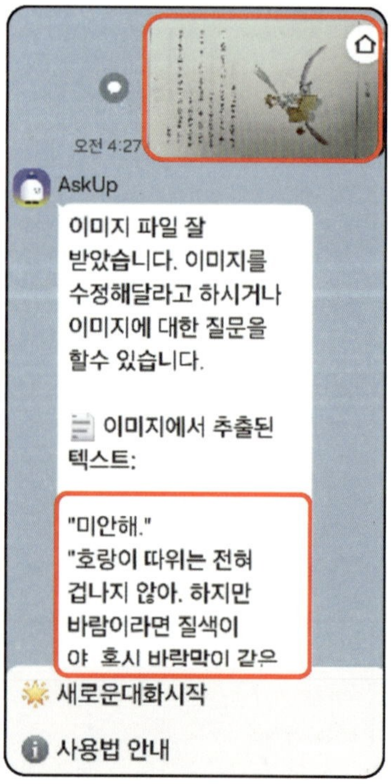

3 이미지에서 추출된 텍스트를 볼 수 있어요.

AskUp(아숙업) 이미지 생성

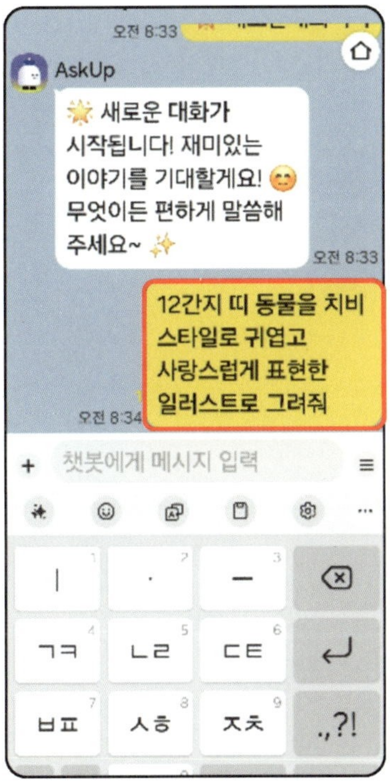

1 이미지 프롬프트 입력하고 비행기를 눌러요.

2 완성된 이미지를 터치해서 ⬇ 저장 해요.

3 ← 를 눌러서 이전 화면으로 돌아가요.

AskUp(아숙업) 이미지 생성과 수정

1 프롬프트 입력하고 이미지를 생성해요.

2 이미지를 수정해 봐요.

3 대화 주제를 바꿀때는 새로운 대화 시작을 선택해요.

12장
스마트폰 사이버 범죄

스마트폰 사이버 범죄 종류

스마트폰은 우리 삶의 필수적인 부분이 되었지만, 동시에 사이버 범죄의 표적이 되기도 합니다. 스마트폰을 사용하면서 발생할 수 있는 주요 사이버 범죄 종류는 다음과 같습니다.

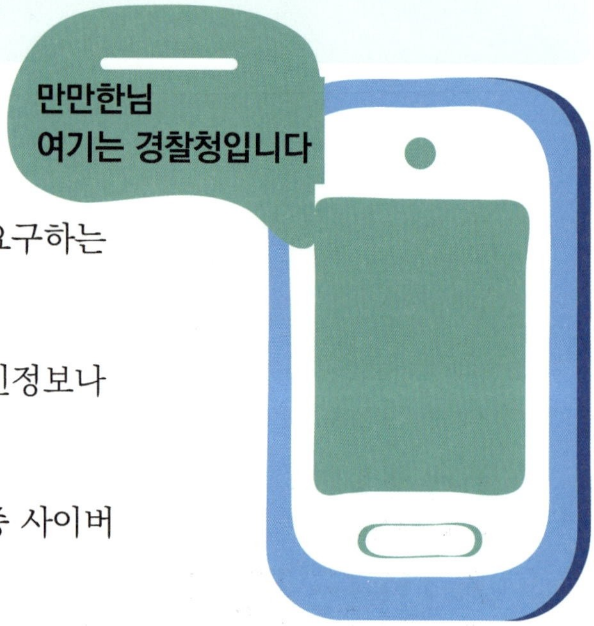

보이스 피싱 : 전화를 통해 개인정보나 돈을 요구하는 금융정보를 탈취하는 범죄입니다.

스미싱 : 가짜 휴대폰 문자 메시지를 통해 개인정보나 금융정보를 탈취하는 범죄입니다.

큐싱: QR 코드와 피싱(Phishing)을 합친 신종 사이버 범죄입니다.

앱 악성코드 : 악성코드가 포함된 앱을 설치하여 개인정보나 금융정보를 탈취하거나 스마트폰을 조작하는 범죄입니다.

모바일 뱅킹 해킹 : 모바일 뱅킹 앱을 해킹하여 은행 계좌나 카드 정보를 탈취하는 범죄 입니다.

사이버 성범죄 : 스마트폰을 이용하여 성적인 폭력이나 희롱을 가하는 범죄입니다.

사이버 명예훼손 : 스마트폰을 이용하여 타인의 명예를 훼손하는 범죄입니다.

출처가 불분명한 문자의 인터넷 주소나 전화번호는 클릭금지!
개인정보나 금융정보를 요구하는 메신저나 전화는 상대방을 정확히 확인!!

사이버 범죄 사례 – 출처 : 경찰청 사이트 외

사례

< 휴대전화 정보 탈취 피해방지법 >

- **(텔레그램 계정 탈취)** 스마트폰 운영체제(안드로이드, IOS) 구분 없이 발생
  - 메시지 내 비정상적인 인터넷주소 (telegram.0[숫자]rg.host / telegrim / telegramvip) 주의 필요
- **(스미싱 문자)** 문자 내 인터넷주소(URL)를 함부로 누르면 악성코드가 설치되어 개인정보가 탈취될 수 있음
  - 불확실한 링크 클릭 주의!
  - 휴대전화에 보관된 **'신분증, 신용카드, 여권' 등 개인정보가 담긴 사진**은 **즉시 삭제, 보관 금지!**

스미싱 문자

[Web발신]
[███통운]고객님
주문하신 물품 5/13
오전 도착예정,
주소지재확인바람.
http://xn23.hs2v.site

택배 사칭(가짜사이트 접속 유도)

[건강보험공단]고객님
일반검진(무료대상자)입
니다. 내용확인http://
vi11.q1kh.wtf

건강보험공단 사칭(가짜사이트 접속 유도)

[모바일초대]
♡결혼식♡일시:05/27
(토) AM 09:00 많이많
이와주세요.https://
han.gl/BXoaDW

모바일 청첩장 사칭(가짜사이트 접속 유도)

링크를 누르면 안돼요.

피해신고(상담) : **경찰청(☎112)**
지급정지 : **금융감독원(☎1332)**
스팸 차단 : **한국인터넷진흥원 (☎1332)**

의심하고, 끊고, 확인하세요!
예방만이 최선의 대책입니다.

사이버 범죄 예방 및 대처 방법

사이버 범죄 예방 방법

최신 운영체제 및 보안 앱 사용하여 취약점을 최소화합니다.

함부로 개인정보를 제공하지 않고, 안전한 사이트에서만 입력합니다.

공식 앱스토어에서만 앱을 설치하고, 설치 전 앱 평점 및 리뷰를 확인합니다.

공공 Wi-Fi 사용 시 개인정보 입력을 피하는 것이 좋습니다. (주민번호 입력 등)

강력한 비밀번호를 설정(특수문자+영문+숫자)하고, 사이트별로 다른 비밀번호를 사용합니다.

피해 발생 시 대처 방법

신고:경찰 또는 사이버안전국에 신고하여 수사를 요청합니다.

증거 확보:범죄 행위를 당했다면 즉시 스크린샷 촬영, 로그 파일 저장 등 증거를 확보합니다.

피해 복구:금융기관에 연락하여 계좌 해지 등 피해를 최소화합니다.

참고사이트

사이버안전국:
[http://cyberbureau.police.go.kr/index.do]

주의:스마트폰 사이버 범죄는 끊임없이 새로운 수법으로 발생하고 있습니다. 따라서 최신 정보를 습득하고 예방에 항상 노력해야 합니다.

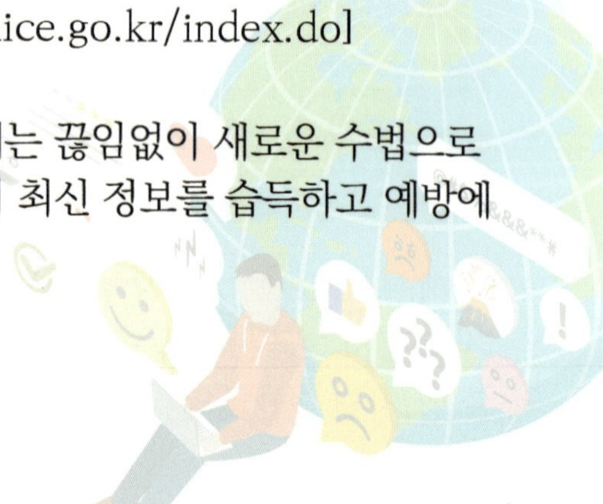

사이버 범죄 예방 앱 – 시티즌코난

스마트폰에 몰래 설치된 악성 앱이나 원격 제어 앱을 탐지하고 제거해주는 무료 서비스입니다. 의심스러운 전화/문자 실시간 경고, 악성 앱 탐지 기능을 제공합니다.

1 시티즌코난 검색 후 설치, 열기 눌러요.

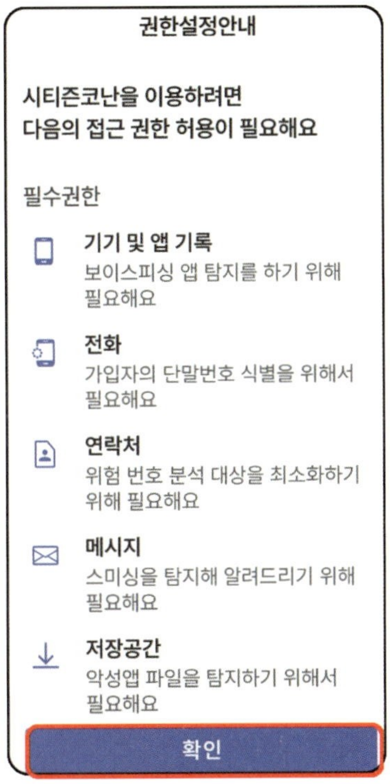

2 앱사용 권한을 살펴보고 확인을 눌러요.

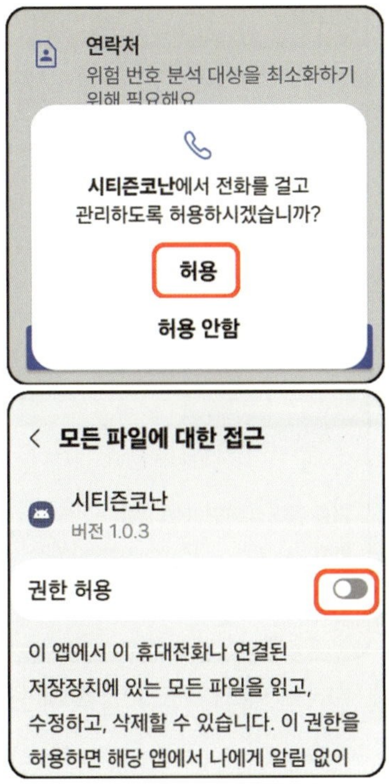

3 전화 허용과 파일접근 권한 허용 버튼을 켜요.

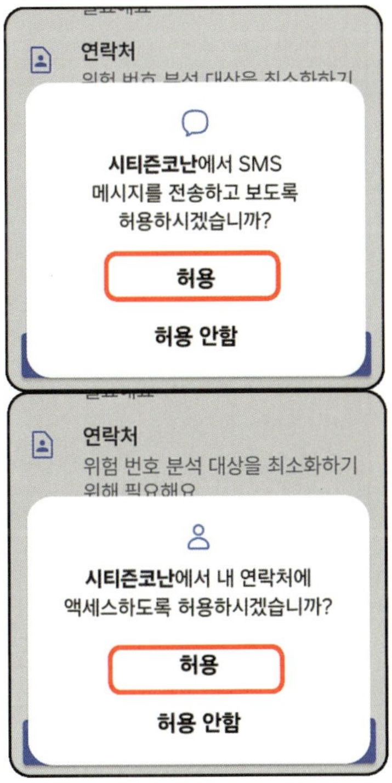

4 메시지전송 허용, 연락처 접근 허용 눌러요.

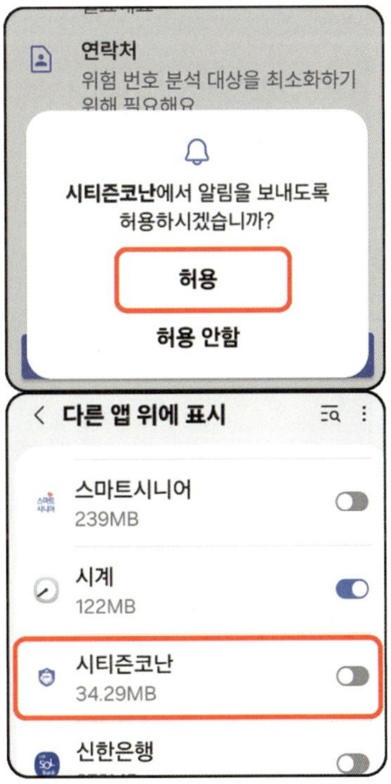

5 알림 허용, 다른 앱 위에 표시 버튼 켜요.

6 필수항목만 체크하고 다음 눌러요.

사이버 범죄 예방 앱 – 시티즌코난

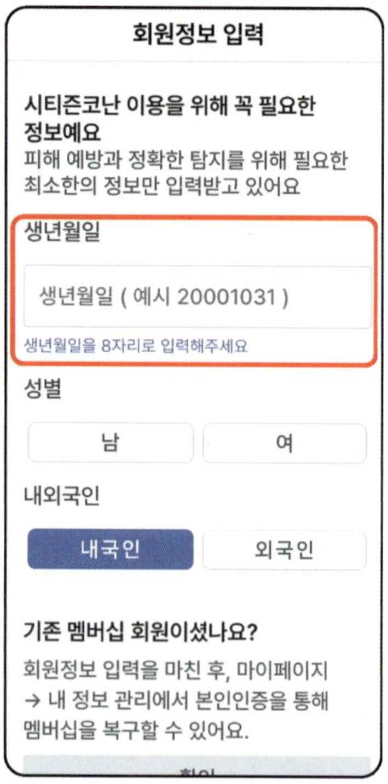

7 생년월일(8자리) 입력해요.

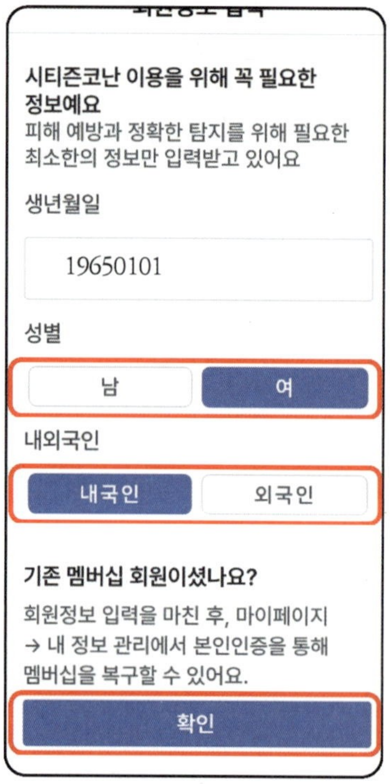

8 성별, 내외국인 선택 후 확인 눌러요.

9 하루동안 보지 않기 누르고 닫기 눌러요.

10 검사하기를 눌러요.

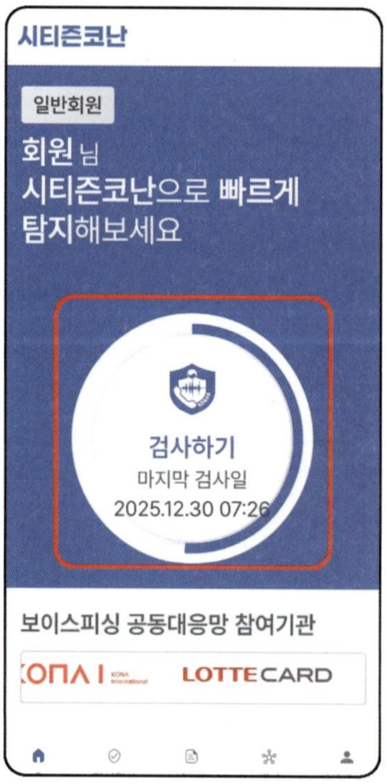

11 검사가 진행됩니다.

12 검사 후 결과를 확인하세요. 문제가 있는 앱이 발견되면 바로 삭제를 하는 것이 좋습니다.

끝났지만… 업데이트는 계속

여행은 끝났지만, 일상은 계속됩니다.
이 책을 함께 읽고 실습해 온 여정은 여기서 마무리됩니다.
하지만 진짜 여행은 지금부터 일상 속에서 계속됩니다.

처음 스마트폰을 손에 들었을 때 느꼈던 막막함, 잘못 누를까 걱정되어 망설였던 순간들을 떠올려 보십시오. 이제 여러분은 사진을 정리하고, 필요한 정보를 검색하고, 가족과 소통하며, 생활 서비스도 스스로 활용할 수 있는 디지털 사용자로 성장했습니다. 이 변화는 결코 작지 않습니다.

이 책이 전하고 싶었던 메시지는 단순합니다. 기술은 두려움의 대상이 아니라, 삶을 조금 더 편안하고 풍요롭게 만드는 도구라는 것. 버튼 하나, 기능 하나를 익힐 때마다 일상은 더 넓어지고, 선택지는 더 많아집니다. 물론 앞으로도 새로운 기능과 서비스는 계속 등장할 것입니다. 그럴수록 중요한 것은 완벽함이 아니라 익숙해지려는 용기와 시도해 보는 태도입니다.

모르는 화면이 나타나면 천천히 읽고, 다시 한 번 확인하고, 필요하면 주변에 묻고, 또 해보면 됩니다. 그 과정 자체가 이미 학습이자 성장입니다. 이 책에서 만난 작은 실습과 경험들이, 앞으로 여러분의 하루 속에서 자연스럽게 사용되기를 기대합니다.

사진으로 기억을 남기고, 온라인으로 필요한 도움을 얻고, 안전하게 디지털 세상을 누리는 것—그 모든 순간에 스마트폰은 든든한 동반자가 되어 줄 것입니다. 이제 여러분은 더 이상 '디지털 초보'가 아닙니다. 스스로 길을 찾고, 필요한 것을 선택하며, 다른 누군가에게도 도움을 줄 수 있는 일상 디지털 여행의 안내자가 될 수 있습니다.

이 여정을 함께해 주셔서 감사합니다. 여러분의 다음 디지털 여행이, 오늘보다 한층 자유롭고 즐거운 시간이 되기를 응원합니다.

여행 가이드 프로필

오정화 https://blog.naver.com/rnaehddl01

다큐멘터리 영상 편집, '내손안의 책' PD, 책프로그램을 제작과 소프트웨어 및 컴퓨터 자격증 과정 교육. 스마트폰과 생활 속 AI 활용을 스토리로 풀어내어 원리를 이해하고, 쉽고 재미있게 학습할 수 있도록 수업을 진행하고 있습니다.
- 북인스토리 대표. 한국디지털튜터협회 정회원, 사회서비스종사자 디지털교육 전문강사, 시니어 디지털교육 강사

자격증 AI-POT(AI프롬프트활용능력), 모바일 디지털튜터 1급, ITQ 정보기술,
그래픽기술자격GTQ 포토샵 1급, DIAT 디지털정보활용, 사회복지사 2급

도서 우리집에는 ABC가 있어요
우리집에는 123이있어요(with 컬러링북)

공저 스마트폰과 함께하는 디지털여행(기초편), 스마트폰과 함께하는 디지털여행(활용편)
스마트폰이 더 편해지는 방법 (설정편)

박수영 https://blog.naver.com/mama_sa

주민센터, 복지관, 야학, 문화센터, 평생학습원, 도서관등 다양한 교육 기관에서 성인 대상으로 디지털 문해 및 스마트폰 활용, AI 수업을 활발히 진행하고 있습니다. 풍부한 경험을 바탕으로, 세심한 배려와 친절함을 잃지 않는 열정적인 강의로 많은 수강생들에게 큰 호응을 얻고 있습니다.
- 도서출판 북인스토리 이사, 한국디지털튜터협회 정회원

자격증 스마트폰 활용 지도사 1급, 모바일 디지털 튜터 1급, SNS 마케팅 전문가 1급,
인공지능 웹툰 투닝 교육 지도사 2급, AI-POT(AI프롬프트활용능력), AI활용지도사1급

공저 스마트폰과 함께하는 디지털여행(기초편) / (활용편)
눈꽃 프로젝트 스마트폰 클래스 기초반 교재
등불 프로젝트 모두를 위한 스마트폰 길잡이 중급반 교재
내손안의 AI /우리는 디지털튜터다 / 스마트폰이 더 편해지는 방법 (설정편)

이중호 https://blog.naver.com/hye7077

홈플러스 문화센터와 이음마을학교에서 디지털 문해와 스마트폰 수업, 챗GPT 교육을 하고 있습니다. 컨텐츠 개발과 다양한 경험을 토대로 창의적이고 효과적인 교육을 제공하고 있습니다.
- 도서출판 북인스토리 이사, 한국디지털튜터협회 정회원, 한국강사교육협회 이사

자격증 DEQ(디지털윤리자격) 지도사, AI-POT(AI프롬프트활용능력), 뤼튼AI 교육컨설턴트 수료, 모바일 디지털튜터 1급,
인공지능(AI)활용능력자격증1급, 인공지능 웹툰 투닝 지도사 2급, 유튜브 크리에이터 1급, 스마트폰 활용지도사 1급

도서 선으로 명상하고 색으로 힐링하는 컬러링북
꼬마 고슴도치코니의 양치 대작전

공저 스마트폰과 함께하는 디지털여행(기초편) / (활용편)
눈꽃 프로젝트 스마트폰 클래스 기초반 교재
등불 프로젝트 모두를 위한 스마트폰 길잡이 중급반 교재
내손안의 AI /우리는 디지털튜터다 / 스마트폰이 더 편해지는 방법 (설정편)

강재순 https://blog.naver.com/digitaltoktok

복지관, 청소년의 집, 50플러스센터, 영상미디어센터, 평생학습센터 등 다양한 교육 기관에서 성인 대상으로 미리캔버스, AI 활용, 디지털 문해 및 스마트폰 활용 수업을 진행하고 있습니다. 오랜 강사 경험을 바탕으로, 수강생들의 눈높이에 맞춘 쉽고 친절한 수업으로 스마트폰과 디지털 AI를 생활 속에서 자연스럽게 활용할 수 있도록 수업하고 있습니다.
- 도서출판 북인스토리 이사, 사회서비스종사자 디지털교육 전문강사, 시니어 디지털금융교육 강사

자격증 AI-POT(AI프롬프트활용능력) 1급, 멀티미디어콘텐츠 제작전문가, 정보처리기사,
사무자동화 산업기사, DEQ(디지털윤리자격) 지도사, ITQ 정보기술 전문강사,
DIAT 디지털정보활용 전문강사, 그래픽기술자격 GTQ 포토샵1급,
스마트폰 활용 지도사 1급, 디지털영상편집 1급, 컴퓨터활용능력 2급, SW코딩자격 1급

공저 스마트폰 기초부터 활용까지 완전정복
스마트폰이 더 편해지는 방법 (설정편)